성공하는 직장인은
대화법이 다르다

职场超人气对话心理学

[韩]李贞淑◎著　徐岚◎译

陕西师范大学出版社

图书在版编目(CIP)数据

职场超人气对话心理学/(韩)李贞淑著;徐岚译—西安:陕西师范大学出版社,2010.10

ISBN 978-7-5613-4985-4

Ⅰ.职… Ⅱ.①李…②徐… Ⅲ.①人际交往-语言艺术②人际交往-社会心理学 Ⅳ.C912.1

中国版本图书馆CIP数据核字(2010)第007498号

著作权合同登记号:陕版出图字25-2010-021

图书代号:SK10N0005

职场超人气对话心理学

著　　者:(韩)李贞淑

译　　者:徐　岚

责任编辑:周　宏

特约编辑:蔡叫菲

版权编辑:李彩萍

封面设计:张丽娜

版式设计:利　锐

出版发行:陕西师范大学出版社

(西安市陕西师大120信箱　邮编:710062)

印　　刷:北京嘉业印刷厂

开　　本:710×1000　1/16

印　　张:19

字　　数:120千字

版　　次:2010年10月第1版

印　　次:2010年10月第1次印刷

ISBN　978-7-5613-4985-4

定　　价:32.80元

前言 > > >

合理的对话方法

众右个人及组织的成功

“哎,何时才能摆脱这种生活啊……”

从上班那一刻起便如此叹息的职场人士我见得多了。为了摆脱郁闷的职场生活,准备离职或创业的大有人在。然而,所谓职场这个东西,走到哪里都差不多,因此即便跳槽了,也很容易再次陷入类似的境遇中。创业也同理,反而有可能压力比以前还要大。如此说来,若无法改变当前不适的状况,恐怕一生都会充满后悔:“我不是想这样活的啊……”

如果你觉得目前所在的职场“死水一潭”,或者是因为没什么“特别的好办法”才迫不得已去上班的,那不妨暂时试着改变一下对话法。只要小小的改变,就有可能使你的职场生活发生翻天覆地的变化。

要想了解为何要这样做,就先思考职场生活中的委屈感和不适感来自何处。

或许是因为虽然自己工作极其卖力,然而平时游手好闲却懂得如何投上司所好的同事却得到了更好的待遇?亦或许是因为和同事无法和谐相处,导致团队合作产生问题?或者将下属该干的活也承担了过来,却还是不见成效又得不到威信,不禁懊恼不已?

怎么会这样?也许答案你自己最清楚不过。是因为职场中的沟通,因为无法明确传达而引起的不必要的误会,或者因为你硬邦邦像根竹子一样不知婉转、变通、洗练的对话法。

一般来说,拍马屁被认为是下流无耻的举动,不高呼正义的人也被认为是卑怯之流。然而,有一点我一定要说清楚,事实上,在同时追求个人利益和组织利益的职场中,迎合组织的特性,为了不伤害上司、同事及下属的心,有要领地去说话,是完全必要的。这与拍马屁或者无耻下流什么的有本质的区别。这是你对你每天要在此打拼八小时以上的职场的理解,是对同事的照顾,是职场人士应有的一种感觉。

实际上,当年我置身于职场生活中时,也并不理解这一事实,时常振臂高呼要打破不合理的常规,因此很让上层领导们恨得牙根痒痒。镜头前表现极好的播音员,一旦被传言"这家伙狂妄自大,不可用",不知怎么就会无声无息地从镜头前消失,而出镜时多少有些毛病的人,却因为被评价"这人,真不错啊",就得以在屏幕上频频亮相,这在当时我是无法理解的。

然而,学习了沟通学之后,我明白了一个事实,那就是人本能地会选择想听的话来听,而非"逆耳"的话。在人脑中,有个控制感情的器官叫扁桃体,根据某项试验结果,此器官为了在外部侵入中保护自己,会阻断不顺耳的话。正因人类这一身体构造方面的特性,经常一针见血地进行直言或批判的人,不管他工作多么出色,总是被最先列入黑名单,或者不断地与上司或同事发生冲突。

更大的问题在于这不仅仅停留于个人"生活"层面上,还关系到组织的"发展"。个人的职场生活固然是个人的工作成果,然而归根结底还是组织的团队合作和组织的发展。

熟知"适用于职场的对话法"是解决这一问题的捷径。我真诚期待能通过本书,使每日勤奋工作却时不时想辞职,过着战战兢兢的日子的无数职场人士们,在努力做事的同时,能够通过沟通,使自己更加绽放光彩。

把所谓职场理解为具有形形色色的个性和思考方式的人们相互沟通的地方,并把目前为止所使用的并不系统化的对话方法果断抛开,那么其实本书中所介绍的45个对话法并不怎么难。

本书详细介绍了为熟知这些方法所需的所有细节条件以及训练法。打牢基础,应用就不难了。要将书中的方法熟记于心。每一章结束时,在准备好的笔记本上密密麻麻地写满"实战!适用于职场的对话法",这也只是才做了一半。

我期待能通过本书,使无数的职场人士通过"适用于职场"的流畅对话法,在现有的职场中获得更大的活力。另外,以提高组织成果为目标的CEO和管理者们,希望你们能亲身体会到仅仅改善职场中的对话方法,就可以大幅度地提升工作效果。

李贞淑

目 录

职场超人气对话心理学

职场超人气对话心理学

01 上司偏好这样的话

John Rock说："所谓人，其实是被蒙在鼓里，只追求一时的好心情。"真的是这样吗？你自己是否也是这样，别人对你说了好听的话和你想听的话，你才会敞开心扉？

当你面对这样一位对你的业务能力、绩效考核、职业生涯发展举足轻重的上司时，你能否说出他偏好的话，决定了你的职场发展前景。如果你不把投上司所好地说话当做丢脸和痛恨的事，而是可以娓娓道来，那么你的职场生活会比现在光辉灿烂得多。

从现在起，先来了解上司偏好的话有哪些，然后试着实践和自我训练。

不要当马屁精，要尊重

自己拍马屁，是处世之道，而别人拍马屁，则被批判为卑劣的行径。所以，如果过度拍马屁，即使是被拍的上司，也会觉得受不了。

在我以前的工作中，有一位被称为马屁精的同事。某日，此君正在卫生间小便，看到自己的顶头上司来此大便，他认为怎么也该给上司拍个马屁，于是完事了亦原地不动，单等上司出来。

然而天公不作美，上司正为消化不良和便秘所扰。其间屁声连绵不绝，可是大便最终并未解出来。此君却浑然不觉，毕恭毕敬地给上司鞠了个躬，说："声音如此痛快，轻松多了吧？"

话音刚落，上司便吼道："你这家伙存心气我，不像话！"然后怒目圆睁，愤然离去。

更巧的是，上司如厕时旁边的那一间里还有一位其他的同事。听着两人的对话，此同事强忍笑声，不禁憋出一身大汗。离开卫生间后，他险些禁不住要大喊"林根拍马屁拍到马腿上了"，之后将此事的原委传了出去。

当天，马屁事件就在全公司传得沸沸扬扬。上司也有所耳闻。慎重考虑之后，他认为要停止传言，唯有请马屁精走人，所以一道令下，将马屁精下放到地方上去了。一段时间以来，马屁精君一直通过无人能及的露骨的拍马屁的功夫，来逃避自己应负的责任，然而一个马屁事件，就令他前功尽弃了。

自己拍马屁，是处世之道，而别人拍马屁，则被批判为卑劣的行径。所以，如果过度拍马屁，即使是被拍的上司，也会觉得受不了。拍马屁也要根据上司的性情而因人而异。刻意地拍马屁也会令人难以接受。

如今，在这个有时上司也难免要看下属脸色的时代，对过度的奉承相当警惕的上司大有人在。越是有头脑的上司，就越倾向于有适当竞争力的下属，而绝非相比之下较容易对付的下属。同样，越是挑剔而聪明的上司，就越不吃过度巴结这一套。

然而这并不意味着上司们就喜欢听下属正义而直接的话。越是聪明人，越听不得自以为是的直接批评。露骨的巴结要避免，对于上司不当言谈的直接反驳也要三思而后行，这才是比较恰当的度。即便上司说错了话，也要暂且同意，从而淡化他的敌意。上司做出错误的判断时，公开反驳或直言不讳也会引起上司的某种敌意。

在不让第三方觉察到你在拍马屁的前提下，说些令上司可心的话，使上司觉得被尊重，这样才比较好。约翰·杜威（John Dewey）说过："人类本性中最深刻的一点，就是希望能感觉到自己是重要的人的欲望。"美国心理学家威廉·詹姆士（wiuiams James 地说过："人都热烈希望能得到对自身较高的评价，希望被重视。"任何人被尊重时都会很高兴。那么能让上司觉得被尊重的话都有哪些呢？例如：

· 部长您把这个项目交给我，让我获益匪浅。

· 部长您把您的技术秘诀传授给我的话，一定会帮上我的大忙的。

·这绝不是谁都能做的事情。这个项目成功了，恭喜您。

·我为部长您找到了一条能避开您最讨厌的红绿灯的巷子。

如果你的上司工作出色而人品不太好，就强调他工作能力强的一面；若他能力不足而人品出色，就强调他人品的一面。如此对方自然而然会觉得被尊重。

实战！适用于职场的对话法

露骨的拍马屁会令对方觉得不舒服，甚至令对方大为不快。掌握适当的度，表现出对对方的尊重，此为必备的要领。

令人不快的拍马屁	令人觉得被尊重的称赞
● 突然为上司筹备庆贺生日 ● 查看上司每天的情况，并且表现明显 ● 无条件地回答“是” ● 对私人的事情大加称赞 ● 不管是谁的主意，都硬说成上司的主意，并大为称赞	● 说上司解决了难事，轻松愉快地解决了问题 ● 创造能让上司最大程度发挥能力的条件，并全部归功于上司 ● 称赞上司的特长，并令其感觉此称赞是由衷的

对照检查一下，近来你对上司说过的话中，是否有令上司不快的奉承。将这些话换成能令对方感觉被尊重的表现方式。

令人不快的奉承	令人觉得被尊重的称赞
…………………………………	…………………………………
…………………………………	…………………………………
…………………………………	…………………………………
…………………………………	…………………………………
…………………………………	…………………………………

不要哼哼唧唧发牢骚

“××君，裤子小了DE？我知道一个地方修改得特别好，要不要告诉你?”

公司里可发牢骚的事情多得是：会议时间过长，不明确的指示，由于不合理的工作分配导致开夜车或者周末加班，在休假、早退、请假等方面的不自由，由于上司不合理的判断导致重复工作。包括由于上司的个人习惯所带来的不快感。比如过度吸烟、不拉裤子拉链、随地吐痰、大声接电话、大声吼、作决断迟缓、白天游手好闲晚上给活儿干、一边说话一边用力地拍人、一点小事便可以引发他的神经质、破口大骂讲粗口等等，简直数不胜数。

如此种种的事情会给你压力，这事不假，然而你若着手要求上司改正，却是危如累卵的举动。因为打着公司利益的幌子，上司们不知会给那些毫不犹豫直言不讳说出逆耳之言的部下们多少小鞋穿。在大部分公司里，直接上司将直接下属的问好进行评定，并用作下一年年薪及升职等的极其重要的资料。

因此，切记，即使直接上司的态度令你不满，你的正义之言实际上也只会给上司留下负面的印象而已。如此说来，所有的不爽就应憋闷在心里，然而这无论对精神还是健康都是不利的。人类的不满绝对不会凭空消失，它会积压在身体里诱发疾病，或在意想不到之处向不可控制的方向爆发。公司会餐，喝得醉醺醺之际，积压的不满就会不受控制，一段时间以来对上司积压的不满就会一股脑全部倾泻而出，因此陷入无法挽回的纠葛局面中。或者无条件地忍受不公平的待遇，可能会引发上司欺软怕硬的本能，仅被分配去做一些琐事，从而使自己的能力被贬低。

不要发牢骚，要通过话语让上司领会到自身的不妥之处，这样一来，两个问题就都迎刃而解了。只要掌握要领，一点都不难做到。

以前工作时，曾经有个后辈女孩就她的困难向我诉苦。旁边座位的男上司每次吃午饭时都要吃到撑爆肚皮，然后就拉开裤子拉链坐着，真让人难堪。每当移动视线时，都会为他拉开的拉链而分神，也妨碍了做工作。他不是因为疏忽而忘记拉拉链，而是故意把拉链拉开，这属于一个不太好去指责的坏毛病。如果不去留意的话，可能也就这样过去了，可事实上他就坐在旁边，实在很难做到忽视。

我让她试着对他说："xx 君，裤子小了吧？我知道一个地方修改得特别好，要不要告诉你？"然而，也许因为男人本来就不太善于领会婉转的话，所以那男人毫无感觉地回答说："嗯，小是稍微小了点儿，不过万一我要是掉了分量就又要改。"

我让她给他更为具体的裁缝店的联系方式，又给他画了地图。目的是通过积极的忠告，让那男人自己领会到他拉开的拉链让女同事觉得不舒服这一事实。

女后辈按照我的忠告，努力给他提供修改裤子的信息，终于一天，男上司对自己的妻子提起了这件事。于是他的妻子让丈夫明白了拉开拉链会使坐在旁边的女同事觉得难堪。虽然用的时间长了一些，但终归是没有任何纠葛地圆满地解决了问题。

不过，以此方式传达意见时，有一点要小心。举个例子，比如说有这样一位上司，从来不遵守会议开始时间，总是让职员们等待，致使工作处理时间无法把握。想要让上司领会到他的这一坏习惯降低了职员们的工作热情这一事实，不要直接对上司说："会议时间让我们等待，拖延了工作。"精明的上司可能反而会怪罪你，"明明是你自己没做好工作，却拿我来做借口？"

反正你事先就知道上司不会遵守会议时间，那么当他说"开会了，集合"时，不要马上放下手头的工作，要这样说：

"是，我尽快把手头的工作做完就过去。请等我一下。"

以这样拜托的语气对他说，既给了上司为部下着想的面子，又让他后悔地意识到不遵守会议时间会给下面的人造成不便，从而自行领会。

实战！适用于职场的对话法

不管多么正确，直言不讳地批评上司，都无异于执拗地去折断大树。通过婉转的表现手法让上司自己去领会才是要领和智慧。

如果有什么内心里哼哼唧唧不舒服却又无法对上司说的事，请写在下面。如

单刀直入指责的话	让对方自己领会的话
● "不知道会议什么时候开始，就让我们等着，我XXX还没做完呢。"	● "现在XXX先生安排给我的工作还有一点儿没做完，请稍等一下。五分钟就可以了。"
● "早点告诉我的话，就不会发生这种事了。"	● "我没有事先确认，真对不起。我现在开始做。不过，您需要多给我一些时间了。"
● "会议时间稍微提前一点儿的话，就可以少加一会儿班了吧？"	● "我是白天型的人，一到了晚上就无精打采，XXX先生能工作到这么晚，真是了不起啊。"

果想让上司自己领会到，该怎么斟酌改变话语，写在下面空格中。

你想说的实话	能让上司自行领会的话
…………………………	…………………………
…………………………	…………………………
…………………………	…………………………
…………………………	…………………………
…………………………	…………………………

越是委屈，越要闭嘴

一次的上司不是永远的上司。你要明白，忍受不了上的蛮横就递交辞呈，其实是对自己的伤害。

这件事发生在我还是职场菜鸟的时候。部长开完干部会议回来，突然没头没脑地摔打我桌上的工作文件。当时我还是人公司不到一年的新职员，遇到这样的事还是有生以来头一遭，对于部长的举动，我觉得自己受到了莫大的侮辱。资深的女前辈所说的"女人在职场中就算被误解也绝对不要哭"在耳边回荡，所以我想哭却不能哭。

最让我气愤的是，我也是堂堂正正的社会人，而你不过有个部长的头衔，难道就可以这样侮辱别人吗。“变态”、“神经病”等等粗口不禁要脱口而出。察觉了我的表情的女前辈把我叫到外面，忠告我说：“要想过好职场生活，说话一定要三思而后行。不要脸上青一阵红一阵地看着部长，找个空的会议室，让心情平静下来。等表情舒展开了再回来，面对部长时，就当什么也没有发生过。”

对职场菜鸟来说，这绝不是容易的事，但是又不能不听老资格的话。如果没有老资格的忠告，依我平日里的性情，肯定会说：“你是上司，上司就可以这样做吗?”而如果真的这样的话，恐怕我就不会有这20年的电视台经验了。

岁月流逝，回想起来，其实那也不是什么大不了的问题，只是当时正值血气方刚的阶段，实在很难做到强忍着闭嘴。随着职场生活的度过，就愈发意识到当时的闭嘴是何等的重要。

职场打拼的过程中，难免遇到很多不公平的事。我吃午饭回来迟了，就是吊儿郎当；而上司回来晚了，就是“因为重要的会议”。我处理工作慢了，就是没能力；而上司拖延工作，却是“深思熟虑”。会餐时，我耍酒疯，是“年轻人耍酒疯耍得厉害”；而上司耍酒疯，则是“因为苦差事和压力”。我说些让上司心情好的话，就是“拍马屁的员工”，而上司为之，则是“以真心对待员工的有宽宏雅量的上司”。我失误就是“傻瓜蠢蛋”；上司失误则是“人非圣贤，孰能无过”。我忘记了问好就是“没教养的家伙”，而上司不打招呼，我们就会觉得“是不是我们做错什么了”。

横向比较的话，再没有比这些更委屈的事了。然而，若想在这被称为职场的组织中生存下来，就不能把这些当作委屈的事。如果认为掌握着决定自己未来的人事考核权的上司和自己是同级，那你就一定会受损失。

日本精神分析学者《现在真的烦了》的作者斋藤茂太说：“若想与上司友好相处，就要摒弃‘想成为受宠爱的部下职员’和‘想圆滑地维持关系’的期待，保持精神健康。”他奉劝职场人士说：“即使工作上有失误，也要以‘平静’的态度向上司汇报。”在与上司的关系中，不要掺杂感情因素。他还说：“一次的上司不是永远的上司。你要明白，忍受不了上司的蛮横就递交辞呈，其实是对自己的伤害。静待时间的流逝才是智慧之举。”

一受委屈就把情绪表现出来或者红脸，只能给上司火上浇油。受委屈时闭嘴，单等时间流逝，这种人的制胜之地正是职场。

〈气愤〉

部长实在太过分了吧？

我什么都不说，看来
他把我当傻瓜了……

今天我受不了了，我要
把想说的话都说出来！

拜托，不要再
刁难我了！

实战！适用于职场的对话法

“我又没做错什么，为什么是我?”“有人可以，有人不可以，太不公平了吧!”职场生活中，由于想不通而勃然大怒的事情很多。此时，如果顶着干则无异于火上浇油。那么就来看一下在这种情况下，哪些言行会刺激上司，而若想让这事平静地过去，该怎么做才妥当?

刺激上司的言行	安静应付法
●“我究竟做错了什么?” ●“您生我的气了吗?” ● 在别人面前唠唠叨叨地发泄不满。 ● 掩饰不住脸上青一阵红一阵的表情。	● 不要表露感情，低下头。 ● 悄悄离开座位。 ● 把上司扔掉的文件整整齐齐地收集起来，静静地放回上司的桌上。

任何人都有在上司那里受委屈的经历。只是不知道为什么到了现在还是有这样的事发生。那么，要想完全避免这种情况，该如何应对才好呢？一起来找找对策吧。

受委屈的经历	安静应付法
…………………………………… …………………………………… …………………………………… …………………………………… ……………………………………	…………………………………… …………………………………… …………………………………… …………………………………… ……………………………………

辩解是火上浇油，干净利落地道歉

指责下属的是非时，如果下属辩解，上司会感受到自己的正当行动被制止般的不快。

“明天绝对不能再迟到了。”金代理想。早早地上了床，却怎么也睡不着。玩一会儿游戏再睡吧，这样想着便坐到了计算机前。然而，这就是祸根。游戏一开始，金代理就根本意识不到时间的流逝，转眼已经过了凌晨三点了，结果就是起得比以往更晚。连滚带爬穿好衣服上了出租车。平日里只坐地铁，不知道交通问题如此严重，他被堵死在路上，气呼呼地大发雷霆。

他心急如焚，责骂着司机，让车开进了一条所谓捷径的小巷。似乎颇为畅通。可是这是怎么了。在小巷里走了好一会儿，前方竟然在维修下水道，路被切断了，结果不得不原路返回。金代理上班终是迟到了一个多小时。一直就对经常迟到的他虎视眈眈的部长向着缩头撅屁股走进来的他大吼道：

“你以为公司是你来玩的地方!”

“本、本想早点来，所以打了出租车，可是……”

“你长脑袋是干什么用的？你不知道首尔市区内早晨的交通情况吗，竟然会打车?”部门长的声音更大了。

“我今天真的努力不想迟到……”话音未落，部门长看着辩解的他，心寒地说：“你凭什么迟到像吃饭一样？处理工作快一点，就可以每天迟到了吗？你难道不知道公司更喜欢遵守规定的人，而不是做事快的人？以前是迟到五分钟、十分钟，现在干脆迟到一个小时了?”

唠叨精部长唠叨了一整天。金代理重复着“我今天真的是不想迟到才打车来，您就……”之类的辩解，希望不管怎样也要让部门长别再唠叨了。可是金代理越是辩解，部长就越发得意洋洋地絮叨不止，午饭时间又招呼大家“都一起去吃午饭”，似乎要故意锉败他。

这还不算完。金代理工作只要好一点儿，部门长就嘲讽他说：“迟到精这是怎么了?”要是稍有差错，他就会说：“迟到的家伙，还有别的办法吗?”简直是每天都在折磨金代理。金代理内心不满：“不就是迟到嘛，太过分了吧?”所以终日臭着脸面对部长，就像吃了条虫子似的。精明的部长问他：“金代理，你是对我不满吧?”从此更是揪住了金代理的小辫子，让他内心受煎熬。

一天，金代理受到巨大的压力，于是和几位同事一起去了酒吧，结果第二天又迟到了，更是火上浇油。

在发脾气的上司面前，就像老鼠见了猫，这才是上策。你要相信，上司绝对有资格管教犯了错误导致公司损失的职员。指责下属的是非时，如果下属辩解，上司会感到自己的正当行动被制止般的不快。此时，上司认为下属承认错误，安静得像只死老鼠一般，才是理所当然的。

对于做错的事情，要干净利落地道歉：“对不起。下次一定小心。”还有，不要不停地道歉或者辩解，安安静静地投入到工作中去。“对不起”说滥了就和辩解一样了。只说一遍，然后做出甘等处分的表情，上司就会心软了。

但是如果上司不停地嘲讽揭短翻小肠，那你也没办法。不爽是肯定的，不过只能承认确实是自己的错，忍着吧。至少比别人早 10 分钟以上上班，直到挽回错误为止。

实战！适用于职场的对话法

不管辩解还是道歉，做得不得要领，结果都会适得其反。收起辩解，干净利落地道歉，让事情尽快结束。

上司不爱听的辩解	让上司尽快消火的话
● "我不想这样的……" ● "我都打了车了……" ● "堵车实在太厉害了……" ● "对不起。对不起。实在对不起……"（重复道歉）	● "对不起。以后一定小心。"（简短地道一遍歉，结束。）

你有没有过这样的经历，你的辩解反而让上司火上浇油？为了让上司消消火气，试试看，怎么说才好。

你的辩解	换一种说法?
…………………………	…………………………
…………………………	…………………………
…………………………	…………………………
…………………………	…………………………
…………………………	…………………………

以规定为借口来拒绝

"这可怎么办呢？真想为您做，可是规定太严格了。如果您一定想做的话，为了以防万一，请部长写一份负责承诺书。"

银行职员郑敏珠，与要求泄漏客户信息的支行行长做了适当的交易，成了同谋。后来，她产生了负罪感，抽身退出，支行行长独自做完了此事，之后在行内更是长驱直入。

然而一天，支行行长突然将她调到地方上去了。知道他的底细的郑敏珠的存在，始终让他放心不下。为了反抗此事，她去找支行行长理论，支行行长反而对她吼道爱怎样就怎样。结果她火冒三丈，去调查室告发了支行行长的不正之风，并向调查室的职员递交了辞呈。

赋闲一段时间后，郑敏珠打算再到类似公司就业。照例，面试考官问她“为什么从XXX银行辞职了?”她认为自己的行为是正确的，于是回答说：“我向调查室告发了支行行长的不正之风，然后辞职了。”当然，她没得到这份工作，之后在其他一些公司的面试中也无一例外地落榜了。

所谓职场，总是表面上叫嚣着要员工坚持正义，而实际上只有不会危及到职场所希望的秩序的行为才是被允许的。郑敏珠表面上是职场所需要的人，但实际上，她用职场所不能接受的方法实现了正义，这是对她不利的。

她犯了三个大错。

其一，起初，对于参加支行行长不正之风的诱惑，她有过一段时间的动摇。上司需要与他共同趟浑水的部下。如果运气足够坏，她将受控于上司，支行行长将放心地将其险恶计划向她公开。一旦他们共有了阴险的信息，再想金盆洗手就难了。如果在很晚的时候打算抽身而退，在对方的立场上，就只能采用必杀手段来封她的嘴了。支行行长必会不择手段来让她闭嘴。

其二，当她陷于不利的处境时，没能控制住自己的感情。郑敏珠跑到支行行长的办公室，胁迫其说：“如果你这样做，那我也不能再保持沉默了。”此种言行，非但不是在让对方反省，反而是在向对方下战书。所以上司出于自卫的本能，只能采取狗急跳墙的举措了。

直言不讳地对上司的不正之举进行非难，等于是站到了与其敌对的阵营里。敌对阵营一旦形成，上司就会不惜使出无耻下流的手段，其结果只能是部下全盘皆输。职场是唯利是图的地方。不用说盈利了，只要是稍有可能会造成损失，银行的立场便一定是三思而后行。

其三，她先对支行行长进行了胁迫，然后才去见了调查室负责人。支行行长又不是白痴，为了自保，当然会利用身为上司的便利，不择手段。他会恶人先告状，说此下属一贯工作业绩不佳，泄漏客户信息，等等，采取各种措施使调查室负责人不相信属下的话。

大体上来说，隶属职场人事部门、调查室等社长直属部门的人会更相信上层人员的话，而非下层员工的。当然，在对外的立场上，调查室的人员会希望员工能举报，但实际上他们只有站在上司的这一边，才能在此位置上坐下去，所以他们不会保护举报上司不正之风的职员。

因此，如果郑敏珠一定要告发支行行长的不正之风，就不要让其采取对策，在找支行行长之前，先去见调查室的人。更好的方法是不要通过调查室负责人来解决问题，而是直接找当事人支行行长，人性化地去说服他。

其实，她将辞呈递交给调查室负责人而非支行行长，也可以说是一个失误。辞呈是必须要交给直属上司的。即使你的直属上司是不正之风的主人公，通过其他部门递交辞呈，也是对直属上司莫大的侮辱。忍无可忍的上司当然会耍些手腕，阻止她在别处就职。作为职场人的郑敏珠小姐，表现出了基本上 0 分的言行。

职场生活中，类似如此被上司劝诱参与泄露机密、过多报销出差费、超额申请管理费等不正之风是很有可能的。“正义凛然”的职场人士坚信此类上司为公司里的恶势力，应该坚决予以铲除。

然而，所谓公司，是个即使明知有不正之风，但只要还有其他用处，就会睁一只眼闭一只眼的地方。并且，站在公司的立场上，即使是真的需要检举揭发，要将真相传达到管理层那里，还是要翻越道道崇山峻岭。很多公司为职员们开辟了可以直接将此类事件反映到上层那里的在线窗口，但事实上这类事情一旦上了告示板，会引起更大的议论，其结果往往是举报人遭殃。

针对此类事件，最明智的应对方法为以公司规定为借口，自然地拒绝。例如以下方式：

“部长，真想为您做，可是规定太严格了。”

“别担心，金代理，有我来负责。”

“当然这种事情不会发生，不过为了以防万一，请部长写一份负责承诺书。”

这样一来，内心脆弱的上司会畏惧地盘算“这位朋友真够小心的”，然后就会悄悄退却了。也可能碰上蛮不讲理的上司，他会对你说“这么小心翼翼的，怎么适应公司生活”，然后给你施加更大的压力。即使这样，也不要紧咬住是非，事事与其较真顶嘴。“我要尽我的责任，请您谅解”，这样天花乱坠地说一通，将文书搁置一边，才是明智之举。

实战！适用于职场的对话法

这件事将来分明会出问题，可是又很难拒绝关系很近的上司的要求或拜托。这种情况下，怎么办才好呢？为了做到既不招上司的记恨，又能巧妙地脱身，以责任或者公司规定为借口是很见效的。

让对方火冒三丈的拒绝方式	让对方消消火气的拒绝方式
● “这种事违反了公司规定，绝对不可以。” ● “如果您让我做这种事情，那恕难办到。” ● “我绝对不会这样做。” ●（终于出了问题时）“不是我一个人的错。全都是部长吩咐我这样做的。”	● “这可怎么办呢？真想为您做，可是规定太严格了。” ● “如果您一定想做的话，为了以防万一，请部长写一份负责承诺书。” ● “我请您来负责，您可千万不要记恨我啊。”

以前，你有没有过无情地拒绝上司的不正当要求，或者露骨地非难上司，从而使其火冒三丈的经历？请试着写下当时你是怎么说的，以及如何换一种说法更好。

让上司火冒三的话	换一种说法?
……………………………… ……………………………… ……………………………… ………………………………	……………………………… ……………………………… ……………………………… ………………………………

向刁难的上司人性化地诉苦

如果因为讨厌上司而跳槽，那么很难保证在新的职场中不会遇到类似的上司。新上司有可能更加恶毒，甚至令你转而觉得前任上司是个清官。

洪代理终于气呼呼地将辞呈摔到了部长的桌上。原因是交货给客户的产品又被退回来了，于是部长对身为品质管理负责人的他大吼，要他赶快另谋高就。所有的责任都被推到他一人身上，而且不是让他写反省书，而是直接恶言让他走人，洪代理因此对部长大为光火。

“不像样的东西，不就是个部长吗，啊？让我走人？”

脾气暴躁忍无可忍的洪代理当天就交了辞职书。部长用无可奈何的表情上下打量了下洪代理，然后什么也没有说，继续做他的工作。之后的两天，一直对洪代理冷眼旁观。

洪代理渐渐平息了愤怒，然后心底里就开始担心，如果辞呈真的被批准了该怎么办。大学毕业后，闲了一年，才终于得到了这个职位，真不想仅仅因为对部长的一时排斥而失去它。苦恼的洪代理连续两天彻夜辗转难眠，最后虽然并不情愿，但还是去找部长道歉了。

“我太过分了。请您原谅。”

难以启齿的话终于艰难地说了出来。部长厌恶地瞟了瞟洪部长，勉强地将洪部长摔给自己的辞呈还给了他。

不过事情到此还没有结束。此事件之后，只要洪代理稍有闪失，部长就会对其冷嘲热讽。“豪气冲天地把辞呈摔给我，看来早就想另谋高就了？所以工作才会做成这副德行吧。”把过去的糗事翻出来说让洪代理内心备受折磨。每当听到这番话，洪代理都会在心里骂道：“这个家伙，已经过去的事情了，还是翻来覆去地说。”愤怒越积越多。

上司一直咬住此事不放，所以洪代理又开始在头脑中盘算是该继续在这里工作，还是该辞职。一次招人恨，便事事招人怨，看起来不管出什么问题，部长都会不加调查地进行判断，让自己来背黑锅。每次和部长发生冲突时，洪代理都忍不住想："不如干脆辞职，去市场卖水果算了。"洪代理的职场生活可谓暗无天日。

把辞呈扔给部长，此为洪代理大大的失策。部长没有受理辞呈，反而将其归还，洪代理应该极其感激部长才对。怀着感恩的心，就不会对部长的嘲讽如此深恶痛绝了。洪代理恨部长，那部长也只有恨洪代理了。心怀怨恨之人以为对方不会察觉自己的内心，事实却并非如此。对方当事人会轻而易举地读到你的内心。这是因为人的想法总是会表现在脸上。部长总是刁难洪代理，其原因也许恰恰就是因为洪代理一直讨厌部长。

职场中的上司们性格各异。哪怕是鸡毛蒜皮的小事也会念念不忘耿耿于怀的人有之，并无恶意地折腾部下或心存恶意地对下属为所欲为的人也有之。上司的权限原本很强大，部下若有一次惹毛他，他就会悄悄地夺走下属的主要工作，从而使下属产生要被解雇掉的不安，或者只给部下安排琐碎的工作，使下属的职业生涯无从得到发展，这种情况也是有的。也有可能动不动就让部下写辞呈，导致下属丧失工作兴趣。如果你对这些现象深恶痛绝，忍无可忍，那么你在任何职场都将难以长久坚持下去。

以洪代理为例，他是因为自己的失策而惹恼了上司，那么就需要自我反省，认识到在上司确实原谅他之前，更多的责备和刁难都是理所当然的。职场里要遇到的人就像你的父母一样，不是你可以选择的。因为你进入职场时，他们已经在那里了。如果因为讨厌上司而跳槽，那么很难保证在新的职场中不会遇到类以的上司。新上司有可能更加恶毒，甚至令你转而觉得前任上司是个清官。

对于上司的某些行为即刻采取反击，或者以感情用事的话语刺激上司，这些都是傻瓜一样的行为。把上司的态度发布到网上去，更是白痴。这世上没有秘密可言，是谁散布的消息，即刻就能知道。"因为上司，没法在这家公司里做事了"，抱着这种想法的人不是只有你一个。无数职场人士都有着差不多的想法。只是他们不向上司报复，他们忍耐上司的刁难。这决不是他们比你傻，只是他们比你更清楚，反击上司只会毁掉自己的职业生涯，最终无法成为成功的职场人士。

洪代理即使难以忍受上司的冷嘲热讽，也不应该将愤恨堆积在内心里，而是应该去找部长单独对话，人性化地诉苦，正式地拜托部长。可以请上司去喝酒，私下里交谈，反复诉苦说："部长，我想要忘记以前的错误，更加努力地工作，请您帮助我。那次的事情，我也后悔不已。"这样一来，部长就不会再提那件事情了。如果经过了这样的努力之后，上司偶尔还会重翻旧账，那就换个方式，再次拜托上司。这样一来，再固执或自以为是的部长也会摆摆手说："知道了，知道了。"并在以后努力做到小心。

〈辞呈〉

[第二天]

[发薪水的日子]

[研修归来]

马上就到暑期
休假了……
修完了假，
就辞职。

辞呈嘛，写了有一百遍了。只不过，都是在心里写的……

实战！适用于职场的对话法

职场生活中，难免会有工作失误，也就难免被上司责骂。对于揪住你的小辫子不放的上司，需要什么处方呢？有的言谈反而会让上司的刁难升级，而人性化的诉苦则可以遏制住怒火。

刺激上司刁难的话	止住上司刁难的话
●“我明明已经道过歉了嘛！” ●“一遍又一遍，您是不是太过分了？” ●愤愤不平地抱怨：“不过犯了一次错而已，刁难我的时间也太长了吧？”	●“XX先生，我想要忘记以前的错误，更加努力地工作，请您帮助我。” ●“那次的事情，我也后悔不已。”

你是怎么对付刁难你的上司的？或许你这家伙曾因自己的火爆脾气而在上司的怒气上火上浇油，当时你是怎么说的，在那种情况下，如何换一种说法更好，试着写在下面。

火上浇油的话	换一种说法？
…………………………………	…………………………………
…………………………………	…………………………………
…………………………………	…………………………………
…………………………………	…………………………………
…………………………………	…………………………………

对你不说敬语的上司，你要更加恭敬

上司的非敬语文化无法被你接受，不是什么可担心的事；对此愤愤不平的你会无法被上司接受，这才应该是令你苦恼的问题。

申亨植是个进入公司不到一年的新职员。上司们跟几乎所有的下属都不说敬语，对此他总是感到不满。当然上司们不是只针对他。基本上对所有部下都是敬语和非敬语混着说。

如果仅是不说敬语，倒也是可以忍受的，然而当上司连“亨植”都不肯叫，直接叫他“喂”时，他就经常会觉得真的是受到了莫大的侮辱。他不知不觉就会抱怨：“我难道是张纸片吗？怎么可以这样？”他所在的公司虽不是什么大企业，然而也有五百来人。即便如此，不仅是社长，就连所有上司也都不对职员说敬语。甚至有时社长会叫董事“喂”。当然是当着大家的面。

在进入公司的初期，对此颇为不适的申亨植甚至觉得自己就像是加入了什么黑社会组织。如今进公司也有一年多了，却依然不适应。同事们在上司面前都很安静，然而因为什么事情而有压力时，也会说些诸如“这里是黑社会吗？对经过严格选拔进入公司的职员就叫‘喂’，‘喂”’之类的闲话。然而只是背地里愤愤不平，表面上都是闭口不言的。

申亨植真想像个孤胆英雄一样挺身而出，质问“为什么不说敬语”，但却没有这个勇气。他怀疑如此忍耐下去的话，还能够在这家公司做下去吗，还有，在这样的公司里能学到些什么？他也考虑到上司对所有人都不说敬语，并不是特别只给他一人难堪。然而他就是不喜欢公司的这种氛围。他跟在别的公司工作的朋友泄愤，结果被叱责说：“你们公司的年薪高得很，你却因为这种事情而愤愤不平，这不是吃饱了撑的吗？”

申亨植虽说不是出自什么顶级大学，却也是首尔市区内不错大学的优秀毕业生，艰难的就业也是在毕业前就搞定了。他有远大的理想，希望即使不容易，也要进入不错的职场，努力地学东西，爬到职场内最高的位置上去。

然而就业之后，却发现上司们对待下属就像对待家里的佣人一样，从不说敬语。似乎根本不在乎员工们的感受。尽管公司销售业绩不错，财务情况也很好，但是在现今这个竞争白热化的时代里，此种企业经营方式究竟能够走多远，他对此表示怀疑。

对于这种公司，是应该当机立断辞职走人另谋高就，还是应该听从朋友们的劝告，忍耐下去，申亨植感到十分苦恼。前辈们也对他说，进入公司的头三年，绝对不要跳槽，应该坚持下去，丰富自己的经历。

有时，申亨植也会考虑，若要在职场中分胜负，针对不与职员们说敬语的上司们的态度，自己是否应该站出来去改正它。

《职场人的思想地图》的作者威廉姆·怀特（wiHiam J. white），说过：“新职员能否接受自己的上司和同事并不是重要的问题，你的上司及同事能否接受你才是最重要的。”对于申亨植来说，上司的非敬语文化无法被你接受，不是什么可担心的事；对此愤愤不平的你会无法被上司接受，这才应该是令你苦恼的问题。如果不明白这个道理，那么即使跳槽到其他公司，也会陷入一样的艰难处境。

解决办法就是申亨植应该迎合上司的文化。这可不是说上司不用敬语，你也应该跟着不用敬语，而是说如果上司对你不用敬语，你反而应该对上司使用更加恭敬的敬语。人在职场，第一是利润最大化，第二还是利润最大化。公司不会将上司是否对职员使用敬语视为什么大不了的问题。虽然着眼于公司的长远未来，这种文化有可能会使下属职员们丧失热情，但是不同的公司，也许会为此费神，也许会毫不在意。

这种事情不是需要个体基层员工站出来的问题。当上司叫他“喂”时，申亨植应该做的不是为此而敏感，而是应该不放在心上，反而更加毕恭毕敬地回答：“是，您叫我吗？”如果连自己最讨厌的文化也可以包容，那么在积累了三年的阅历后，跳槽到别的职场环境中时，就能成长很多了。

实战！适用于职场的对话法

当上司对你出言不敬时，你有没有表现出敏感的反应？你要有心理准备，对下属不说敬语的上司，你走到哪里都会至少遇到一两位。因此，不要粗鲁地指责或怀疑，欣然接受的态度才是必需的。

对上司不说敬语有敏感的反应	对上司不说敬语欣然接受
• 抱怨说"我们又不是佣人，凭什么不和我们说敬语？" • 有受伤害的感觉，认为原因"是因为无视下属"。 • 有怀疑的想法，认为"在这种地方我学得到东西吗？"	• 觉得没什么大不了的，反而对上司使用更加尊敬的敬语。

你对不说敬语的上司有什么看法？实事求是地写下你的观点。如果产生了逆反心理，沉住气，试着找出欣然接受的言谈及态度。

你对上司不说敬语的看法	包容的言谈及态度
………………………………	………………………………
………………………………	………………………………
………………………………	………………………………
………………………………	………………………………

与上司保持一致性

在职场中，不要卷入到公司政治里面去，保持中立，这是很安全的。然而，若某个上司特别想将你拉入他的一方中去，但你固执地坚持中立，会被误认为是与其为敌。

徐亨满是对外合作室的部长。坐到差不多部长这个职位的人，都会与公司内外有权有势人士们拉关系走门路。这位是XX常务，这位是XX专业人士，这位是XX检查人士，这位是某总经理，这位是某董事长，等等。

职位越高，拉帮结派就会越严重。如果抓不牢上层人士，就有可能得不到保护，而如果站错了队，则有和上层一起倒台的危险。如果在职场政治游戏中摔了跟头，那么部长可能就是你职业生涯的终点。

徐亨满是个愚直诚实的职场人。也就是因为诚实，他才一路升到部长的位子。至于公司内的政治游戏，他不甚了解。做了部长之后，他也一直坚持中立的立场。

但是，董事长一方的直属常务和社长一方的对外合作室室长却是众所皆知的冤家。徐亨满夹在双方之间，每天都像走钢丝一样，战战兢兢。

对外合作室室长是公认的中心人物，业绩好，外部政治关系也广。至于常务，据小道消息称，他乃董事长的远房亲戚，以他的年纪来讲，做到这个位置，可谓是在公司里所向披靡了。

不幸的是，此二位的想法完全相反，所以事事较劲。对于同一个问题，总是要争执对立。在公司会议上，亦是不留余地，咬住对方的意见不放。与会者们在他们双方杀气腾腾的争斗面前，基本都会闭嘴。参加者们也许暗地里是属于某一方阵营的，但都保持低调，不为己方打掩护。但似乎他们一伙一伙的会经常在夜间聚会，也会暗地里聚在一起共享高级情报。他们共享的都是徐亨满从没听说过的公司情报，如果被他碰巧听到，他们马上就会住嘴。

愚直而单纯的徐亨满，固守着这样一个职场哲学："在职场中，如果加入某一帮派，那么这一派倒台的话，你也会一起倒台。我死也要坚持中立。"可是坚持中立也变得越来越难。每当他去找常务签字时，常务就会试探他说："在那么挑剔的室长手下做事，值得吗?"常务是想试探推断他是否属于对立方。死心眼儿的徐亨满总是正直地回答说："室长不是那么挑剔啊。"常务甩出话来暗示他说不定是室长方面的人，这令他十分不安。

而室长也在试探他。每当他去找常务签字，从常务办公室里出来后，室长就会偷偷问他："那只老狐狸说什么了?"如果徐亨满回答说"没说什么，只是帮我把字签了"，室长就会试探地说："这样啊，看来你觉得常务这人不错吧?"徐亨满抱怨道，比起本职工作来，夹在他们双方之间是更困难的事。

虽说职场内的帮派是使经营更加困难的障碍物，但是无奈的是，只要有人的地方没有不存在派别的职场。帮派即意味着势力争斗。所以上层人士们很重视势力的扩张，他们会为了扩大自己的阵营而施与要争取的人一些高级情报或者人事方面的小恩小惠。尤其是做到差不多委员的级别后，只有自己阵营的人多，才能在做经营决断时说话有分量。

因为职场内的派系之争直接关系到自己能否立足，所以对方阵营的人都会被无条件地视为敌人。而职场内的敌人，是必须要清除的对象。出于这样的现实，尤其当你做到中层干部以上之后，小心行事，做到既不属于任何一方，又不会被平白无故地误认为是敌对方的人，这是非常必要的。对于对方有意无意说出的话，也不要为他的敌对阵营打掩护，而是要消极赞同地说“是这样啊”，使其觉得“你说不定是我这一边的”，这样做才有利。

但是不要使其确信你是或不是他阵营的人，与其敌对方也要维系一样的关系。同时进入公司，有的人做了科长，有的人做了代理，有的人爬进了经营决策层，可也有的人却中途堕落，究其原因，很多时候是因为在公司内没有站好队。

《公司不会告诉你的50个秘密》一书的作者说：“应该知道你所就职公司的文化怎样，各职级间的沟壑有多深，向你所向往的阵营表现出你的憧憬，并与其协作。”因为如果不这样的话，敌对阵营的人们会不断地给你的工作制造麻烦，最终使你不得不举手投降。

在职场中，不要卷入到公司政治里面去，保持中立，这是很安全的。然而，若某上司特别想将你拉入他的一方中去，而你固执地坚持中立，却会被误认为是与其为敌。与其直接表现出中立的意志，不如透漏出这样的语气：“我表面上中立，实际上内心里属于你们阵营。”或者在言语中让对方感觉“至少我绝对不会加入对方的阵营”。这样就不会被双方都视作敌人了。

在这里，对于进入公司不到三年的员工，还有一点要特别嘱咐，那就是不要因为年轻和血气方刚而盲目地站到管理层的对立阵营中去。身上存留着书生气，总是想指正管理层的不合理决定或习惯的人大有人在。比如说，白天游手好闲，晚上装作工作，或者无缘无故地频繁聚会喝酒，导致工作效率下降等。

有时候，有的人甚至会有当同事受委屈遭到不公正待遇时，自己应该挺身而出为其解决问题的义眶侠情。此时，勇敢地对管理层直言不讳的人就会成为管理层对立阵营中的人，这些人将很难做到高层的位置。

若想在职场中成功，有时候，你有必要说："我是您这一边的人。"甚至有时候你要表现出"我不是站在职员的一方，而是站在管理层的一边"。也许你会觉得脸红，觉得耻辱，但是只有这样做，才能保证在职场中成功。

实战！适用于职场的对话法

任何职场中都会有帮派存在。言语中也时常会提及你方、我方。有些话会有意无意地使对方感觉你属于敌对阵营，也有些话会让对方觉得你与他们是属于同一阵营的。

令对方觉得你属于敌对阵营的话	令对方觉得你与他们属于同一阵营的话
• "他不是什么坏人。" • "我认为他的想法很有道理。" • "我认为您应该改变一下。" • "管理层根本就不考虑基层员工的情况。" • "这是正确的，那是不正确的。"	• "我赞成您的意见。" • "您的想法是我无法企及的远见。" • （当上司辱骂敌对阵营的人时）"我真没想到他竟然有那样的想法。" • （当上司刺探你与敌对阵营之间的关系时）"关于他，我不太了解。"

即使是你无心的回答，上司也想从中揣测出你究竟属于哪一方。回头想想看，你有没有说过让你的上司觉得你属于对方阵营的话？如果有的话，现在试着换一种不同的说法。

令对方觉得你属于敌对阵营的话	换一种说法？
…………………………	…………………………
…………………………	…………………………
…………………………	…………………………
…………………………	…………………………

开玩笑要有分寸

成为了上司，就等于是穿上了一件权威的盔甲，而如果你刺穿其盔甲给其留下伤痕，上司就会仅仅考虑如何为自己包扎伤口，即使明知你并非故意为之。

宋奎亨，升职比别人慢许多，不久之前，曾经是自己属下的人变成了自己的上司。曾经是下属如今是上司的这一位，既是宋奎亨的同事，也是他大学里的学弟。最开始，做曾经部下的部下，实非易事。但是慢慢地心里平静下来，宋奎亨在办公室里对其做到了毕恭毕敬。但是，偶尔不知不觉地还是会说出："xx 部长，这太过分了吧？"之类不恭敬的话。宋奎亨想要改变这种糟糕的态度，然而长久以来形成的习惯，不是一朝一夕就改得了的。

成为上司的学弟面对宋奎亨也很尴尬，所以尽可能地不给他安排事做。而这令宋奎亨更加不安。每当此时，他就会不安地想："会不会因为尴尬而把我推出公司去？"没什么事可做，终日游手好闲，这种不安的日子快要让宋奎亨积郁成疾了。宋奎亨狠咽一口唾沫，决定抛开自尊心。他计划请成为上司的学弟喝酒。对方从排得满满的日程中勉强挤出时间，约定了日期。几杯酒下肚，做了上司的学弟说："学长您也酷得很啊。我也许就是因为这个才喜欢学长您的吧？"释放了紧张感的宋奎亨说："要千方百计谋生计嘛，对不对？我不能老是这样过，你得好好照顾我啊。""学长，请您不必担心。"

如果两人的对话到此为止，则可无大碍地过去。然而，酒过一巡，又开始一巡时，出问题了。宋奎亨似乎突发感想，眯着眼睛说：

"我想起了你刚进公司的时候。那时候你就像跟屁虫一样到处跟着我。"

瞬间，学弟的脸板了起来。

"那时候……"学弟欲言又止，接着匆匆站起来说："酒钱我来结。我们走吧。"可是宋奎亨一点眼色也没看出来，说："这么快？不，该我来付钱嘛。是我招待你嘛。"干脆成了对待自己下属的口吻了。

“没关系。”身为上司的学弟瞟了瞟他，然后站起来，快步走向收款台。信用卡刷卡结账的声音终于让他的心怦怦跳起来。上司学弟返回来与他简单道别，此时宋奎亨彻底醒酒了。

“我到底在干什么?”他想。

上司都相信自己有在部下那里受到上司礼遇的权利。即使下属是先于自己进公司的前辈或者亲属，也没什么不一样。还有，部下的挑战行为更是上司的眼中钉。尤其这个世界就像打扑克牌一样，所谓风水轮流转，上司的位置也随时有可能被下属取代。职场中的上司，即使私下里与你称兄道弟，关系很密切，有些向上司权威挑战的玩笑话也是其绝对不能容忍的，诸如：“我跟你说了不要这样做。”“连这都做不好?”“你现在好多了。不久前你还傻呵呵的呢。”人一旦成了上司，就会以上司的视角来看世界了，因此他们只会这样想：“竟敢和我开玩笑，不像话!”

以你的立场，即使你实在做不到尊敬上司，至少也要对挑战上司权威的话慎之又慎。成为了上司，就等于是穿上了一件权威的盔甲，而如果你刺穿其盔甲给其留下伤痕，上司就会仅仅考虑如何为自己包扎伤口，即使明知你并非故意为之。一旦成了上司，什么比我晚入公司了、比我年龄小了、和我私人关系好了等等就统统无所谓了，即使是开玩笑，也不要说挑战其权威的话。即使上司强忍着表面上没有显出不快，他也绝对不会忘记你说过的话，而且这些话会刺激他的报复心理。

〈闲谈时间〉

此后一周间，遭受闲谈后暴风雨的袭击。

实战！适用于职场的对话法

当同时进入公司关系也不错的同事、以前的部下、私人关系很好的人成了你的上司时，即使你平时对他毕恭毕敬，但只要开一次玩笑，就等于犯了冒犯上司权威的严重失误。留心职场中须慎言的玩笑。

与上司相抵触的玩笑

- “说起你刚进公司的时候……”
- “我不是和你说过不要这样做吗？”
- “不久前你还傻呵呵的呢，现在好多了！”

肯定上司权威的话

- “只要是科长您的决定，我就会追随。”
- （当上司给你优先权时）“部长您是上司，我不能这样做。”

你有没有过因为这样那样的原因而开一些挑战上司权威的玩笑的经历？把那时说的话如实写在左边。然后试着改成肯定上司权威的话，写在右边。

与上司相抵触的话	肯定上司权威的话
…………………………	…………………………
…………………………	…………………………
…………………………	…………………………
…………………………	…………………………
…………………………	…………………………

02　对下属这样讲话，下属会更随你

近来，下属职员的工作能力会被作为上司工作业绩的评价标准，因此，如果你想顺利地度过职场生涯，就不要让部下对你的话产生抵触，而要让他们更好地追随你。只有这样，部下们才能充分发挥能力。

然而，随着通讯技术的发展，沟通的方法也在日新月异地变化，因此即使是具有卓越能力的上司，如果与部下的沟通不畅，也无法发挥领导力。所以，身为上司的你，应该熟知那些易于部下理解和能令部下死心塌地追随你的话。

现在开始，找出这些话，并且练习说出来。

把抽象的话转换成具体的话

领导力体现在言语的力量上。如果对方在第一时间就听懂你的话，而不会问“您说的是什么意思”，就会增强你言语的力量。

申焕植是一家大企业的科长。下属们因听不懂他说的话而导致无法正确完成工作，此种令他气炸肺的事情频频发生。有些职员，甚至日程管理都需要他亲自插手。仅仅如此吗？当他因为职员没有正确完成工作而稍有抱怨时，部下就会面红耳赤地鸣不平。

最听不懂申科长的话，被申科长视为眼中钉肉中刺的部下，是人公司三年的崔基亨。进入公司三年，理应工作得心应手了，可是，事无巨细，如果申科长不督促，他甚至连个合理的日程都定不出来，慌手慌脚，重要的工作一点也上不了手，终日浪费时间。甚至于他敞出的文件都是词不达意、错字连篇。

问题是因为他个人的原因，整个团队都受到损失。所谓职场中的工作，大多是以团队为单位来进行的，而崔基亨经常无法在规定的时间内完成被交予的工作任务，从而影响整个团队的工作。一看到拖累他人的崔基亨，申科长就头疼。

按理说如果经常做中期报告，就可以大大减少失误，可是崔基亨若不事无巨细地问“怎么做”，就连中期报告都做不出来。结果往往是要等工作完成之后，才能纠正他的错误，浪费了大量的时间和精力。他最终还是会成为浪费整个团队时间和精力的拖后腿之人。申科长经常试着给他反馈，教他工作的方法，可当申科长给他忠告时，他却总是苦着脸，牢骚不断，很委屈的样子。申科长心想：“学会怎么好好工作，再抱怨不迟。”真想对他大骂出来，但也只能是嘴上痛快而已。

那么崔基亨是怎么想的呢？对于申科长的不满，他有什么要说的吗？对他来说，他自有无法接受忠告和觉得委屈的理由。他说他之所以无法正确完成工作，最大的理由是上司的指示不够明确。申科长的指示内容经常不明确，他尽可能地再次确认，但通常最终科长还是会完全改变说法，然后责备他没有工作能力。

举例来说，科长本来是安排他做市场调查，可工作结束后，却硬说：“我不是让你去调查竞争对手的市场占有率吗？”崔基亨辩解说，科长本人进入公司也有三年左右了，在一定程度上也了解工作的要领，却总是下达一些让人无法理解的指示，工作结束后又会发飙说一堆废话，这打消了他工作的积极性。

而且，科长的指示总是内容冗长而复杂，很难分辨哪些是指示，哪些是废话。例如说些“所以说我们也要发奋啊”之类的含糊不清的话，然后如果下属的成绩不尽如人意时，他就会怒吼道：“我那时候不是说过我们要发奋吗？”崔基亨认为，如果他确切地指出在哪个部分应该发奋，就会有迥然不同的结果。

在此事例中，不妨把我们都视为永远不会相交的平行线。上司们抱怨下属们理解指示内容的能力或执行工作的能力不足，真让人头疼，而下属们说完全是因为上司不会正确分派工作，所以他们才无法顺利完成工作。

某调查结果显示，80%的下属会因为上司的原因而考虑辞职。作为上司的你一定要看到这个调查结果。职场会因为上下级之间的沟通不畅而丧失竞争力。如果下属无法理解身为上司的你的话，这不仅仅危及到下属本人。上下级间沟通不畅的话，会造成职员的频繁离职、时间的浪费，这将导致组织出现问题，最终使你自己位置不保。

还有，表面上看来，上司们操控着下属们的生杀大权，实际上却不尽然。一旦有朝一日，下属们用新的战略和尖端科技、新知识等武装起自己，就有可能会反击上司。

我们生活在一个追求变革的时代。但求太平无事的你，可能连自己的桌子神不知鬼不觉之间消失了都不知道。只有经常进行改革的组织才能生机勃勃地生存下去，也只有这样的组织才能保证你的位置。

在这里，请牢记，对大部分组织来说，自下而起的改革很难，只有自上而始的改革才是可能的。即，只有具备了能够打造听上司的话、工作做得又好的下属的上司，组织的改革才是有可能的。当然，组织都希望拥有能对下属们施加积极影响力的上司。这在近来很多公司引入上下交叉评价的制度，下属也可以对上司的能力进行评价这一现实中体现得越发明显。

说来说去，究竟怎样才能让下属更出色地工作、更好地追随自己呢？最重要的是你应该以什么方式说话。在职场中，说有关工作的话时，应该说得明确而具体。即，所有的指示要下达得简洁而明白。尤其下指示时不要同时说别的废话。只说具体的指示。

打个比方说，“说说上次的市场调查，在重要的部分还是有缺陷的。我的意思是上次调查没有考虑到竞争公司，这是理所当然要一起进行的，难道不是吗？这次用心点儿。明白了吗？”这样说是不可以的。应该直截了当地说明白指示内容，如“此次市场调查，请把焦点放在与竞争公司进行彻底的比较分析方面”。

领导力体现在言语的力量上。如果对方在第一时间就听懂你的话，而不会问“您说的是什么意思”，就会增强你言语的力量。如果想成为像领导的领导，那么即使在称赞时也不要抽象地说“这次的企划很好”，而要有针对性地说：“此次企划，在换成新颖的调查方法这一点上，非常有新鲜感。”即使是一句小小的称赞，也应做到具体，以供部下在下一次的工作中将其作为参考。

只有下属们成为自己的手足，上司们才能顺利开展工作，发出耀眼光芒。如果你希望部下们像自己的手足一样好用，那就尽快把自己说话的方式由抽象型变为具体型吧。

〈上司的苦衷〉

就这样，开始的平等游戏就是悲剧的开始。

呵呵……

实战！适用于职场的对话法

所谓公司这个地方，不是个人表演的场所，因为听不懂话的下属，会使整个组织的运营陷入困境，这种情况并不少见。因此，为了杜绝重复的错误，给下属一些反馈，可下属却会还你一个不爽的脸色。当下属听不懂你说话时，首先要做的事情不是火冒三丈，而是要弄明白下属为什么无法按照你的指示工作。

抽象而暧昧的指示

- "把桌面整理一下。这么乱，像什么话？"
- "你问好时难道就不能稍微大一点儿声吗？"
- "报告书太长了。稍微缩短一些。"
- "会议材料要提前交上来。"

具体而明确的指示

- "把散在桌面上的文件都放到文件夹里面去。"
- "早晨见面时，要提高一个声调，用大家都能听得到的声音来问好。"
- "把报告书压缩到两页以内。"
- "会议材料要在会议开始两小时前交上来。"

你是怎么对下属下达指示的？因为下了抽象而暧昧的指示，导致最终实际结果与你头脑中勾勒出的结果大相径庭，此时的你是否大发脾气，将责任全部归咎到下属那里，请写在左边。怎么改变这些内容，才能让下属准确地理解你的意思，试着写在右边空白处。

你下达的不明确的指示	换一种说法?
……………………………………	……………………………………
……………………………………	……………………………………
……………………………………	……………………………………

谴责时更要压低声音

当上司高声责备时，下属不是听到话的内容，而是读到了话中的情绪。

金英善，是一家男性下属众多的贸易公司里的女部长。她相信是因为男职员们不大听她的话，才导致她的脾气不知不觉间变得越来越暴躁。她认为，她指责下属的不是，而男部下们却面露不爽，油嘴滑舌，就是因为她是女人。

贸易工作的特征就是细枝末节也要丁是丁卯是地仔细检查。然而很多部下却是大致检查一下就过去了，让她无法不牢骚满腹。再加上曾经有过大发脾气的不好的记忆，使她处于极度敏感的状态中。

那是在做了部长之后。一名毛手毛脚的职员写错了发件单，导致样品被发到了爪哇国，引起了不小的乱子，从此以后，但凡要发送的物品，她都要确认若干遍才能放下心来。当自己还是小卒子的时候，理解不了为什么针尖大的小事上司也要唠叨个没完，现在站到了同一立场上，才算是充分理解了。

然而她神经质的行为却不被职员们理解，无法让他们主动地工作。当然，需要她关注的地方也日益增多。渐渐形成了职员们悠然自得，部长一个人忙忙碌碌的局面。部下们既不相信也不尊重上司，也做不到在上司命令之前主动完成工作。

“事先做有什么用？反正部长还会让再做一次。”

部下们如是说。因为上司不相信自己，所以职员们不再小心做事；因为职员们不再小心做事，所以上司事无巨细亲自处理，如此便形成了恶性循环。此恶性循环只是更加加大了金英善的劳动强度。

金英善指责部下错误的方式也使职员们关上了心门。她不是就事论事，而是将过去的事情一件件都翻出来，长篇大论，满耳只听得到她的声音，部下职员们不禁暗道“哎呀，又开始唠叨了”，然后便堵住了心灵的耳朵。在她向下属们传达真正意图之前，下属们已经左耳听右耳冒了。

当上司高声责备时，下属不是听到话的内容，而是读到了话中的情绪。上司刚一张嘴，下属们就揣测到：“又要发飙了。”同时紧紧地关闭了心门。不要忘记这一事实，唠叨多，大事小事都音量大，话语内容的分量却会成反比地减小。看看那些部下们愿意追随的上司，大部分都是惜字如金。音量也不大，永远是低声却有尊严地讲话。仅此一点，便足以向下属传达身为上司的尊严。

然而，为什么上司们在指责时总是会提高嗓音呢？上司们都有一个固有观念，那就是下属们都对上司的唠叨深恶痛绝。因此，为了强调“你们讨厌也没办法，这是我必须做的”，不知不觉间声音就提高了八度，很容易地就唠叨起来。然而，如此处事实在是不英明。

首先，抛开部下职员们不愿意被训斥的想法。大部分的情况是下属们并非无条件讨厌上司的指责，而是讨厌上司们指责的方式。有前途的职员们，当上司准确地指出他们该改进之处时，他们非但不会不愿意，反而会感激。挨训的瞬间也会觉得痛，然而他们明白良药苦口、忠言逆耳的道理。上司指责自己的错误，然后便让此事过去，他们自然会信赖上司，听从上司的话。

重要的是谴责的方法。底层职员实际上想要依靠上级，并希望能从上级那里学习到熟练处理工作的方式。他们希望自己也能具备不逊于上司的了不起的能力。针对这样的下属们，如果上司对人不对事，即不是去谴责事情本身的错误，而是揪住个人的弱点，进行人格上的侮辱，那么下属真的愿意听他的话吗？

这里不要漏掉的一点，就是所有人都各不相同。作为上司，应该考虑到下属职员们每个人的个体特点。作为底层职员，上司往哪个方向拉，他们跟着往哪个方向走就行了，但作为上司，却要关注组成团队的所有部下职员，带领他们走上正确的道路。在组织的框架中，要使性格及能力迥异的他们奏出了不起的合音，就应该成为指挥者。

根据个性与能力的不同，有些人令上司很难做，有些人对上司过分亲昵。有做事丁是丁卯是卯的人，也有迅速处理事情的人。职级低于你的部下中，有比你更加现实的人，也有狡猾的人。让这些形形色色的人和谐地在一起，并且一丝不苟地接受上面的命令，这恰恰就是身为上司要做的工作。

让各不相同的部下们异口同声，就要在“叱责的方法”上面下功夫。谴责下属时应具有的最基本的态度是不要感情用事。最忌讳的是生气时就抬高嗓音的做法，应该就用一句话，有尊严的、能让对方明白地表达核心内容。下属们也都是不逊于你的学而不倦的成年人。虽然他们明白在公司的职业生涯中，你是他们举足轻重的上司，但是对于有损他们人格的话、不加掩饰地将感情表露无遗的激愤的嗓音、同样的话翻来覆去的唠叨等，他们却像听到了诅咒一样无法接受。

少数内心脆弱的人，也许会在此淫威下胆怯并且听从你，然而大部分普通人却会对此表面上不动声色，内心里却无视你的话。如果上司的性格很强势，则下属会表面上装作接受，但内心里绝对不会听从。理所当然，上司的影响力就会逐渐减弱。

那些识破了上司底细的下属们，不管你怎么责备，他们都会再犯同样的错误，或者表面上装作工作很努力的样子，但实际上就是在骑驴找马，一边敷衍，一边要么找别的工作，要么准备创业。估计最后结果就是托你对部下们乱发淫威的福，公司支付着员工薪水，员工们却忙着自己的事情，因此给公司带来损失。

现在这个时代的人，在成长过程中，一般没有受到那么多来自父母或老师的谴责。因此，进入职场，突然遇到毫不掩饰大发脾气的上司，他们非但不会反省自己的过失，反而只会委屈地觉得自己受到了不公正的待遇。在这种心境下，不管对方是谁，他们都不会接受对方的话。职场中的经济情况并不是困难到要去拼命的程度，所以有可能在重要项目的运营中，下属就会收拾东西走人。

所有的职场人都抱怨他们因为上司而疲惫不堪，但实际上因为部下而筋疲力尽的上司也大有人在。使这种疲惫减半的唯一方法就是当下属没有明白你的指示时，不要不加掩饰地大吼或者长篇大论地责备。特别是在有很多人的场合，对攻击个人弱点的行为一定要慎重。否则，下属非但不会反省自己的错误，反而会对上司产生抗拒的心理。

如果你真的想成为了不起的、让下属们心甘情愿追随你的上司，那么就请在谴责下属时降低声音，说话的量也至少减少一半。当然，还要就事论事，只谈出问题的事情。

实战！适用于职场的对话法

下属犯错误时，生气是理所当然的。但是，谴责错误时，言语中绝对不要掺杂感情，只表达核心内容就够了。而且要用比平时低的声音，简洁明确地指出问题，传达信息。

适得其反的责备	令对方感激的责备
● “连这都做不了？” ● “你怎么总是犯同样的错误？” ● “总是这副德性，怎么信任你给你事做！” ● “你究竟能做些什么？” ● “你真的是经过考试进的公司？” ● “真是迟钝的家伙，就这么听不懂话吗？”	● “你觉得问题是什么，哪不对？” ● “又犯同样的错误了。想想办法，怎么才能以后不再犯同样的错误。” ● “在团队中，互相信赖的气氛很重要。请让我可以继续信任你吧。” ● “请彻底搞清楚错误的原因。” ● “细节更要注意。” ● “如果你没听明白我的话，无论何时都可以再问我。”

你有没有过因为下属的过失而大发雷霆？有没有就下属的个人背景或已经过去的事情而进行人格侮辱，如何责备才能让下属做到自我反省，试着写下来。

令下属产生逆反情绪的谴责	换一种说法，让下属感激你？
……………………………………	……………………………………
……………………………………	……………………………………
……………………………………	……………………………………

勇于承认错误更值得尊熏

职员们并不指望上司像神一样能够圆满地处理任何事情。他们认为犯了错误就承认并道歉的上司才够酷，他们反而信赖这样的上。

姜在明是程序设计部门的部长。进公司后，他被安排做了很多杂事，而非程序设计。因此他的管理能力得到了承认，做了部长。然而做了部长后，他有了新的烦恼。事实上他希望升职为部长后，就可以脱离实务工作。这是因为他真正的老本行——程序设计很弱。但是公司的状况是很难补充实务人员，所以他何时才能从实务中解放出来还是个未知数。这就是他的苦恼。

姜在明部长在和下属们共同进行程序设计实务时，总是犯错误。程序设计方面很弱的他，总是把和下属们共同使用的程序库文件归档到个人文件夹中，或者改变并搞砸其他职员已做好的东西。职员们当然对他不满。虽然姜在明觉得对不起部下们，但他不想丢掉作为上司的权威，所以一直没有开口。

职员们对于应该起到领导作用的部长程序设计如此之差感到很不放心。而看到职员们“部长就应该像部长一样程序设计做得好”的脸色，姜在明心想：“他们会不会小看我?”越来越觉得不安。于是为了掩饰自己的弱点，他便使用权威来对待部下们。但越是如此，职员们越是认为“狗屁不会，就知道喊叫……”从而在心里无视他。他下指示时，职员们就装作很努力地记到笔记本上，但实际上根本不执行。他每天只能急得干跺脚。

职员们并不指望上司像神一样能够圆满地处理所有事情。他们认为犯了错误就承认并道歉的上司才够酷，他们信赖这样的上司。相反，试图隐瞒错误，滥发权威，却会被他们瞧不起。

不过是在不久以前，姜在明部长其实也曾和部下们在同一立场上。然而他升了职，就变了个人一样。想要保住身为上司的体面和权威。然而他的这种想法只会适得其反，令部下们瞧不起他。

现在的职场，上司的工作可能比下属还辛苦。论资排辈已经被打破，选拔人才多了起来，有能力的下属不仅可以无视上司，而且虎视眈眈地觊觎着超越的机会。成为上司后，为了显著的业绩，既没有甩脱部下的超越的时间，也没有将部下置于掌控之中的时间。相反，有能力的部下，只要稍微勤奋一些，就有可能获得人事提拔，取代上司的位置。

现在是所有公司都叫嚣实力主义的时代。即使升了职，如果无法发挥实力，也将随时被取代。这种氛围使那些觉得自己颇有些实力的职员们对上司说不该说的话，导致了上司被顶撞。特别是现代的年轻人，他们在父母师长的照顾下长大，在他们的观念中认为人人平等。

如果你想获得真正的上司的待遇，就要彻底了解你所统率的年轻人们的特性。本身不甚了解却总会滥发脾气，只会导致矛盾的产生，最后演变为争执，事事争执，其结果必然是作为上司的权威尽失。当然，当面对一个连基本礼仪都没有的下属时，再加上又没有单独学习过上司的工作，该怎么对待这样的职员，真让人头疼。如此一来，总是遭到无视，却仅责备部下的话，就无法继续职场生活。其结果不仅会失去作为上司的权威，甚至连你的位子都保不住了。

对你来说，需要通过维护身为上司的权威，让下属们主动地听从自己，从而顺利完成工作的能力。然而上司的权威不是用来掩盖你的错误的。如果你清楚地明白这一点，上司的工作就会容易不少。公然向部下掩饰自己的错误的态度，正是失去权威的重要原因。现在这个时代，ucc、博客等的普及，使上司想要掩藏的过失更加无处藏身。越想掩藏，就越会败露，结果被视作懦夫。

上司也应该是犯了错误就明明白白地道歉，然后让事情过去，这样才像做上司的样子。当然之前，要先努力不要去犯会让你在下属面前羞于承认的失误，这就不用再啰唆两遍了。如果像姜在明部长一样实务工作能力不足的话，哪怕暗地里再去学，也不要让人瞧不起。然而，在具备能力之前，要承认实力还是不够这个事实。当然，没有必要每次做事时都如此说一遍。承认一次，然后闭嘴就好了。

指责下属的过失时，要摒弃“我也犯过这样的错误，要么就这么过去算了”的软弱的想法，要坚决地做出简短的批评。运营情况好的企业，都会让下属绝对服从上司。而上司也通常是有了错误马上道歉，对职员的错误也是严格地斥责。公然顶撞上司，或者将上司的过失与自己的过失相提并论的轻描淡写的态度，是不被容许的。

然而韩国的企业们还是偏向于认为上司与部下之间人性化的纽带关系更为重要。韩国企业的上司们将焦点置于令部下拥有“梦想”、“成功的热情”上。由此，与西方职场相比较，也要求更多对话的技巧。

在某报纸上看到的文章内容如下。

近来为自己的领导力而十分苦恼的 S 部长。他桌上贴着一张从网上下载并打印出来的名为“职员们讨厌的部长类型”的文章。S 部长原本就很严厉，是保守的光杆司令型，职员们很难与他接近，他也从来没有过与职员们和和气气对话的时候，对于他的这种步调，职员们内心都很不安。

新年伊始，大家聚餐。气氛很微妙。S 部长多少有些尴尬地说：“对我有什么不满的话，请告诉我。”有些喝高了的职员们将不满发泄了出来。

“从来没有听您称赞过，您只对失误进行指责。”

“不同的职员工作能力分明是有差异的，但我不认为这是对其进行人格侮辱的理由。”

坐在旁边听着的 S 部长如坐针毡，脸也悄悄地红了，但却出人意料的平静，“我痛感这是我的责任。我只是想做好工作。对于我个人性格上的问题，我会改正。”S 部长道歉真是出人意料，发泄不满的同事们也难为情起来。虽然才只是开始，但开始谦虚看待自身问题的 S 部长的真诚的道歉还是给所有人留下了深刻的印象。

——选自 2006. 1. 25（AM7）“金代理的职场日记”

实战！适用于职场的对话法

你的部下对你交待的工作有没有胡来一气或做得走了样的？如果是这样的话，或许你该检查一下，你有没有为了维护自己身为上司的权威，而掩饰自己的过失？根据结果，说句“那次是我错了”，简单明了地道歉，然后让它过去。这样一来，你的权威不但不会受损，反而会更加提高。

令下属对你所吩咐的工作隐瞒或拖延的话

- “快到期了，怎么还没做完？”
- “这件事这样处理，你有没有用心？”
- 心想“我的过失没必要公布给下属”。隐藏自己的过失。

令下属对你所吩咐的工作一丝不苟执行的话

- “最后期限是到XX日XX，你知道吧？”
- “这个处理方式也可以，不过再找找其他方法。”
- “我在这方面还不熟悉，请理解。”
- “是我错了。”对下属坦白承认自己的错误。

你有没有悄悄隐瞒自己的过失，或者对下属吝于称赞、一味指责，从而导致下属不再听你的话？冷静地判断一下，把当时说过的话写下来。然后换个说法。

隐藏过失，或下达无理的指示	换一种说法？
…………………………	…………………………
…………………………	…………………………
…………………………	…………………………

令下属气馁的反复无常

上司的反复无常会令下属们气馁。反复无常使预测成为不可能，并感到对结果的责任，于是导致工作缓慢，就如同在工作的热情上当头泼冷水。

金贤东部长，对某部下交上来的报告作了部分修改，然后洋洋得意地交到委员会议上。他本人刚接到报告书时，曾对作者大加称赞。但是与他相反，委员们却指出了报告中的漏洞。委员们下了指示，将报告书从头开始重写。

金贤东部长既为自己的判断羞愧不已，又对委员们的尖刻而感到愤怒。委员会议结束了，一回到办公室，他就对最初完成报告书的职员大吼道："报告就写成这副德行?"瞬间，职员们的表情都僵硬起来。这种表情不是疑惑，而是心烦和不快。

职员们对他的反复无常已经熟悉并习以为常了。他尤其是因为对自己称赞过的事情片刻之后就开始叱责而闻名。所以基本上没有职员会因为他的称赞而高兴或获得动力。而且职员们认为他的反复无常是因为根本不想对事情的结果负责任。即使是他自己下的指示，如果最后结果不好，他也会抵赖说："谁说过让你这样做的!"

他的忽冷忽热，令部下们很被动。上午下达的命令，下午又会有变化，有时候仅一小时后就会变，谁还会再去急着工作?现在他的部下们都说："如果你按照他说的去做，肯定还要重做，那么干吗还要先去做?等一等，等他改变主意后再做比较安全。"结果职员们都有了被动的态度，不但不再自己思考着去工作，而且即使部长下了指示，他们也不会马上开始行动。

当然，金部长也很郁闷，虽然催促着"上午安排的工作，怎么还没做?"然而工作却总是没什么进展。工作并不是完全地不运转，只是进展缓慢，这令他心急如焚。

然而最近委员会那里组织了各部门的创意大奖赛，这可如同火烧了眉毛。他的部门连一个创意都没有。金部长意识到了事态的严重，不停地催促，然而所有部下都互相看着同事们的目艮色，一点行动都没有。其他部门看起来已经拿出了好多创意。金部长陷入了要被委员们指责的危机中。他慌忙将下属们召集到一起，催问到底有没有创意。然而所有人都安静地垂下眼睛，装作没听见。

公司以链条的形态运转。下属们根据上司的命令，如同链条一般工作。如果上司的话没有一贯性，反复无常，则链条就很容易缠绕到一起。链条缠绕到一起的话，就会搅乱工作体系，需要负责任的事情通常就会接踵而来。在下属们的立场上，付出热情与诚意来工作，结果却落得一身责任。当然主动的态度和想要工作的热情也随之消失了。

上司的反复无常会令下属们气馁。反复无常使预测成为不可能，并感到对结果的责任，于是导致工作缓慢，就如同在工作的热情上当头泼冷水。所以，上司的反复无常不仅会影响下属个人，而且会削弱公司整体的竞争力。

没有一贯性的上司就不具备领导力。举例来说，自己采纳的报告书在委员会那里却反映不佳，那么如果有一贯性地说："我对这个提案很满意，但是委员们和我的看法却不一样。所以说虽然很辛苦，但还是要根据他们的意见重新来写。"如此就在领导力中注入了力量。

与金贤东先生差不多的中层管理者们站在连接上级和下级的十字路口上。要尽可能地洞察上级的想法，再将合适的指示下达给下级。

然而人有时候也会对不准焦点。当对不准焦点时，不要把责任推向对方，要自己来承担。即使遭到上级的拒绝，也要对自己曾经称赞过的报告的优点坚持到底，并指出需要修改的地方，坚持一贯性，这样下属才能信任上司。

然而当下属们无条件按照上司的指示做事时，上司的反复无常也能培养出了不起的工作人员。美国作家劳伦·魏丝伯格（Laurenweisberger）的小说《时尚女魔头》中的米兰达就是典型的反复无常的上司。她的反复无常使有能力的部下们都无法久留。大学刚毕业的安德莉亚成了她的助理。安德莉亚只是想从上司那里得到推荐信，然后好跳槽，所以对米兰达所有的反复无常一忍再忍。

也许所有看过这本小说或同名电影的职场人士们都会认为，这种情况只有在小说中才可能发生，实际上在西方这样的情况还有很多。越是名气大的职场，就越是如此。根据供需原则，申请工作的候选人越多，就越是会对新职员像对待安德莉亚一样来训练。

然而对下属如此进行训练的上司却会被下属忌恨，从而使工作做不长。专业调查机构 Pollever 以 1270 名职场人士为对象进行了主题为“由于上司而有压力的经历”的问卷调查，结果 85．8% 的人回答说“曾经有过因为上司而感到压力的经历”。38．8% 的调查对象回答说给人压力最大的上司类型为“反复无常的上司”。

实战！适用于职场的对话法

如果你的部下总是到了火烧眉毛的关头才勉强开始行动，那么你就要检查一下自己，看自己是否属于反复无常的类型。作为上司的你，如果对指示的内容总是有反复，或者不愿对自己的指示负责，那么下属们就决不会积极地工作。

令上司显得反复无常的话	令上司显得有一贯性的话
●（当指示的事结果不好时）“为什么这样做？” “我什么时候让你这样做了？” ●（忘了曾经做过指示）“为什么变了，不按照我的交待去做？” ●（对已经完成工作的下属）“不要那样做，这样来做。”	●“我觉得很好，可是上级似乎不接受。得按照上级的意见重新写了。” ●“我忘了我已经说过了。真对不起，不过还是得改。” ●“我不是这样说的，可能是转达上出问题了。” ●“完成工作，很辛苦吧，但是还有不妥当的地方，得重新来做。”

你在什么情况下改变了说过的话或者下过的指示，写在左边空白处。那样做的原因是什么？是不是因为推卸责任或者作为上司所需要的领导力不足？当你需要改变你说过的话时，为了不让别人觉得你反复无常，该怎样换个说法来说，试着写下来。

你说过的反复无常的话	换一种说法?
…………………………	…………………………
…………………………	…………………………

有技巧地称赞和责备

公司不是独舞的地方，上司和下属共舞时，公司才有竞争力。如果上司无视与下属们的合作，自己独舞的话，就会令部下们不再有跳舞的想法，结果可能会使公司的运转停滞。

陈英淑在自己升职为部长之前，还时常无法理解上司们为何如此吹毛求疵。然而自己升职后，却有了不少共鸣。

当他还是菜鸟时，工作的热情就不小。即使上司不吩咐，他也会自己像机器一样地工作。结果他比别人先升了职，成了部长。对工作的野心和热情起到了积极的作用。然而做了部长后，他的热情反而起了副作用，不知不觉地就怂恿部下职员们像他以前一样工作。

陈英淑成为部长后，几个月间，业绩相比前任部长提高了许多。但是这不过是新官上任三把火而已。随着时间的流逝，因为他设定的目标太高，下属们的不满开始越来越强烈。这是陈部长将自己的标准无条件地给所有人的结果。而且他没有想到去倾听下属们的不满，当部下们工作没做好时，他甚至郁闷地说："还不如我自己来做。"业绩逐渐开始下降，而部长渐渐地越来越忙，下属们渐渐地越来越闲。

陈英淑比升职前更忙了，可业绩就是上不来，他不禁心急如焚。于是他更加严厉地训斥职员们，可越是这样，业绩越是上不来，反而一直后退。

终于，就连前任部长时期的优秀社员姜敏书的个人业绩也大跌了。现在部门业绩几乎成了最差的。曾经依靠姜敏书的优秀业绩的部门整体业绩一落千丈。

营业负责委员们对他大加训斥，说：“不但没有比前任时更好，反而落后到这种程度，还想再落后到哪里？”陈英淑的自尊心受到了伤害，渐渐地他开始怨恨优秀社员姜敏书。他甚至想，会不会是姜敏书为了让自己吃苦头，而故意使业绩下滑的。

姜敏书也因为陈部长冷冰冰的态度而不舒服，因此对他敬而远之。觉得还是前任部长的时候好。前任部长和陈英淑不同，总是和姜敏书有私下里的往来。那些私下里听到的激励和称赞对姜敏书来说是不小的能量，而这些能量当然和业绩连在一起。然而陈部长从来没有和姜敏书有过哪怕一次的单独对话。

陈英淑的想法与前任部长不同。他不是仅仅对一名明星级职员有期待，而是希望全体职员共同提高业绩。然而，结果是他失败了。由于给职员们定了太高的目标，反而使每个人的目标受挫。不仅如此，甚至连将部门整体业绩顶起来的明星职员姜敏书也失去了工作的热情。这是上司单方面设定目标所带来的副作用。

然而陈英淑部长却摸不透这个事实。这叫做当局者迷。陈英淑为了姜敏书下滑的业绩深感不安，但内心却期待：“他也是人，有可能是因为不得已的事情而导致业绩上不来。他本来是业绩很好的人，可能下个月就能恢复常态了。”于是自以为是地克制住了对姜敏书的讨厌。取而代之，他开始折磨其他业绩差的职员。这是他的第二次失误。

有一种所谓的部下心理。不论下属的年龄比上司大还是小，也不论下属的经验比上司多还是少，都会在上司的激励中获得力量。只看热情不顾实际地一相情愿地设定高目标，确实是陈英淑部长的失误，但是比这更大的问题是他没有学会怎样称赞和责备。对于做得好的职员完全没有激励，对于做得不好的职员，大加训斥，给职员增加负担。

陈英淑赴任后，对姜敏书一次也没有说过“我知道你有很高的业绩。现在换了部长，我相信你能继续拿出好业绩来。我也要你多帮忙啊”之类激励的话。新任部长赴任已有好几个月，却一次激励的话也没有听到过，这使姜敏书断定新部长对自己一点也不关心。陈部长认为“工作好的职员就应该像我以前一样，即使没人说什么，也会自己好好工作”，并坚信只要对业绩处于低潮的职员刺激一下，让他们奋发向上就行了。

但这是不对的。由于没有像前任部长一样激励他的态度，姜敏书的工作热情受挫。《关于反馈》的作者、经营顾问理查德·威廉姆斯（Richard wiuiams）说："上司热衷于自己的工作，却没有对下属进行适当的反馈时，下属们会失去工作的热情。"他指出大部分容易失败的公司，社长都太忙。因为社长太忙，当职员们向他问好时，也只是得到敷衍的回答，而且职员们不明白他用眼神说的话。公司不是独舞的地方，上司和下属共舞时，公司才有竞争力。如果上司无视与下属们的合作，自己独舞的话，就会令部下们不再有跳舞的想法，结果可能会使公司的运转停滞。

如果下属们获得好的业绩，应该明白，他们是在说："上司，看看我吧。"要对他们的存在表示赞美。

有些上司认为，要让工作好的职员工作得更好，就不要称赞，只是责备，然而这只会令职员疑惑："到底上司想要的是什么?"不科学的称赞也等于指责。只有使工作好的人工作得更好，使工作不好的人工作得好一些的上司多起来，公司才能生存。不要粗枝大叶地称赞或责备，要科学地来做，这样就有可能实现。

〈无条件爱惜〉

不要因为我的话不高兴。我还不都是因为爱惜你们啊！！
是是～当然，社长
不要当成废话。都是因为爱惜你们才这么说！！
是，部长。
您好。我是新职员元彬。请多关照。
哎呀，太好了。你会无条件地爱惜我。
呵呵

实战！适用于职场的对话法

应该对工作好的人说些令其感到自豪的称赞的话，以及给他期待感的话，而对工作不好的人应该说些激励和给他们勇气的话。这就是科学的称赞和责备，其效果非常大。

磨灭士气的称赞及责备	科学的称赞和责备
● （对于工作好的人）心想“原本就做得好，他会自觉好好做的”，不直接说出来。 ● （对于工作不好的人）“这是怎么回事？”“你这样迟早会被炒鱿鱼。”等等。 ● 不观察职员，独自忙碌，对职员们想听到什么样的话全然不知。	● （对于工作好的人）“我为你自豪。”“咱们部门都是因为你才这么好。” ● （对于工作不好的人）“再努力一些就好了。你能行。” ● 观察职员们的眼色和行动，观察他们想听到什么样的话。

可能是出于好意，可结果却使职员们泄气，你有过这样的经历吗？认为对工作好的职员来说，称赞是毒药，于是刻薄地对待他们，而对工作不好的职员，以刺激他们的名义，干脆熄灭了他们的工作热情，你有没有这些经历，试着写下来，并且写下来怎么换个说法比较好。

磨灭士气的话	换一种说法？
……………………………… ………………………………	……………………………… ………………………………

适度的严格与宽容

如果对待下属太严格，则他们会关上心门，使意见沟通不畅，而太宽容，则会使部下想要牵着上司的鼻子走。

崔仁洙是男职员众多的公司中为数不多的女部长。部下职员们大多很友好，让她觉得作为女上司的工作并不很吃力。然而，只有一个叫夏正光的让她头疼。她坚信是因为她是女人，他才会这样，但事实上是因为他本身就是油嘴滑舌类型的人。

每当她发出指示时，夏正光总是回答得很痛快，然而真正执行起来却不怎么样。举个例子，如果崔部长说："请把上个月的业绩分析表找来。"他立刻就会干脆利落地回答："是!"然后就没有消息了。如果等不下去了，催促他："夏正光，你在做什么?"他就会一脸无知的表情反问道："啊？您说我吗?"崔部长无可奈何，不禁提高了嗓音："我不是让你把上个月的业绩分析表打出来吗？已经说过多久了，还要再说一遍吗?"

夏正光却泰然自若。

"对不起。您要是生气的话，漂亮的脸上会长皱纹的。我马上就打出来，请镇定，稍等片刻。"

所谓嗔拳不打笑面，他总是这样天花乱坠地应付崔部长的叱责。崔部长控制住情绪，继续等待，但依旧杳无音信。

"这家伙是在捉弄我吧?"

结果她气呼呼地将嗓音提得更高，催促道：

"夏正光，为什么还没拿来?"

"啊！我要疯了。我在做别的事呢……这就拿来。"

终于拿来了什么东西，却不是崔部长要的业绩分析表，而是市场分析表。她真的大动肝火，大吼道："你究竟在做什么!"然而夏正光的表情却一点都没有变，笑着说："您不是让我把市场调查的资料找来吗?"

崔部长想，吩咐他做事，还不如自己直接做的好。渐渐的，应该让他做的事都转给了别人。这样一来，夏正光来公司上班，却几乎没什么工作可做。为了消磨时间，他到处转来转去，干扰别人工作。

夏正光渐渐成为崔部长的眼中钉肉中刺，她甚至觉得因为夏正光一个人的原因，使统率整个部门都变得困难。说实话，对他火也发过好话也说过，却一点改变也没有。

在办公室里，他不仅不做好本职工作，而且还经常惹乱子。到处转来转去地制造混乱，所以还不能无视他的存在。因为这些事情每天与他较劲，到了下班的时候，她就像个没了风的风扇一样蔫下来。

对崔部长的职场生活来说，夏正光就像块巨大的暗礁。现在她就想找个合适的机会让夏正光走人。然而夏正光虽然工作不怎么样，却很会拍马屁，与常务、专务的关系很亲密。一发现有裁退的苗头，就马上眼明手陕地事先使手段，使崔部长不能如意。

因为上司而有压力，这已经是老话了。近来不仅是部下有压力，上司们也一样因为下属而产生压力。部下职员中，有的表面上顺从实际上没有工作能力，也有的不重视工作，上网聊天或者打手机。上司有调整这些人的义务，使他们工作的价值超过薪水。但这实在是件困难的事。连教育自己的子女都那么难，要将已是成年人的下属们调整到需要的方向上去，有多么的不容易啊。

虽然很难，但为了自己，也是为了公司的发展，却必须要去调教下属。职场工作，要有机地使构成成员们各司其职，才能有效地运转，而如果几个职员成为绊脚石，则会使上司无能。因此，全力以赴清除绊脚石，才能保住自己和公司的竞争力。

成为绊脚石的职员中，有上司大发雷霆却眼都不眨一下的，也有不论多么严厉恶毒的话，都不会往心里去的。一句话，就是表现出“你说你的，我这只耳朵进，那只耳朵出”的态度。要想让这样的员工不反复犯同样的错误，不成为组织的绊脚石，使用宽容时就确实宽容，严格时就彻底严格的说话方式，会比较有效。回过头再看看前面举的例子。

如果下属夏正光接到打印出上个月的业绩分析表的命令却不执行，不要纠缠着问：“怎么样了?”直接说：“夏正光，过来一下。”然后让他在你旁边的小小的副椅上坐下来。然后直视着他，用低而果断的嗓音问：“为什么我的指示你不马上去执行?”坐在小椅子上，就不会像在他自己的座位上时那么嚣张了。人们会根据自己被给予的空间的大小而扩大或缩小自我表现的范围。

如果即使这样的话，他还是依『日天花乱坠，就再次直视他，用果断的嗓音说：“你以为职场生活是开玩笑的吗?”

如果他不回答，却说些别的，就最好明明白白地表明你的意志：“如果不想把职场当儿戏，就认真执行上司的命令。”如果他还是像以前一样开玩笑般地回答：“是是，遵命。”那就把部门中不想交给任何人去做的幽灵任务交给他去做，让他受罪。做得好就罢了，一旦做得不好，他就成了使项目失败的罪魁祸首。在项目小组中，对待这样惹乱子的组员，要明确地定好期限，明确责任，下达到做完为止的所有命令。

在项目执行过程中，即使他做得不怎么样，也最好不要去干涉。结果不好的话，那时候就可以狠狠地责备他：“这么简单的事情都做不了，你还怎么继续职业生涯?”此时，即使责备他，也不要掺杂项目以外的话。最好就是借此为契机，让他尝到苦头，知道若不认真去执行上司安排的工作，不利就会随之而来。

因为所有的项目都伴随着责任，所以大部分的职场上司们会不愿意给没有能力的职员分配任务。其结果就是会发生工作做得好的人陷入太多要做的工作中，而工作做得不好的人却到工作岗位上来消磨时间的情况。这种态度常常就是不平不满的起因。

与其避免让工作做得不好的职员承担责任，不如让其认识到工作做得有多不好，就会有多少不利的事实，这样才能很好地统率部门。部下惹乱子时，就把那些会给你带来损害的项目，虽然困难但以超强的责任心也能完成的令人头疼的项目交给惹乱子专家去做。

然而有趣的是，惹乱子专家一旦被赋予沉重的的责任，对事情却丝毫不会疏忽。在小学生中也一样，如果让捅娄子专家去做班长，他们通常会做得很好。将责任交给他们时，若他们以这样那样的借口来回避，不要就这样过去，而是要简洁明了地说：“这件事你是负责人。我已经明明白白下了命令，你自己看着办吧。我会用结果来对你做考核。”最好不要引出是是非非。

如果对待下属太严格，则他们会关上心门，使意见沟通被堵塞；而太宽容，则会使部下想要牵着上司的鼻子走，这个事实要时刻记住。

实战！适用于职场的对话法

在职场生活中，偏偏会有遇到管不了的部下的时候。‘这些人大体上有不听话、恬不知耻的倾向，对待他们，不要感情用事，要简洁明了地说话，以能够控制他们。

被部下绕进去的话	控制部下的话
●“我的话可笑吗？” ●“你这叫说话吗？” ●“我说过的话你忘了吗？” ●“我不是让你不要这样做嘛。”	●对他说：“坐在这里。”让他坐在你旁边的小副椅上。 ●用果断而低沉的声音问他：“你以为工作是开玩笑吗？” ●为了让他对犯了错误就会有不利的事情发生有切肤的体会，对他说：“你负责这个项目，X X 日XX时XX分之前完成。”

有没有因为不听你的话的部下，而你们看起来像在打架一样的时候？与部下打架让你很没面子，结果反而被他占上风？如果再发生类似情况，你怎么换个说法说话，试着写下来。

被部下绕进去的话	换一种说法？
……………………………………	……………………………………
……………………………………	……………………………………
……………………………………	……………………………………
……………………………………	……………………………………
……………………………………	……………………………………

对不考虑部下实际情况的催促要慎重

对于工作速度慢的职员来说，如果上司让他追赶自己的速度，会使他有挫败感。上司们对于职场的工作已经做得非常迅速了，于是他们就很容易强求下属也有这样高效。

金东明，是一家规模还可以的公司的董事。他的外号叫“推土机”，可见他的性格非常急。随着职位越升越高，他的性格也越来越急。这是因为要决定的事情越来越多。对职员们下达指示或要求时，如果没有立刻得到回答，他就会憋闷得受不了。现在，在给职员作考核时，干脆将能否在要求的时间内执行指示的事项，或在几遍催促后才能完成，作为了考核的标准。由于过度追求速度，工作的质量却下降了，于是他“重做”的吼声越来越多。现在干脆开始干涉职员的工作，问他们：“我要求做得怎么样了？做到哪里了？”

在他所在的公司，为了缩短作决断的程序，董事或专务可以不通过部门长直接向代理下达命令。比较适应他的急脾气的是洪代理。然而近来洪代理也不像以前一样行动迅速了，金董事心里很不舒服。以前下达指示后，总是以连金董事本人都吃惊的速度去执行命令的洪代理，现在要耐着性子等很久也还是拿不出结果来。给他下达指示时，他还是像以前一样，认认真真记到记事本上，点着头毫无意见地接受，但处理速度却总是很慢。

急性子的金董事不停地问：“上次我叫你做的客户资料怎么样了?”甚至于“这样做，那样做”地在每件工作的工作过程中也给他下命令。然而即使这样，洪代理也无法像以前一样快速地处理事情。金董事心中觉得可恨，于是试着将事情交给其他代理去做，可是却比洪代理还要慢。所以尽管对洪代理不满意，但是有急事的时候，还是交给他去做。

金董事也知道自己的性子太急。但他并不知道下属们因为他的这种性格而受苦。如果不跟随他的进度，他就没来由地发火。刚刚吩咐的事情，他就要去追问：“做了还是没做?”当然有时候连他自己也为自己的唠叨而厌烦。有时候唠唠叨叨之后，心情也会变坏。有时候对方缩着头说不出来话时，他也会怀疑自己：“我不是这样小气的人啊。”

但是金董事坚信自己这样做都是为了下属，所以他重复地做着同样的事。这是因为他坚信自己就是因为处理事情的速度快才比别人更快地成为董事的，所以他相信下属们要想像他一样升职快，就要提高工作的速度。

但是金董事希望的工作处理速度实在太快了。就连洪代理这样的人都赶不上了。那么以前忠心耿耿追随金董事的速度的洪代理，为什么落后了呢？这是因为他是最接近金董事速度的人的新闻传遍了全公司。因为这个传闻，上面下来的任务暴风骤雨般砸向他。专务、董事们一旦有急事，就都去找他。

在交待事情的人的立场上，有一种对方只是在做自己交待的事情的错觉，但是接受任务的人则不同，他手头的事情决不仅是一件两件，而且全都是急事。从哪件事开始，决定工作的顺序，首先就已经是件头疼的事了。交给他工作的人，都是上级，交给他的都是抢时间的急事，又不能拒绝。既要处理自己的本职工作，做销售单，又要在最后期限之前完成上面交待的任务，加夜班已经成了家常便饭，却还是经常赶不及时间。

这样的事情反复发生，金董事却根本不考虑他的情况，催着他从自己的事情开始做。洪代理晚一些处理的事情都是看起来相对不那么紧急的事情。然而即使不是特别紧急的事情，如果洪代理没有在规定的时间处理完，他也会大动肝火，追过去看着洪代理，时时刻刻地进行干涉。

事情到了这种地步，洪代理对金董事安排的事情觉得最有负担。近来金董事不停催促干涉，洪代理觉得快要了自己的命了。

上司的反馈既能磨灭下属的士气，也能增强下属的士气。不考虑下属的情况，只考虑上司自己的情况，催促或干涉下属的工作，当然会使士气低下。

还有，如果放弃工作不好的下属，而给工作好的下属更多的工作去做，则过度的工作不仅会使工作好的员工士气低下，也会使工作不好的员工士气低下。只有下属成为自己的手足，上司才能拥有竞争力。如果工作好与不好的人全部士气低落，则工作质量绝好不起来。

工作的质量就如同我们身体里的营养，表面看不出，但却能左右人的健康。如果工作曾经很好的职员突然态度变得消极了，不要拿着结果去对他发脾气，要去看他的个人情况。可以问他："以前不是这样的啊，你处理工作的速度变慢了。有什么事吗?"对于像洪代理一样本职工作之外还有一大堆其他工作的情况，如果还是像以前一样催促他，则会使他陷入挫折感中，连原有的能力也会受损。

工作速度慢的职员，如果上司让他追赶自己的速度，会使他有挫败感。上司们工作非常迅速，于是他们就很容易强求下属也同样迅速。上司们一定要注意这一点。就像大人拉着小孩子的手，让小孩子追赶自己的步伐，小孩会很吃力一样，下属们赶上上司处理事情的速度也很吃力。在过去，即使吃力也会努力去追赶上司的速度的职员很多，但现在这个时代却不一样了。这是因为从小时候起，就是父母和师长在配合他们的速度。对于这代人，适当地拉一把，他们的速度会提高，但如果拉得太用力了，他们反而会跌倒。

当然，作为职场中的上司，如果下属处理工作时习惯性地拖拖拉拉，那么责备和催促是应该的。但像洪代理的情况，可能是因为别有内情，工作速度减慢。不要一开始就责备，一定要先问清楚内情：“因为什么原因工作变慢了?”如果他因为上司们而觉得很为难，回答说“没什么原因”时，你应该继续问：“看你的表情，分明是有什么事。”让他把苦恼说出来。然后，再安排工作时，就要考虑这些情况，如此，工作的质量才不会下降。

即使对于那些处理工作时习惯性地拖拖拉拉的职员，也不要无条件地怒吼：“你怎么回事?”而是要问他：“说说看，你处理这件事最快的时间。”然后可能的话，同意这个时间，并且等到他说好的时间。这样才能更有效地处理事情。

人们对于自己选择的事情会毫无怨言地努力去做，所以如果给下属选择权，处理事情的速度会快一些。当你给下属布置他本职工作以外的工作时，事先要问：“现在我给你的这个工作，能做吗?”考虑下属的实情，给他一个可行的处理时间，这样下属才能有诚意地努力工作。如果让下属做些并不紧急的这个资料那个资料，作为下属会筋疲力尽，很难努力工作。

〈急性子〉

实战！适用于职场的对话法

明明是两天时间就足够的工作，却要拖一个星期，看着这样的职员，真是憋气得不得了，忍不住大发脾气。每当这时，就无条件地责骂，或者干脆站在旁边，事无巨细地做指示，可是工作却反而进行不下去了。不管是对什么工作，催促之前，首先要问清楚工作进展慢的原因是什么。

不考虑部下实际情况的催促	考虑部下实际情况的催促
● "你是怎么回事？" ● "我说这是急事，你忘了吗？ ● 为什么这么磨磨蹭蹭的？" ● "这样做不就快了嘛。做事怎么这么没效率？"	● "这件事很急，什么时候可以？" ● "时间不能再提前一些了吗？" ● "处理工作慢的原因是什么？" ● "你定一个完成这件事情的最短时间。"

你有没有过根本不去了解部下的实际情况，只是一味无条件地催促快点完成工作的时候？那是在什么情况下发生的，如果再次出现类似情况，你会怎么说，试着写下来。

不考虑部下实际情况的催促	换一种说法？
…………………………………	…………………………………
…………………………………	…………………………………
…………………………………	…………………………………
…………………………………	…………………………………

以身作则是领导力的核心

如果要求下属们保持桌面的整洁，那就从整理自己的桌面开始；如果要求下属们不要迟到，那就自己先早一点上班。

朴善京，大企业的女部长。由于是唯一的女领导，所以和社长格外亲近。社长对她充分信任。但她在下属中间却不受欢迎。作为部长，该做的工作她做得不错，但是在需要团队合作的工作中，她就发不出光芒了。

部门里的下属愤愤不平的原因很简单。第一，微不足道的事情，部长也要召集会议。会议太多，工作经常被打断。因为没有时间规律的会议，很难集中工作，效率也降低了。

第二，会议开始后，主要是部长一个人在讲话。而且80%是闲话。下属们没有发言的机会，也不明白为什么要这么频繁地开会。

第三，基本上从来不遵守会议开始时间和结束时间。总是责备下属们的时间观念，但实际上她自己就不遵守时间。她在社长面前或者通过社报、稿件等发表公众言论时，总是主张："要提高职场竞争力，就要严格遵守会议时间。"然而对于下属，她却连会议开始时间之类的小时间都遵守不了。因此完成工作时需要时间的连续性的员工，很难把握什么时候才可以开始工作。

她无法遵守会议开始时间的主要理由，大部分是由于社长紧急叫她。尽管社长有自己的秘书室，却总是随时找她。甚至有时她会因为社长托付的私人的事情而在工作时间外出。因为社长的事情，打电话的时间也总是很长。她将帮助社长做其私人及公司的工作，当成了自己个人的工作。作为部长，保证部门员工顺畅地工作，是她于公的工作。然而，如果社长叫她，她就忘了自己说过"今天下午两点开始开会"，拔腿就跑向社长室。

这样一来，因为要遵守会议的开始时间而打乱自己日程的职员们，基本上很难完成工作。这样的事情反复发生，职员们开始抱怨："我们的部长奔走忙碌，好像全公司的事情都是她一个人来做似的，但实际上她妨碍了我们顺利进行自己的工作。"当然，渐渐的下属们也开始疏忽与部长约定的时间。其他部门的人也抱怨说："和)()(部门的人，无法约定时间。"

在职员中，部长下达了指示却不行动，连中间报告都省略了的情况越来越多。如果部长忙于部门外的工作而省略了中间检查的话，应该做事前报告，但连提醒她这一事实的人也没有。如果在过了截止时间以后，部长问起："XXX，那件事怎么样了?"职员们就会勉强回答："因为这样那样的困难，很难进行下去，需要部长的判断。"有可能会出些需要负责任的事情，所以就要部长来做判断。

朴部长本来就已经有很多需要做出判断的事情堆在桌上了，而下属们事无巨细都要她来做判断，她很生气。真想骂他们："你们有什么理由每月拿工资?"

可又担心他们会认为："女部长就是这样。"所以忍着怒火，对他们说："那就试试B方法。"按照部长的吩咐做事，如果结果好也就罢了，如果结果不好，职员们就会说："我完全是按照部长的吩咐做的……"分明是在划清界线，表示"这是部长的责任"。

近来，很多企业的烦恼之一便是如何减少投入了很多费用和时间培训出来的新职员的流失。即使是大企业，在这一点上脑筋也不灵活。很多企业甚至对干部们下达了保留住新员工的特殊命令。然而，其实企业首先应该做的，是找出员工流失的原因。

在现今的职场上，下属们不会仅因为你是上司这个理由便服从你。如果上司不值得尊敬，他们就会无视上司，顶撞上司，或者开始做跳槽的准备。一边装作在工作，一边在找别的工作，这样的事例太多了。然而新员工们接受了培训便离职的公司们，与其下达保留新员工的特殊命令，不如提高干部们激励下属的能力。还有，要对上司们进行培训，使他们的行为受下属的尊敬。如果下属们不信任不尊重上司，他们就会想离开公司，而想离开公司的职员就算留在了公司，公司的竞争力也会大打折扣。

属下不信任上司，原因很明显，解决起来也不是很困难。属下并不会希望上司是圣人，他们所需要的仅仅是对上司的信任。对上司的信任包括：第一，言行一致；第二，属下犯错误时可以责备，但不要进行人身攻击；第三，当高层下达的指示不妥当时，上司在中间要起到调节作用。这些就足够了。

三点中的第三点，单靠上司一个人的力量不容易解决。但是第一点和第二点，具有好的品德的上司却可以轻易地做到。

再看朴部长的例子。她根本不把和部下的会议时间当作一回事，这样她就无法获得信任。如果因为无法推辞回避的事情，估计会议要推迟，就要事先通知下属，并且明确推迟后的新时间。如果在约定的会议时间，被社长叫出去，就要向下属们说明事由，并告知会议延期的时间。之后，对社长也要说明本人的意见，即自己需要遵守与下属的部门会议时间，然后抓紧时间把工作处理完。如果社长的事情不是很紧急，那么在部门会议结束后再处理比较好。

不仅要遵守时间。即使是日常生活中细小的事情，对自己说过的话也要以身作则。如果要求下属们保持桌面的整洁，那就从整理自己的桌面开始；如果要求下属们不要迟到，那就自己先早一点上班。对于犯错误的职员，要就事论事，只针对错误本身进行责备，而“你总是这样。”“你究竟会做什么？”“你进公司多久了，连这么初级的工作都做不了？”之类的人身攻击要三思而后行。

作为上司的你应该做的，并不是代部下为应该由部下自己做出判断的事情来做判断并承担责任。要为他们制造一个可以自行做出判断并迅速执行的根据地。前面说过的三点中，哪怕你只忠诚地遵守两点，也是可以将其实现的。美国的成功学学者拿破仑·希尔说过，“希望部下是什么样子，领导就要做出这个样子，这样就足以说服部下了。”以身作则这个领导力的核心部分，带领全世界无数的领导者走向了成功。

实战！适用于职场的对话法

作为上司，最难也是最重要的工作就是将下属打造成最好的人力资源。赋予部下发挥自身最大能力的动机，具备这些能力的上司不但自己会成功，也能带领组织和下属走向成功。这些上司的共同点是言行一致，以身作则。

让下属没有工作劲头的言行	让下属有工作劲头的言行
• 一方面主张严格遵守时间，一方面任意更改会议时间。 • 主张遵守上下班时间，自己却做不到。 • 责备下属的过失时，进行人身攻击和讽刺。	• 如果主张严格遵守时间，那么就连“会议时间延迟5分钟”也要准确地通知并严格遵守。 • 自己说过的话，要率先遵守。 • “知道这件事为什么没有成功吗？”严厉地批评，但对于人身攻击的话要慎重。

你有没有向部下强调要遵守某事，自己却没有遵守？当时部下表现出了什么样的反应，事后又有什么样的影响，请写下来。如果再次出现类似情况，你怎么办？

言行不一致失去信任的事	换一种行动？
……………………………	……………………………
……………………………	……………………………
……………………………	……………………………
……………………………	……………………………

说话时要公私分明

分配主要工作时不是根据能力，而是根据交情，如此一来可能会培养出不努力工作只会溜须拍马的下属。

宫圣镐是KOSDAQ（韩国证券交易商自动报价系统）上市公司的中层管理者，属于很平易近人的人。自认为很酷。和下属们一向称兄道弟亲密无间。然而，恰恰是这一点，成了他的领导力的绊脚石。

其中最大的绊脚石是他对所有比他年龄小的下属都无条件地不说敬语。只有和宫圣镐同一时代的人中，才有很多人认为上司对下属不说敬语是表示亲近。然而年轻人却根本不这样理解。所以当宫圣镐对比自己年龄小的下属下达指示而不说敬语时，下属们就会皱眉头。对他们的文化不理解的宫圣镐，即使对那些板着脸明显地表现出不满意的下属，也还是不说敬语。“喂，随便哪个，过来。”“喂，你这也叫工作？”“你是慢性子吗？怎么这么慢？”每当这时，对方都会满脸怒火地想：部长就可以不说敬语吗？

他的缺点还不仅于此。太过不拘小节，总是在公共场所公开谈论私事。比如说，在办公室里提起前一天晚上私人酒席的话题来。对一起喝酒的职员说：“你昨天那首歌在哪儿学的？”“你那舞跳得可真有意思。”等等，将私人的话题都公开出来。一起喝酒的人倒没什么，而没有一起喝酒的人则觉得很受伤。他们觉得和那些去喝酒的人相比，自己和上司的私交差得远了，不禁抱怨：“做了部长，就喜欢拉帮结派。”

不仅是与几名下属的酒席如此，宫圣镐和学校或家乡的后辈们一起喝酒时，也是公然地在公共场所说这些话。“对吧对吧，那个教授真是个怪人吧?”“听说那老头还挺结实的?”当然他并没有恶意，而且他对自己的平易近人很满意，殊不知这些对话加强了一些下属的被排斥感。

但他对此却浑然不觉，有时公开向私交比较亲密的下属托付私人的事情。更成问题的是他自以为这样的性格很酷，对职员们毫无隐瞒，对任何部下都像对待自己的弟弟一样亲切，因此有追随自己的人一定很多的错觉。

如果有宫圣镐这样的上司，不能成为他的亲信的下属们必然会对他的言行大为不满。对亲信们来说，他是好上司，但对于其他下属来说，他们会想：“他把办公室当成自己的内室了。”甚至有人会想：“又不是黑社会，这公司怎么这样啊?”从而失去工作的劲头。产生这种想法的职员会对上司隐隐地产生敌对感。一旦有了敌对感，哪怕上司无意中的一句话，他们也会理解为：“我不是他那一边的人，所以才会有区别。”“只把辛苦的工作给我做。”

尤其是将与部分员工私下里去喝酒的事情在全体员工面前公开，对团队工作来说，可能成为致命的打击。酒有泄密的强大力量。职场人士们大体上都知道这一点，所以那些因为不善于喝酒而很少和上司一起去喝酒的职员就会产生抵触感。在他们面前，上司将只能在他们那些一起喝酒的人中共享的话题公开出来，会使职员们形成不必要的帮派。这种事情反复发生，职员们就会分成喝酒的人（他们）和不喝酒的人（我们）两派。

众所周知，公司的工作不是靠个人来进行的，而是像链条一样，相互有机地配合，才能运转。如果下属们分成了派别，则链条就很难继续运转。部门的竞争力要靠有机的合作来保持，而部门的竞争力就是部长的竞争力。部长的领导力来自小心行事，不要在部门内造成排斥感，这一点都不夸张。

人的思想就是这样，一次别扭，以后就看什么都别扭。觉得被上司排斥的职员，会将公司里一贯不合理的事情，都归为上司的过错。事实上，与父母对子女相比，上司对下属所行使的权限要强大得多。兄弟姐妹中，为了多得到些父母的爱，还会激烈地斗争，更何况掌握着莫大权利的上司了，为了多得到哪怕一点上司的爱而相互斗争，这是天经地义的生存本能。

如果父母偏心眼儿，则孩子就会觉得父母的一切行为看起来都不公平，同样，上司偏爱某些部下的话，就会有一样的结果。在下属的立场上，为了得到上司的注意也好，或者报复上司也好，都将使不快感和憎恶心无法再隐藏。

如果你是想和下属们团结一致拧成一股绳，提高自己竞争力的上司，那么即使职员们看起来很傻，你也要承认他们都已经是成年人的这个事实，对他们不说敬语时要三思。还有和部分下属之间的私人的事情，在办公室这个公开的场所，就不要提起。不仅如此，对于涉及学校、地域等会引起分帮结派的闲谈也要慎重。

职员犯错误时，不要用“你慢性子啊?”“你这人到底怎么回事?”之类的私下里的用语，要换成公开场合的用语:.“过了期限了，怎么办呢?”“太迟了。”等等。而且要用真挚的话、真挚的表情和嗓音将真挚的意图明确地表达出来。如果上司太偏重私人的亲密感，随意讲话，或者言谈中使用太多私人用语，那么上司不指示时，职员们就不会有主动工作的劲头，而且如果工作中伴随着危险，职员们会抽身而退。

如此一来，上司自然而然就会将主要工作交给私交上亲密的人。重要的事情也会顺手按照亲密顺序来分配。这种态度会使职员们分帮结派。分配主要工作时不是根据能力，而是根据交情，如此一来可能会培养出不努力工作只会溜须拍马的下属。最后结果将会是自己部门有能力的职员都先后离开，溜须拍马或私交好的人留了下来。

上司的能力与下属的能力相联系。如果部门职员能力低下的恶性循环重复发生的话，上司本人的能力也只会越来越低。公司时时刻刻都在观察你。如果知道你将有能力的职员都推出了公司，那么你被请出去也是早晚的事。

大事故不是某一天突然降临的。经常出小交通事故的人早晚有一天会出大事故，毛毛雨会变成暴风雨。对小事的反复视若无睹，早晚会酿成大祸。世上的人祸都是对小事视若无睹或放任自流的结果。

你作为上司，如果放任自己对职员不说敬语或说私人的话，早晚会以某种方式成为束缚你的陷阱，这就像数学公式一样明明白白。在就业如此困难的当今，你这样履历的人比底层职员更难再就业。如果想在现在的公司里站稳脚跟，那么在办公室里就要对私人的言谈慎之又慎，用对公的言行来预防排斥感的产生。

实战！适用于职场的对话法

对下属平易近人的上司当然受欢迎。但是，受欢迎与领导力不一定是成比例的。还有，没有架子并不意味着公私不分。好的上司会以开放的态度对待下属，以公平的关心和指导将下属团结在一起。

引起抵触的对私的言谈	达成团结的对公的言谈
● “喂，过来。” ● “你是慢性子吗？怎么这么慢？” ● 在公共场合对昨天一起喝酒的人说：“昨天那家不错吧？喝酒就得去那样的地方。” ● 大声说：“喂，我是说校友聚会。”让别人知道此人是你的学弟。	● “XX，请过来一下。” ● “请加快速度。已过了期限了。” ● 如果职员们公然谈论关于出去喝酒的事情，要对他们说：“这不是应该共享的事情，请私下里单独去说。” ● 如果校友、同乡因私找你，悄悄对他们说：“在办公室里，我们要互相以诚相待。”

有没有曾经将只与部分职员有关的内容在公开场合说出来？或许你说的是公事，但却用的是对私的语气。如果再发生类似的情况，你该怎么说，请写下来。

引起抵触的对私的言谈	换一种说法？
…………………………………	…………………………………
…………………………………	…………………………………
…………………………………	…………………………………
…………………………………	…………………………………

03　职场中可说与绝不可说的话

职场中的人际关系就和国家与国家间的关系差不多。国家间，今天的友邦明天就可能成为敌对国，而今天的敌人明天就可能成为友邦，与此类似，职场同僚间的关系也因为利益而变化。

因为这种敌人与朋友的转化，和突然某一天上司和下属就会调个差不多，在职场中，要明确区分可说与绝不可说的话。否则的话，小事在将来也有可能会让你狼狈不堪。

不要泄漏私人秘密

自己的秘密有时候可能会变成敌人攻击自己的武器。因此，一五一十地泄漏私人的秘密，等于是让对方拥有了比自己占上风的武器，随时可以向你猛扑过来。

金明慧，与同时进入公司的男同事们的关系像兄弟一样好。性格活泼，有中性的魅力，这是自己与别人都公认的。可能正因如此，她经常和男同事们一起去喝酒。

后来她和长得很帅的有妇之夫的上司互相看对了眼。虽然并非有意，却保持了不伦的关系。爱情这种东西，障碍越大，爱情之火烧得越旺。然而公司是不喜欢办公室恋情的保守的地方，尤其是这种不道德的关系。

金明慧面对现实，和他分手的想法每天要想几十遍，却就是做不到。对方比她更优柔寡断，不冷不热。既说着爱她，又担心走漏风声。金明慧为了不伤害他，彻底地保守秘密。

心里藏不住话的她憋闷得要命，以前开朗的她现在脸上布满了愁云。男同事中有一位观察力卓越的徐哲亨没有放过她不同以往的表情。

“有什么烦恼吗？你的脸从来没有这么阴沉过。”

男同事中最会揣摩她的心的就是徐哲亨。听到徐哲亨多情的嗓音，她就像遇到亲哥哥一样放下心来。甚至想靠在他的肩头上哭一场。

徐哲亨理解她的表情，对她说：“不知道发生了什么事情，不过你都可以对我说。下班后见。”然后就走了。想要抓根救命稻草的金明慧，很感激他的建议。

金明慧和他一起喝着酒，渐渐放松下来。在敏锐的徐哲亨的引诱审问下，她终于将所有事情一五一十地说了出来。徐哲亨真心地担心她。他从男人的角度说明了男人的长短处，又说了些解决的办法。

在他真心的安慰和激励下，金明慧大为感动，不停地说：“哲亨真是值得信赖的男人啊。”虽然徐哲亨并没有给她解决的对策，但使她郁闷的心舒畅了不少，心情也好了很多。

然而之后没有几天，人们看她的目光就火辣辣的。很多人看到她就对她指指点点。没过多久，她和上司之间的丑闻就传到了她自己的耳朵中，保守了两年的秘密突然被揭穿了。

在同期职员中最有能力的她因为这个传言遭到了致命的打击。这之前，所有人都理所当然地相信她会超过同期职员最先升职。因为她的能力在同期中是不用说的了，而且上级也认可她。然而升职近在眼前时，却传出了这样的丑闻，人们半嫉妒半同情地议论说：“不行了。出了这种事情。”

她决定找出流言的来源。怎么想怎么觉得除了前几天一起吃晚饭安慰自己的徐哲亨外，再没有别的可疑的人了。

“不会是那样安慰我的人在背后捅我一刀吧……不对，除了他再没有别人知道这件事。一直保守的秘密为什么偏偏这时候……”

两种想法在心里斗争。徐哲亨是否是将流言传出去的主人公没有关系，总之此后两个人之间的关系就冷冰冰。流言传得沸沸扬扬，徐哲亨见到她也很尴尬，她也总是用怀疑的目光看着徐哲亨。当然，原本团结的同期新人们，也因为两人之间关系的恶化，而被打破了团结的局面。

职场同僚是永远的敌人。听起来令人毛骨悚然，但却是事实。职位升得越高，能坐的位子就越少。把对手推倒，自己才能有位子坐。从我们的感情上来讲，这未免太凄凉太没人性了，但是没办法。这是现实。

和平时职场同僚们可以变成朋友，但竞争中就会变成敌人。到了决定性的竞争关头，任何人都会用上自己所有的爪牙，一心要制胜。

自己的秘密有时候可能会变成别人攻击自己的弱点。因此，一五一十地泄漏私人的秘密，等于是让对方拥有了比自己占上风的武器，随时可以向你猛扑过来尽管在职场上私人的秘密可以成为对方的杀手锏，但还是有人会做这种天真的傻事。

和职场同事不管多亲密，也绝对不可以把私人的秘密一五一十地告诉对方。如果一定要共享秘密，那就必须分清界限，只可以共享那些即使对方知道了在竞争中也用不上的秘密。在职场中，所有事都藏着的人是阴险的人，而所有事都说出去的人是愚蠢的人。

〈只告诉一个人〉

虽然是爆炸性新闻，但是为了这对地下情人，我还是决定闭嘴。

然而第二天我就被这对地下情人恨死了。

你就不能保守秘密吗?

我不是叫你不要告诉别人吗?

我只告诉了一个人……

实战！适用于职场的对话法

在职场生活中，人际关系是无比重要的一部分。和职场同事们交流时，有一道一定要坚持的线，这道线大部分时候由话语来决定。在职场上，即使是在感情上或者实际中给你力量的亲密的关系，有些话也是绝对不能说的。

会成为对方的武器的秘密	增进亲密感的秘密
● 不正当的异性关系、健康问题、家族的负债或者刑事上的问题、离婚问题、子女的令人操心的问题和上司的隐秘的亲密感、外部人脉、资产、有无负债等。	● 特别的爱好、既可以是长处又可以是短处的特别的性格、家族间的正常的关系、有趣的恋爱故事。

你有没有在职场中将你的秘密告诉对方却反而使你们的关系疏远的经历？相反，有没有因为你经营得淳厚的关系而令职场生活更如鱼得水的经历？将当时的回忆写在左边，然后在右边区分。

向你亲近的人说出的秘密	区分哪些是可能成为对方的武器的，哪些是增进亲密感所需要的
……………………………………	……………………………………
……………………………………	……………………………………
……………………………………	……………………………………
……………………………………	

避免逆耳的玩笑话

职场是这样一个地方，如果相互间的利益合拍，就会马上情投意合，如果相互间的利益背离，则心也会彼此背离。在这样的职场中，“彼此亲密”的意义就变得很复杂了。

宋贤娇和职场前辈崔忠熙很亲近。崔忠熙是值得感激的同事，每当她遇到困难，崔忠熙就会出手相助。其他同事们也相信他们两人的关系很亲密。但实际上宋贤娇经常会因为崔忠熙的语气或说话的方式而生气。在和他的对话中，隐隐地受了很多伤。但是却又不能发牢骚。因此崔忠熙认为自己和她很亲近，但宋贤娇虽然对他很感激，却觉得他是让人很不舒服的同事。

崔忠熙给宋贤娇起了一个她最讨厌听的外号“小锉子”，并且用作对她最常用的称呼。宋贤娇的脸蛋很漂亮，身材也苗条，就是个子矮，所以她一直因为个子矮而很自卑。然而他却不管不顾，以叫她最不喜欢的外号为乐，这让她很难受。特别是某一天，她因为别的事情心情很不好，他的称呼就格外刺耳。

“不要这么叫。”她说，可他却像觉得很有趣似的，叫得更起劲了。她真想大声抗议：“能不能别这样叫？”可因为平时的情谊，她忍住没有这样做。

让她受伤的还不止这一件事。崔忠熙总是说和他的想法相反的话，这也很伤她。越是他喜欢的人，他就越是喜欢说难听的话。如果她迅速地处理了很困难的工作，他就会说：“你怎么做得这么快？疯了吗？”令她心里很不爽。当心情好时，宋贤娇也会笑着说：“您是说我做得好吧？”还有能接受的雅量，但心情不好时，真想反驳他说：“就说做得好又能怎么样？”

由于崔忠熙的这种说话的习惯，使宋贤娇不知不觉就对他产生了隔阂感。宋贤娇和崔忠熙对话时，她动不动就会想：“同样话有不同的说法！他是不是就是想取笑我啊？”

崔忠熙不仅对宋贤娇这样，对其他亲近的同事也是，明明想说做得好，却偏偏反着说：“这也叫工作？”

事实上，崔忠熙想要帮助能干的宋贤娇。需要的话，甚至想退让或者把自己的力量分给她。然而当事人宋贤娇却想与他保持距离。崔忠熙缺乏把自己的好意用言语表达出来的能力。

像崔忠熙这样说话讨人厌，出于好意却反而会伤害别人。不同的人听对方的话时，有只听表面意思的，也有会体会内涵的。不是所有的人都能听我说话就能领会我的意思。人们在说话上犯错误，就是因为错觉，觉得对方听我说话就能明白我的想法。“我和X）（很亲近。”这样简单的一句话，就能有多少种各不相同的解释。

根据姜吉镐、金贤洙教授共同所著的《沟通与人》，“亲近的人们越是亲近越是会创造一种只在参与沟通的人中才适用的规则，而根据这规则，他们的沟通行为会受到更多支配。”换句话说，就是“亲密就是使用彼此有交感的语言，并由此比别的关系更亲密”。像崔忠熙那样，自以为与宋贤娇亲近，却使用了当事人宋贤娇理解不了的语言，结果造成了隔阂。

职场是这样一个地方，如果相互间的利益合拍，就会马上情投意合，如果相互间的利益背离，则心也会彼此背离。在这样的职场中，“彼此亲密”的意义就变得很复杂了。如果讨厌追究复杂，那么不论和职场同事多么亲近，对伤害自尊心的话都要慎重，这样才安全。亲近的人，听到逆耳的话，也会心里不痛快。对方不爱听的外号之类，绝对不要起也不要叫。还有做得好就说做得好，不要吝惜赞美之词。

还是以崔忠熙为例，宋贤娇工作做得好时，“做得这么快，岂不是让别人气馁吗？手下留情！”玩笑开到这种程度已经足够了。在韩国，很多人认为亲近的人省略礼貌和礼仪是理所当然的。然而，越是亲近，因为了解对方，所以产生误会的可能性越多。越是亲密，如果说话时没有礼貌，关系就越容易破裂。不管如何深厚的亲密感，因为一句伤人的话，就会像沙子城堡一样倒塌。而且，在亲密感坍塌的同时，往往带来敌对感。

不要错误地以为亲近的人永远如岩石一般坚定地屹立在那里，但是请记住，只要小小的一句话，亲近的人就有可能变成敌人。夫妻、父母子女之间也会因为一句伤人的话而使亲密感变成敌对感，更何况职场前后辈同事之间了。在职场中，即使是彼此可以开玩笑的亲近的人，也不要开那种对方听了会不高兴的玩笑，遵守这个原则才比较安全。

实战！适用于职场的对话法

要经常检查自己，有没有因为与某人走得近了，就不再坚守应该坚守的那道线。特别是对职场中的关系，更要花心思。所以应该保持一个均衡的状态，不要冷冰冰，要在须坚守的线的限度之内，开开玩笑，有幽默感。

触犯自尊心的玩笑	让心情变好的玩笑
● 起一些"小锉子"、"小雀斑"、"小猪"等与身体自卑感有关的外号。 ● "你怎么能做得这么快呢？疯了吧？"（想说别人做得好，却偏偏反着说） ● "你这是穿的什么呀？"（真实意思是衣服很漂亮的玩笑话）	● 起一些"时间机器"、"万能厨师"之类烘托对方长处的外号 ● "你做得这么快，我可怎么办啊～" ● "你可真是衣服架子！"（烘托长处的玩笑）

你有没有因为亲近的理由，就不去观察对方的心意，用你自己的方式来交谈和行动？如果你感觉原本亲近的人渐渐疏远了你，就把你的言谈行动写在左边。

触犯自尊心的玩笑	将玩笑换一种说法？
…………………… …………………… ……………………	…………………… …………………… ……………………

如果伤害了对方的感情，该怎么改正，写在右边。

即使是亲密的关系，也不要忘了道歉与感谢的话

即使很亲近，单方面地欠对方的人情，或拜托比对方以前已经答应的事情更大的事情，却不道歉，互相帮助的均衡就会被打破。

金海植是个很深沉的人。从不反复无常。一旦与谁亲近，就会保持很久，但是表现力却不足。拜托亲近的人某件事情之后却又不需要了时，总是省略取消这件事的话，或者欠人情时也不会说抱歉的话，因此经常引起误会。

他旁边座位的同事郑智贤总是因为这样的事情而面对不愉快，因此与他很别扭。郑智贤对金海植不满的最大的原因，就是每次他拜托："帮我把 xx 资料找

来。”而在她努力地找来后，金海植却从来不说道歉或感谢的话。更过分的情况是本来就忙死了，但当他拜托帮忙找资料时，她还是努力地帮他找来了资料，然而这时他却说：“啊，没有也没关系。”让人觉得很不舒服。如果他能说：“真对不起。刚才急着要，才拜托您帮我找，可是上级突然又说不要了……太对不起了！今晚我请你吃饭。”那么即使晚上并没有真的请她吃饭，她也不会心里不舒服，而省略这句话的话，却使人显得很荒唐。

郑智贤不仅只是坐他旁边的同事，他们共同合作的工作也很多。所以总是努力去答应他的紧急请求。然而他有时候的这种令人齿冷的行为，使她觉得无法与他再亲近了。但是金海植却把她当做最亲近的同事，不知趣地向她倾吐心事。

事实上，金海植是即使心里觉得抱歉嘴上也表现不出来的类型。他甚至认为对亲近的人没有必要说道歉的话。然而郑智贤可不这样想。她认为如果不说出来，那你的内心没人能知道。

笔者赞同郑智贤的看法。如果不表达出来，即使夫妻之间，也无从知道对方对自己是怎么想的。如此说来，单凭职场同事之间的情分，又怎么能知道别人的内心呢？

对郑智贤来说，总是麻烦旁边的同事却从不道歉的金海植简直就是不要脸。所以在他不在的场合，她对他没什么好的评价。可是金海植却把郑智贤当做手足般的搭档，表现得与她很亲近。即使她不在场，他也只说她的好话。只是因为他的语气，无法将他的真心转达给对方罢了。

人们的心像风一样很容易动摇。甚至有时候自己都不知道自己的内心。亲近的关系也随着内心的变化，永远处在变化的流动状态中。亲近的人因为你的无礼也会受到伤害，变得开始恨你。如果不道歉，对方会产生：“根本不把我放在眼里”的误会，从心中背离你。在职场中亲近起来的人，没有血缘关系，共同文化不足，更容易在心灵上背道而驰。

在职场中，越是亲近的关系，越是要哪怕是小小的人情，也要马上把感谢表达出来。当然，小的失误也要马上道歉。道歉是种“承认”自己做错了的行为。低下头也有以上的意思。把并不是故意犯错说出来，是主要的表现方法。

即使很亲近，单方面地欠对方的人情，或拜托比对方以前已经答应的事情更大的事情，却不道歉，互相帮助的均衡就会被打破。不道歉不说对不起，关系甚至会破裂。

人非圣贤，不论多么了不起的人都会有失败或者失误，都会有欠人情的时候。此时，如果因为亲近，而将感谢或道歉的表达省略掉，无异于自毁人脉的行为。

那么如何表达歉意或感谢比较好呢？现将很多人所希望的方式总结如下，以供参考。

1．一定要面对面地表达

越是亲近的关系，如果心里结了疙瘩，越是害怕面对面。所以打个电话或发个短信的道歉方法比较容易。但是这个方法无法充分地表达真心。反而有可能增加误会。因为亲近，所以似乎发个短信或打个电话来简单地道歉就可以了，但实际上并非如此。这是因为只有将口中流出的内容和脸上的表情结合在一起表达时，意义才更明确，所以直接见面，面对面地道歉，才能安抚对方受伤的心。

感谢也是一样。手机短信或电子邮件是无法充分表达心意的。语言无法表达的内容，通过表情和动作就可以表达出来。只有面对面，才能表达心意。

2．控制我的感情，迎合对方的心情

道歉，是为了抚慰对方因为我而受伤的心。道歉时，要控制自己的感情，尊重对方的感情。如果对方依然对自己发火，对“因为你那样我才这样”之类伤感情的话也要慎之又慎，应继续选择一些让对方感觉好一些的话来道歉。

欠人情时，先定下表达感谢的原则，再去表现出来。即使对方说“这没什么”也一样。这样，对方就不会产生“怎么连句谢都不说”的不信任感了。

3. 先倾听对方的话

不要错误地以为只要我道歉的话，对方就会感恩戴德地接受。如果在对方不接受道歉的心态下，强行道歉，反而会适得其反，更加伤害对方的心情。要先消除对方心中的疙瘩，再道歉。为此，要倾听，让对方充分地说个痛快。对方要先消火，才能原谅。此时，即使是很轻的道歉，对方也会欣然接受。对方接受你的道歉后，别忘了感谢的话。

4. 掌握时间来道歉

道歉也有有效期。迟到太久的道歉就失去价值了。一意识到错误，便马上道歉，这样比较好。但这并不是说互相伤害感情后转过身马上就道歉。因为这样的话反而显得不像真心实意，只会起到副作用。彼此在一定程度上消了些火的时候比较合适。

感谢也是一样。在应该致谢的情况过去很久之后，感激的心也蒸发掉了，接受感谢的人也觉得怪怪的。所以，别忘了，道谢也有时效性。

5. 准确地把握错误，再去道歉

觉得对方好像是生气了的样子，为了让对方心情好起来，无可奈何地去道歉，这样反而会更伤害对：方。“我 xXX 做错了。”有针对地道歉，才是真心的道歉。连自己都不知道自己哪里错了，稀里糊涂无条件地说“我错了”，不是真心的道歉，只会更加引起误会。还有，道谢时，嘴里说着感谢的话，眼睛却望着别处，这种举动满是轻蔑的意思。感谢的话也要真心地说才有价值。

6. 见面有困难时，也不要打电话或发手机短信，写封道歉信吧

见面道歉当然是最好不过的，但如果对方突然出差，或者很长时间都不在，不要拖延到对方回来时，向对方此时所在地寄封道歉信也很好。

承载着真心的信笺很容易让对方动心。道歉时，最不能彻底表达心意的方式就是手机短信。没有诚意的道歉，有时候带来的结果还不如干脆不道歉。致谢时同理，不要用手机短信或者电子邮件，亲手写的感谢信才比较好。

7. 道歉一次就够了

同样的话反复地说，价值就会降低。道歉也一样，越是重复，就越没有价值。人们都不喜欢泛滥。喜欢名品的很大原因也是因为它们稀贵的特点。满载诚意，一句话结束，就是名品道歉。感谢的话也是真心实意地只说一遍，才有价值。

不愿意就说“不”

人一生都蕴藏着弱肉强食的本能。如果表现为弱者，就会被利用。接近也不是为了亲近，而是为了利用。越是想“我不愿意被别人骂”，越是会挨骂。

边宇亨，在职场内外以善良而闻名。对亲近的人的请求，绝对不会拒绝。因

为对他有所求，装作亲近他的人也大有人在。所以别人的请求堆积如山。

就是几天前，亲近的学弟托他帮忙搞到难求的大企业资料。虽然他和那大企业有往来，但那里的安保做得很彻底，很难接近，可是又不能拒绝学弟，只好答应试试看。但是实际接触之后就发现，真不是开玩笑的。

结果在希望的期限内，没有搞到资料。学弟不满地抗议说："不能搞到的话就直说嘛。我也好到别处去问，也许已经解决了呢。"尽心竭力，却没听到一句好话。虽然也受到了刺激，但又觉得学弟的话也有道理，于是道了歉。压力只能独自承担。

最近还发生了这样的事。因为从公司到家实在太远了，所以边宇亨添置了一辆私人小汽车。车刚买到手，住在附近的早入公司一年的前辈就装作与他亲近，提出拼车。他明知道接送前辈上下班的事情绝不是那么简单，可是"不"字说不出口，只好答应。

刚开始的时候，前辈还为搭车而谢他，但日子久了，就开始像对待司机一样对待他。边宇亨要是比约定的时间稍微晚到一点，前辈就会抱怨说："你怎么可以让我站在路边等这么久?"如果前辈的部门接到要早上班的命令，就会对边宇亨以命令的口吻说："我明天要早上班。你早来 30 分钟。"那天早晨，为了前辈的日程表，边宇亨的早晨格外忙乱。

正好有一天，一直想提高英语的他，接到一个大学同学的电话，说发现了一个很好的英语学校，约他一起去报早晨班。别的问题没有，只是担心搭车的前辈。同学让他直截了当地说："现在起您不能再搭车了。"他又不付汽油钱，免费白搭车，有什么不好说的。

他苦恼了好多天，终于鼓起勇气，向前辈说明了情况。结果前辈立刻火冒三丈，说："不想让我搭车，就找借口。好，谢了，我不坐你的车了。不坐了。"他手足无措地辩解说："不是这样的。是朋友找到了一家很好的英语学校……"

然而前辈反而更大声地说："不是有人说过吗？有车的人自己做决定罢了，蹭车的家伙有什么权利?"他觉得很为难，但是朋友千叮咛万嘱咐，这次一定要坚持说"不"，所以他终于没有改变主意。

之后，白坐了他快一年车的前辈，到处说他的坏话。"据我和他一起坐车所知，他这个人，看起来善良，实际上真是个阴险的人。"

一家求职网站对1431名职场人士以“你有作为善良职场人的自卑心理吗”为题进行了问卷调查。对此，回答者中65%，也就是931名回答“是”。78.3%的人回答说，因为善良职场人的自卑心理，“受到了轻微的压力”。15.8%的人回答“受到了使正常职场生活变得吃力的压力”。72.3%的人回答说有过这样的经历，因为无法拒绝别人托付的事，只好应承下来，结果影响了自己的本职工作。因为亲密的关系而无法说“不”的人，大有人在。

再重申一次，职场是个冷酷无情的地方。善良是好事，但是因为答应别人的请求而对自己的工作有不好影响，或者浪费掉本应为自我提高而投资的时间，却是不可以的。越是亲近的关系，越要明明白白地说不，这样人际关系才不会变得更坏。

边宇亨的例子，因为答应后辈为他搞到难求的资料，所以招致后辈的怨恨。倒不如最开始就说“不”，如后辈所说，让他去别处找门路，他们之间的关系也不至于变坏。搭车的前辈也是一样，对他说：“每天一起上班有困难。早晨我还有别的事要做。”只在适当紧急的时候才让他搭车，这样一来，后来去英语学校的事情就不会成为矛盾了。

这样说来，为什么很多人无法对亲近的人说不呢？是因为自信不足。在心理学上，将说“不”叫做第二次诞生。说“不”，是在心中制造了一个只属于自己的标准的信号。自我标准产生后，就可以确切地决定“好”或“不好”了。

然而，当自我标准不明确，别人的反应比自己的想法更重要时，变化无常的标准就产生了。如果四个人中有三个人说“大海是红色的”，那么即使你明明知道大海是蓝色的，也会不安地说：“可能是红色的吧。”这样的人认为坚持己见是无礼的。

人一生都蕴藏着弱肉强食的本能。如果表现为弱者，就会被利用。接近也不是为了亲近，而是为了利用。无法实现正常的人际关系是显而易见的。越是想“我不愿意被别人骂”，越是会挨骂。越是亲密的关系，越是要明明白白地说“不”。试着大声地说一次“不”。你一定会发现，这其实没什么了不起的。

〈拒绝〉

不愿意就要说“不”。

但是同事之间太刻薄也不好吧？

实战！适用于职场的对话法

对于别人，尤其是亲近的人的请求，即使自己做不到，也不会说“不”的人非常多。这些人不会推辞，心里的压力很大。即使是亲密的关系，该说不的时候也要说不。这样才能结成真正的关系，共同发展。

对亲近的人无法说“不”，陷入困难的境地	对亲近的人说“不”，平安无事的情况
● 很难答应的事情也无条件地说“知道了”。 ● 明明知道今后会出问题，却无法说“不”，只好无可奈何地接受。 ● 认为坚持己见是无礼。	● 对于难以接受的请求抱歉地说“不”。 ● 对于觉得今后会出问题的请求，哪怕稍微说点谎，也要拒绝。 ● 将坚持己见与无礼区分开。

你有没有过明知不应该，却无法拒绝的时候？因为是亲近的人，“不”字说不出口，结果狼狈不堪，将这样的经历写在左边，再将如果再次接到这样的请求该怎么拒绝写在右边。

因为对亲近的人无法说“不”而发生的事情	为了预防这种事情的发生，如何对亲近的人说“不”？
……………………………… ……………………………… ……………………………… ………………………………	……………………………… ……………………………… ……………………………… ………………………………

不要泄漏同事的秘密

不慎泄漏了亲密同事的私人秘密，结果引起流言。流言传得沸沸扬扬，传得各式各样，会使当事者受到损失。

崔英惠是银行职员。性格很好，属于交往一次，就会交往很深的类型。对亲近的人也没什么秘密。经常到彼此家里玩，鸡毛蒜皮的家里事也都共享了。当然，工作上遇到什么烦恼，也会说出来一起讨论。包括工作方法、工作中的失误、工作中的机密。

然而，近来她由于一个曾经很亲近的女后辈而大受打击。后辈没头没脑地突然用冷冰冰的态度回避崔英惠。崔英惠丈二和尚摸不到头脑，很茫然。很想直接去问问原因是什么，可后辈不许她接近，她只能干着急。

后辈变得冷冰冰，原因在于崔英惠。崔英惠泄漏了后辈工作上的秘密，使后辈遭受了很大的损失。事情是这样的，突然躲避崔英惠的这个后辈，因为上司要她提高零存整取业绩的命令而头疼不已。因为每次业绩都排在最后，上司警告她："就看你这次的业绩了。"后辈最后只得用了个权宜之计，以签了合同后可以马上解约为条件，. 动员所有亲戚朋友帮忙。她想哪怕是用临时手段，也不能让业绩上不去。可是心里却放不下。于是她对最亲近的崔英惠前辈诉说了苦恼："我这么做真的不对。但是没办法啊。我没有让陌生人来加人零存整取的能力。"

崔英惠不是嘴不严的人。同事们告诉她的秘密，她大部分都能保守。然而这次虽然不是她的本意，却泄漏了秘密。是因为另外一个亲密的后辈哭着对她说："因为业绩不好，在公司里怕是待不下去了。这次我恐怕又是最后一名了。我估计要被发配去别处了。"这让崔英惠心软下来。

"这可是秘密啊，是 XXX 告诉我的方法，要不然你试试看？"

这就是祸根。她周围的人追问她："怎么回事？业绩上来了。这次不会是最后一名了吧？有什么秘诀？"最后她终于把事情泄漏了出去。

消息总是一传十十传百。最后传到了上级的耳朵里。上司为了防止利用不正当的手段提高业绩的行为再次发生，将动员亲戚朋友来作为提高业绩的权宜之计的两个女职员作为了反面教材。两个人遭到了比预想的更厉害的斥责。

第一个女后辈从崔英惠那里感到了背叛感，认为被自己信任的人暗算了。甚至不愿意和崔英惠面对面。也没有挑起是非打架的必要。避开她就好了。

对此一无所知的崔英惠看到曾经亲近的后辈对她如此冷淡，心里很郁闷。如果知道原因，还可以找到解决的办法，可是连原因都不知道。事情发生后过了一段时间，崔英惠才知道虽然并非出于本意，却是由于自己的原因使后辈遭到如此大的损失。她不知所措。想要道歉，却又觉得对方不会接受。

崔英惠万万没有想到，一个善意的小小的泄密，会引起这么严重的后果。然而职场里的事都和个人及公司的利益结合在一起，所以善意也很容易变成恶意。还有在职场同僚之间，不要将亲近的人的秘密泄漏给其他人，情谊才能保持下去。

在职场同事们之间，有一条由工作而形成的链条。因为共有着一样的文化，所以也有着很多一样的烦恼，有很多可聊的话题。话题多了，心就很容易敞开。很多职场中人在这种氛围中依然将不可泄漏的苦恼或秘密告诉别人，这是绝对不可以的，其原因就是因为这根“工作上的链条”。

若想维系同事之间的情谊，需要与众不同的努力。即使你十分想说“林根的耳朵像驴耳朵”，也要忍住别说。亲近同事的恋爱、家庭、工作方面的私人秘密等，如果不小心泄漏出去，都会引起流言。流言传得沸沸扬扬，传得各式各样，会使当事人遭受损失。人如果受到损失，会失去信任感，亲密感会变成敌对感，一旦有了敌对感，就会采取防御的姿态。

职场中的同事，即使彼此很亲密，由于彼此换工作，或由于升职而使一人先成了上司，另一人成了下属，以前的情谊都会很难再维持下去。由于换部门而疏远故人结识新人的情况也很多。彼此之间的关系变了的话，即使不是出于恶意，也很容易将故人的公或私的秘密泄漏出去。甚至曾经热烈的恋人在分手后也会将对方的秘密当作趣事说出去，这就是人类。

所以说，同事的秘密一定要保守。不仅是为了对方，也是为了自己。话语就像风，一旦从嘴里出来就会吹来吹去，最终一定会吹到当事人的耳朵里去。当事人听到传来传去传到自己耳中的自己的秘密，一定会怨恨当初共享秘密的人，觉得自己被背叛了。因为愤怒，很有可能到处宣传“千万不要相信那家伙”。这会成为你在职场中的评价。在职场中结识的人，不论现在时还是过去时，要将他们的秘密像你自己的秘密一样彻底地保守，这样才能有快乐的职场生活。

实战！适用于职场的对话法

没有比秘密更难保守的东西了。但是如果不能保守秘密，这枝箭将变成一根飞镖，转而攻击你自己。特别是职场同僚们告诉你的秘密，一定要保守。一旦泄漏了秘密，不仅是对方会受损失，你本人受损失的概率也非常高。

泄露秘密的话	保守秘密的话
●“我只告诉你一个人。这是某某告诉我的事。” ●“他可真是贪得很。连那样的事都做出来了。” ●“我们恋爱的时候，他/她就像木头人一样。”	●“谁说的？我和他最亲近了，我怎么一次都没听他说过这样的话？” ●“他是个很严谨的人。他绝不可能做那样的事。” ●“我们很酷地恋爱很酷地分手。到现在还是朋友。”

你有没有过这样的经历，同事将你视为亲近的人而向你倾吐秘密，你却有意无意地泄漏出去了？如果再有类似的情况，你将如何保守秘密？将过去的回忆写在左边，现在的观点写在右边。

泄露秘密的话	换一种保守秘密的说法？
……………………………… ……………………………… ……………………………… ………………………………	……………………………… ……………………………… ……………………………… ………………………………

会产生纷争的事，一定要确保有证人

职场同事们在太太平平时都能相处得很好，但一旦出现不利的情况，出于生存本能，都会逃避责任。那时如果受到伤害，就很难再恢复过来。

姜宪敏在大型策划公司里工作。最近亲近的后辈突然将钱方面问题的责任转嫁到他身上，令他受到很大的损失。

在他所在的公司，由项目负责人直接执行预算。策划费用不是现用现领，而是由负责人预先领出来，在执行中收取发票，然后统一移交到经理部门。

在职场中，无所谓金额大小，只要发生钱方面的问题，人们之间就变得乌七八糟。而且，如果同事之间与钱的问题扯上关系，人际关系就会堕落成最丑恶的关系。赔偿不算完，还有不信任、责问、怀疑等一系列后遗症。企业的终极目标是追求利润，因此公司一旦发生钱的问题，就会很苛刻地处理。

连自己私人的钱都算不清楚的姜宪敏，做起与策划相关的工作来，神采奕奕，然而遇到钱款执行及精算之类的工作，就会头疼。如果有人能替代他就好了，于是决定在部门内物色一名合适人选。

很快他就发现了一名仔细而且在计算方面很清楚的后辈。而且幸运的是他很听姜宪敏的话。留心看的话，他连个人支出的小小的发票都仔仔细细地保管好。姜宪敏干脆将金钱管理全部交给了他。他处理了几次大的活动。即使巨额的预算他也执行得毫无差错。姜宪敏充分地信任他，将钱全部交给他，开始由他来支配。然而，在职场中，将自己的事完全地推给别人，就一定会在某处出现纰漏。

在他的公司里，由于项目负责人直接负责钱款，所以对此的检查也经常进行，然而在最近的一次检查中，发现在姜宪敏负责的大型策划中，近一千万韩元不翼而飞了。负责钱款的后辈对追问的检查人员说："我完全是根据姜宪敏部长的吩咐执行预算。"但是姜宪敏连钱款是如何流动的都记得不清楚，因为一直是由后辈来处理一切。

然而后辈将一切责任都推到了姜宪敏身上。这一刻，姜宪敏从后辈身上体会到了无与伦比的被背叛的感觉。公司的这些钱，哪怕 10 块钱，姜宪敏都没有亲自经手过，对此后辈比任何人都清楚。然而出了问题，他没有说："可能是我没有把发票处理好。我再仔细找找。"而是说："我完全是按照姜宪敏部长的吩咐来处理的。"这就好像姜宪敏将这笔钱如何了似的，结果使他陷入了困境。

如果后辈说："不应该这样的。肯定有发票。我再找找。"那么即使姜宪敏作为预算执行负责人还是要负责，至少不会像现在这样郁闷。

当人陷入不利的境遇中时，就会不知道什么时候及如何变脸。一旦不利情况发生，不管什么时候，连自己说过的话都会改变。在责任和利益为重的职场中，不管多亲密，与钱或责任有关的工作，都绝对不要轻易交给别人。如果实在不得已要转交的话，要为最坏的打算事先做好准备。此准备不仅是为自己，也是为对方，所以是必需的。

为最坏的情况做好准备，就是要在有证人的场合做移交，或者将移交的经过和内容记录下来并做好整理，以使将来双方都没有什么其他的说法。亲近的人之间如果有经济往来，要签合同，职场中处理问题也是同理。

像姜宪敏一样将金钱问题交给部门里的其他人来处理的情况，不要将一切交给一个部下，而是要交给两个以上的人，以便他们可以互相监督。如此一来，就不会出现问题了，即使出了问题，也至少还有一个说实话的证人。

可能你会认为在亲近的人中这样做是刻薄，所以有对此疏忽的倾向。然而，职场同事们在太太平平时都能相处得很好，但一旦出现不利的情况，出于生存本能，都会回避责任。那时如果受到伤害，就很难再恢复过来。为了防患于未然，越是亲近的关系，越要在事前确保证人、证明、说明等。亲密的人之间，因为应在期限内交出的文件，也会“你晚了。”“不，是你晚了”。如此推卸责任。所以对于责任所属，一定分清楚。

在职场中，亲近的人也要公是公私是私，区分清楚，在公事上，对于将来有可能出问题的事情，不要两个人来处理，一定要在第三方面前处理，或者做记录，或者做出一个相互检查监督系统，如此两人的情谊才能不被破坏，长久保持下去。

实战！适用于职场的对话法

职场中的事由于与金钱及责任有关，所以不会像个人的事情一样，把心情上的误会解开就解决了。与职场同事们无论多亲密，对于将来会产生纷争的事，也绝对不要轻易地交给别人。由于不得已的情况不得不这样做时，事先一定要保证有证人和证据。

逃避纷争的话	避免纷争的话
●（虽然是自己代替来做的事情）“这不是我的责任。” ●（自行处理的事情）“我仅仅是按照XXX的吩咐来做的。” ●（说好帮忙，但帮忙的事情出了问题）“交给我做的不是这件事情。” ●（明明知道，但害怕负责任）“我不知道。”	●“非常感谢您代替我做这件事情，但是为了避免发生问题，关于这个我们要事先互相监督。” ●“不管怎么说，由于金钱的问题而出的事情很多，所以您一个人来做的话太危险了，还是和别人一起分担吧。” ●“提案书的期限问题可能会很含糊，我们一起商量，清清楚楚地定下来吧。”

有没有被你亲近和相信的同事打了当头一棒，如果再发生这种情况，你希望听到什么样的话，写下来。

你觉得背叛你的话	你希望听到什么话?
…………………………………… …………………………………… ……………………………………	…………………………………… …………………………………… ……………………………………

不要把共同的责任揽到自己身上

好像正义的使者一样高呼“是我的责任”。为不是自己责任的事情负责，很容易会被撤职或遭到责问。

朴建英，为这次重要PT的失败而忧郁。这是可以左右公司命运的巨额PT。失败的原因，是因为和这段时间以来每逢有重要的PT就会结对子合作的宋佚鸣没有合作好。

宋佚鸣是和朴建英同时进入公司的，是发表的好手。社长和全体职员都相信，只要是由宋佚鸣来发表，由朴建英来准备材料，就决不会出差错。实际上，这段时间以来，他们已经通过这种方式成功了好多次。

然而这次 PT 负担很重，准备期间经常开夜车。因此，在发表几天前，宋佚鸣得了重感冒，严重得嗓子连话也说不出来了。公司遇到了非常情况，只好找发表替代者。从社长到委员对这次 PT 都有太大的期待，所以每天都召开非常情况对策会议。最后结论是认为准备材料的人对内容最了解，所以即使发表的能力不足，接替宋佚鸣来进行发表的也应该是朴建英。朴建英觉得负担很重，但因为是上层的决定，无法推辞。

于是朴建英转为准备发表，宋佚鸣在两名后辈的协助下来完成资料的准备。朴建英将这段时间以来准备的所有资料都移交给宋佚鸣，然后开始练习发表。因为重要的 PT 资料一起来准备，所以虽然宋佚鸣身体不大舒服，但还是相信可以没有差错地坚持完成。

然而 PT 一天前，看着准备好的资料打算做最后练习时，一个最重要的数据却不见了。做发表练习的朴建英一下子脸色苍白。他问宋佚鸣是怎么回事，她却推托说从来没见过这个数据。朴建英认为自己绝对不会漏掉自己认为最重要的数据。然而宋佚鸣身体不好，两人之间又很亲密，所以不想伤她的心。于是说了一句“可能是我疏忽了吧”。这件事就过去了，然后花时间亲自准备起材料来。

原本就很复杂的材料，重新来准备，花的时间比原以为的长得多，结果最后的预演没有做。PT 当然只能以失败告终。结果出来后，从社长到同事都拿他来泄愤。最开始失败的矛头似乎是指向得了重感冒的宋佚鸣。然而下午矛头突然就转向了朴建英，原因是因为宋佚鸣对直属上司说：“此次 PT 失败，不是因为我的重感冒，而是因为朴建英漏掉了最重要的数据。”

虽然为朴建英感到惋惜的人用同情的目光看着他，但公司大有将他扫地出门的势头。如履薄冰地过了几日，帮助宋佚鸣准备资料的后辈找来了。

“这是当时您说的资料吗？”正是消失的数据。他分明将此资料交给了宋佚鸣，但宋佚鸣没说什么就交给了后辈，结果就一直在桌上沉睡到现在。

宋佚鸣的背叛，以及上司们不经核实，只听信宋佚鸣的一面之词便要朴建英来承担全部责任，使朴建英感到他们的无情。然而职场这个地方，如果有一次为失误负责，就无法反悔了。一旦矛头指向你，今后就只有继续承受了。即使分清了错误，伤疤也去不掉了。

共同完成项目时，即使是亲近的同事，也要分清责任，不是你的责任，就不要揽到自己的身上。好像正义的使者一样高呼“是我的责任”。为不是自己责任的事情负责，很容易会被撤职或责问。

比如朴建英的情况，即使和对方很亲近，在移交资料时，也要给每份资料编号，并且在共同工作的后辈出席的前提下，列出单子来。万一因为没有这样做而受冤屈，也没必要“我是男人我来负责”。职场上司或同事们不会为这种行为而称赞你是男子汉的，他们只关心失败的结果由谁来负责。即使将来错误被分清，上司们也会因为一开始认定你是失败者，就继续认为你是失败者。因此，对于不是自己的错误的事情，要明明白白地说不，而且查找证据，分清责任所属，直到弄清楚错误所在为止。

职场工作中，不仅是 PT，其他需要共同合作的项目也很多，但是有时弄不好，共同的错误就会被看成某一个人的责任。本不是自己的责任，但因为担心被看成懦夫，就一句“是我的责任”而揽下来的话，就真的要独自承担责任了。其结果有可能一生的职场经历都毁于一旦。即使是在亲密的同事之间，关于责任的问题也一定要分清，以防止此类事情的发生。

实战！适用于职场的对话法

职场中需要个人独自执行独自负责的事情不多。因为不管怎样，总会与其他人发生联系。因此，对于分不清责任的事情，不要说是自己做的。因为这等于是说这是你的责任，而这责任带来的影响比你想象的要大得多。

在共同项目中将责任揽到自己身上的话

- “可能是我？”
- “我不记得了，但如果XXX说他没做的话，那也许是我做的。”
- “是我自作主张做的，别打了。”

在共同项目中分清责任的话

- “我们以前是这样分工来工作的，你不记得了吗？”
- “不要这样，资料究竟在哪里，我们一定要找到底。”
- “分清责任，把责任所属写下来，难道不好吗？”

你有没有为了不被看成懦夫，去为没做过的事负责的时候？或者明明是大家的错误，你却独自扛起来？那时你是怎么说的，万一再出现类似的情况，怎么换个说法，请写下来。

在共同项目中将责任揽到自己身上的话	换一种说法？
……………………………………	……………………………………
……………………………………	……………………………………
……………………………………	……………………………………
……………………………………	……………………………………

即使在休假中，也要使自己的存在被认识到

人会被新鲜的东西吸引视线。新的出现了就会毫不犹豫地转向新的。而旧的前任就被忽略了。

李钟灿是企划室的核心人才。因为公司在急速发展中，项目堆积，所以三年都没有休过假。现在，进入公司三年后，终于第一次获得了休假的许可。上司激励他说，知道他为公司的成长奉献了很多，现在放松心灵，好好休息后再回来。

他觉得自己的职场生涯已走上康庄大路，于是带着愉快的心情，和家人去东南亚旅游了。他度过了黄金般的假期。然而这是怎么回事？回到公司后他发现，曾经由自己负责的几项重要工作中的好几个似乎已经转到竞争对手全宏大那里去了。企划室长不好意思地说："都是马上要处理的急事，又不想打扰在休假的你，所以……"向他说明了将主要业务转给全宏大的原因。瞬间，休假中感到的酣畅变成了疼痛的伤口。就像后脑勺挨了一闷棍似的，整个人都傻了。

不知是不是因为主要业务都交给了全宏大，社长和全宏大也走得很近。他只是休了一次假而已，就似乎被从主要职责中推出去了，不禁对公司觉得很心寒。

"三年才休了这一次假，是不是太过分了？"

牢骚不由自主地冒出来。心里拧着劲，对工作的热情也没有了。上司对他也

没有以前那么亲近了。职场上司和部下职员是通过合作关系联系到一起的，因此不论以前多么亲近，一旦在眼前走远了，那么在心灵上也很容易走得越来越远。

虽说只是一周的休假，但如果工作大部分是急着要处理的事情，那么在负责人不在期间，工作又不能停下来，上司就必须要找个替代者。不幸的是，替代者比前任工作做得更好，所以上司的心就转到替代者那边去了。人的视线会被新鲜的东西吸引。新的出现了就会毫不犹豫地转向新的。旧物之一的前任就只能被忽略了。

由于你为了公司的成长，很久都坚持工作没有休假，所以在上司的立场上，他更会明显地感觉到你的不在，堆满空座位的工作就成了很大的负担。因此，如果在休假之前，你能主动找好替代者，让上司安心，在上司的立场上，他就会很感谢你。

在去度假之前，向上司推荐代替自己工作的替代者，是很重要的事。这不是良心的问题。公司工作正常运转，才有利润产生，而这利润是所有成员都需要的。

很多职场人对于在休假期间将自己的主要工作转给替代者去做牢骚满腹："我们是什么机器零件吗？没有就换一个。"然而，职场就是一个只能将职场人看作一个零件的地方。职场需要系统化地运转。不管怎样，成为系统障碍的人都将成为要被换掉的零件。这是早晚的事。打拼职场，要面对以上现实。

在职场中，如果只想受到人性化的待遇，那早晚会受到打击。这指的并不是经常要求补休假期。即使在休假期间，也不要让上司忘记你的存在，所以不要中断与上司之间的沟通。在休假中，也要联系上司，问一问谁在代替自己做自己负责的项目，对替代者也要教给他这事那事如何处理，让他感觉到没有自己的帮助，他处理不了这个工作。在企划室等公司的核心部门中，越是执行重要工作的人，越不能对此疏忽。

在职场中，即使私人关系亲密的上司，比起与部下职员之间的个人情谊，还是认为公司的要求更重要。职员即使在休假中也经常与自己取得联系，惦记着自己的工作，教给处理工作的过程，则上司无法不信任他。因此，即便在下属休假中找了一个替代的人，也会仅仅把他看作暂时替代的人。稍有放松就会被吃掉的丛林生存法则，在职场这个地方也适用。因为休假就放松的借口是行不通的。

实战！适用于职场的对话法

休假是必要的。因为不充电，就无法有更好的发展。但是你在休假期间，公司也还在照常运转，你负责的工作也要继续。休假期间也要使自己的存在被认识到，这样才更有利于你的位置的巩固。

休假中让你的存在被遗忘的行动	休假中让你的存在被认识到的行动
● 休假就是要充分休息，中断一切联系，好好休息。 ● 手机关机，充分再充电。 ● 休假前，将公司工作做了充分的交接，认为没有再取得联系的必要。	● 即使在休假中，也经常给上司打电话，告诉上司自己负责的主要工作该如何处理。 ● 教给替代者工作的方法，并让他意识到他只是你的暂时替代者的事实。 ● 不要和上司产生距离感，通过电话帮上司解决苦恼。

休假归来，你有没有感觉到你的位置已经变了？如果有的话，休假时你都是怎么做的，写下来。你有没有惦记你的工作怎么样了？有没有故意不接紧急的电话？如果那时的休假再来一次，你将怎么做？摸索一下新的方法。

休假中让你的存在被遗忘的行动	换一种做法？
………………………………	………………………………
………………………………	………………………………
………………………………	………………………………

否定公司的话不论何时何地都不要说

这是因为充满恶意的话会让外部只看到否定的面，随时会给公司带来害处。

黄文镐，在一家人人羡慕的好公司上班。然而他却处处对公司不满。自己看不惯的事情，无论是多小的事，都肆无忌惮地批判。聚会中，在不如他的公司的地方上班的朋友说："喂，我们要是在这样的公司上班，每天都会自豪。你住口吧。"他就会说："你们不知道内幕才会这样说。你们才是心里更舒服呢。"他就像个只有贬低自己的公司心里才痛快的人。

黄文镐人脉广，结识的人多。然而，他就像有心理问题一样，看什么都是否定的。也不是讨厌公司，只是否定地来看。因为社团活动或其他事情认识的人说："你在那么好的公司上班啊。"他如果就简短地回答"对，谢谢"也就完了，可他偏偏要说："不是这样的。光看表面怎么能知道呢?"然后历数公司否定的方面。好像对外面的人宣传自己的公司是自己的神圣使命一样，说得唾沫横飞。

就这样，有一天，顶头上司在会餐时对他说："听说你到处宣传说我们公司是不好的公司。那么是不是说在这里工作的我们都是不好的人呢?"看似开玩笑的话，但实际上是话里有话。他虽然一直贬低公司，对自己错误的行为却一点也没意识到，所以回答："不会。我在公司里学到的东西很多呢。"

上司像钉钉子一样一个字一个字地说："是吗？那为什么人人都说你因为公司不怎么样就要辞职不干了呢?"他满脸的茫然不解，愣在那里回答不出来，心突然怦怦地狂跳，看着上司的脸色。

上司瞟了他一眼，然后似乎心情变了，说："来！我们都是扎根在公司里的人，为了公司的发展，干杯!"然后高高举起了酒杯。气氛改变了，但上司刚才带刺的话还是像梦魇一样，黄文镐战战兢兢举起酒杯。

人一旦对某事物着迷，就会集中在上面。成功学学者拿破仑·希尔称其为"类类相从法则"。黄文镐开始说公司不好后，渐渐就成了习惯。他觉得说好的东西好，别人会指指点点说他臭美，所以有时候故意反着说。有时会为公司不如自己的人考虑，故意说公司不好。他认为如果自己说公司好的方面，他们有可能会觉得受伤。然而听者却全然没有领会说者的这些意图。他们就按照表面意思来理解了。

话语的意图如果说明得不明确，则人们就会有各自不同的理解。言语一旦从口中出来，就会如云似风地自由流传，变了意思。在什么地方谁的口中变成什么意思，谁也说不好。越是否定的话传得越快，变形得越厉害。加上人们的好奇心，意义便无限膨胀。对个人、公司、朋友否定的话，会莫名其妙地变个样再传回自己的耳中。

虽然如此，但很多人还是像黄文镐一样，因为担心别人认为自己炫耀，以及因为本身否定看事物的习惯，而贬低自己的公司、家族、朋友等。实际上并非对公司或家族、朋友不满，只是习惯了否定地说话。

然而与自己亲近的朋友却不是只与自己亲近。他们可能和公司的上司更亲近。他们中可能有人是某位公司领导的朋友的子女或亲戚，可能有人与内部委员们有独特的亲近关系。你并无他意的一句话，经过他们各式各样的理解和传达，最后可能变成一颗投掷向你的炮弹。

如果公司的高层领导听到外面的人说："XXX 总是说公司这样那样的不好。"那么领导对 XXX 会怎么想？领导会有这些想法："这个员工一点也不为公司而自豪，他对工作不会有责任心的。""他如果升职后知道更多公司的高级情报，就会有泄密的危险。在他升职并拥有知道更多公司高级情报的资格之前，一定要处理他，消除隐患。""他会把对公司否定的看法传染给那些为公司而自豪的人。要将好职员与他隔离开。""对公司这么不满，随时都会辞职，所以他属于没用的人了，就让他自己辞职，或者给他冷板凳坐，使他无法熟悉重要的工作，然后自动辞职。"

事实上，向亲近的人说自己公司坏话的人中，很少有如上司想的那样充满恶意的人。更多的人只是说说而已，与实际行动无关。他们可能是因为从小的时候起就否定地看事物，所以养成了否定地说话的习惯，或者曾经因为说话时炫耀而受到很深的伤害，从此就回避炫耀的话，故意否定地说话。然而并不仅是含有恶意的话才会被听成含有恶意的话。有时没什么其他意思的话，被恶意地解释，也会变成充满恶意的话。

如果你不想因为自己说过的话而被公司抓住把柄，从而陷入困境，那就不要对公司外部的人说公司的坏话。言语支配思想，思想支配行动。因此，如果你说公司的好话，就更能看到公司肯定的方面，就会产生爱公司的心。

上司们认为在公司外部的人面前说公司坏话的人是不好的员工，原因是充满恶意的话会使别人仅看到公司否定的方面，不知什么时候就会给公司带来损失。所以马上停止并无恶意地贬低公司的行为，这才是明智之举。

实战！适用于职场的对话法

很多人并不知道对公司和上司不满会给自己带来多大的坏处。对公司否定的看法和言谈与否定的行为连接在一起，不仅会堵死自己发展的道路，更会使你无法在职场中扎下根来。

关于公司否定的话

- “我们公司的领导都是冷血动物。”
- “我们公司表面上华丽而已，上司根本做不了下面人的楷模。”
- “我们公司没必要的官僚主义很多，给职员们的能力上了枷锁。”
- “我们公司不像表面上看起来那么有前途。”
- “我们公司做决断的过程太长，真奇怪公司竟然还能运转。”

关于公司肯定的话

- “我们公司领导对职员的训练很努力。”
- “我们公司的领导们有时会表现出很人性化的一面。”
- “我们公司很严格，对任何事都很慎重。”
- “我们公司正为了持续的发展而努力。”
- “我们公司做决断时对每个细节都要审查，所以时间稍微长一些。”

你有没有说过公司的坏话，不管是不是出于恶意？如果换个说法，怎么说？将你的经历和如何改正写在下面。

你说过的关于公司的坏话	换一种做法？
....	....
....	....
....	....

04 成为职场主流人士的对话习惯

西班牙哲学家兼作家巴塔沙·葛拉西安（Baltasar Gracian）说："通过声音就能知道金属的材质，但人应该通过对话来确认彼此的存在。"韩国也有"身言书判"的说法，意为通过肢体语言、语言、文字，就能判断一个人。

职场人也是一样。通过一个人的言谈举止，便不难判断他将成为职场主流人士，还是成为边缘人。然而，只要下决心，言谈举止是可以改变的，所以现在的边缘人如果能对主流人士的言行进行标杆分析，并将其打造成自己的言行，则也可以成为主流人士。

从现在起，观察职场主流人士的对话习惯，通过对此的学习，摸索出使自己步入主流的道路。

先说"是"，然后加上自己的意见

在职场这样一个地方，即使是工作以外的事情，如果给上司不好的印象，也会不管怎么有能力，都将成为无用之物。

金部长满脸不快地唠叨着：

"得给那个固执的家伙一个教训了。怎么能在这么小的事情上也疯了一样的固执呢？"

金部长是足球界有名的消息通。足球选手们的战绩、家族关系、花边新闻等，对各种情报了如指掌。与部门职员们分享这些消息，听他们的感叹，是金部长唯一的爱好。

然而，新调过来的进公司已有三年的郑海淑却成了他这唯一快乐的威胁。更年轻、更有全球化感觉的郑海淑，对于足球界的消息，总是领先金部长一步。他20多岁，而金部长40多岁。郑海淑就像个20多岁的人一样，总能以惊人的速度通报足球明星们的年薪、战绩、转会、夫妻及家庭关系等最新的动向。因为不存在语言问题，他可以自由地浏览国外的网站，所以总会领先金部长。

金部长靠足球而聚拢在下属中的人气，如今就像自己的阵地被侵占了一样，所以内心里非常不喜欢郑海淑。虽然并没有因为这样的私人原因而与下属作对的想法，但是不知不觉地对待他时就有些毛刺刺的。

一天，这种毛刺刺终于演变成了矛盾。原因是郑海淑将法国籍足球选手昂利转会西班牙的问题和离婚的问题联系到一起来说。之前任何人都不知道昂利转会竟和离婚有关系。在足球界消息上很自负的金部长否认这个消息。他让职员们相信郑海淑的消息是错误的，由此流露出了想要重新找回足球界消息通位置的想法。

金部长积极否认郑海淑关于昂利与夫人不合的说法。而不会审时度势的郑海淑却得意洋洋地说："走着瞧。我是从专业的消息通那里听到的消息。过几天，如果证明我的话是对的，大家请为我鼓掌啊。"

这次，金部长显出了决不后退的气势。郑海淑相信，这种对话与工作没有直接关系，所以哪怕对方是上司，如果是对的，也应该就说对。当金部长想要推翻他的说法时，郑海淑更加气势汹汹，直接到外国网站上去查找消息。

金部长也毫不示弱，他肯定地说："这家伙怎么这么固执？不是昂利的夫人阻止他转会西班牙，而是因为经纪公司的利益权利。对法国人来说，西班牙的体制比英国的更适合他。丈夫这么能赚钱，即使夫人本人是英国人，也不会以此为理由阻止丈夫去西班牙。"

而曾经有过在欧洲生活经历的郑海淑却说："不是这样的，对英国女人来说，钱可没有她们想住在哪里重要啊。"非要损伤金部长的自尊心不可。

"看起来你在那里住过？我们国家有些人，不过在国外住了一两年，就自以为了解全世界的文化了。"

郑海淑认为金部长是因为自己处境不利，所以就转而对他进行人身攻击。所以他也毫不示弱，怎么想便怎么说："不管一年也好两年也好，出去过的人和没出去过的人，还是不一样啊。”两人都很激动，该说的不该说的都说了。

两人吵了起来，这时几个职员过来劝架。

“郑海淑，别这样，快去工作。”

“金部长，请镇静。这不是什么重要的事……”

表面上，似乎告一段落了。然而金部长因为这件事而被严重伤害了自尊心，所以对郑海淑怀恨在心。当初，工作出色、有眼力劲、又有海外经历的郑海淑申请调入这个部门时，金部行毫不犹豫就接受了。然而现在他却十分后悔，觉得接受这个“一瓶不满，半瓶晃荡的没本事的家伙”是个错误。

这件事情之后，金部长暗地里只将不怎么重要的工作交给他去做。这是因为越是部门里重要的工作，越是需要部长与员工之间密切的讨论，而金部长可不愿意和他讨论。所以虽然并非出于恶意，但是自然而然地郑海淑的工作能力就减弱了。

这样一来，虽然郑海淑调入了这个部门，但却根本没有机会接触自己想要学习的工作。只能做一些琐碎的与自己的工作能力毫无关系的工作。他处理工作很快，总是很快就完成了被分配的事情，然后余下的时间就到原来的部门去，和同事们讨论足球话题，打发无聊的时间。

然而金部长连他离开座位也不放过。

“郑海淑去哪里了？我得对他说，工作时间不要擅离座位，马上带他过来。”

在郑海淑的立场上，部长不给他分派合适的工作，只让他在座位上坐着，即使是拷问也没有这么拷问的。他不自觉地就不满地发牢骚说：“以前的部门不是这样的，现在这个部门怎么会这样？”部门同事们渐渐地开始避讳总是愤愤不平的他。不知不觉，部门里便没有人再理他，他堕落成了一个无法发挥工作能力的无能的职场人。

只要在学校成绩好，在父母师长那里就什么都好的被捧在手心里长大的这代人，如今已经进入社会，成了职场人。他们对网络超级擅长。不论什么信息，都能比上一代人收集得更多。生于全球化的时代里，海外经历也很多，有能力不分国境地接收高级内容，在知识和常识方面一点也不比前一代人逊色。

然而职场可不是仅凭这些就可以畅通无阻的地方。在职场，即使是工作以外的事情，如果给上司不好的印象，不管怎么有能力，都将成为无用之物。所以成为职场主流的人们即使在闲谈时，也会追随上司，不会固执。哪怕上司说错了，也会先说："对，您说得对。"然而上司也会经常发现自己的信息有时候是错的，这样一来，如果你总是无条件说对，上司就会误以为你瞧不起他或戏弄他。

因此，如果上司说得不对，你应该说："对，可以这样认为。但是也可以这样考虑。""对，部长您想的没错。我在一定程度上也同意您的想法。但是我觉得XXX部分也应该补充进去。"这是要成为职场主流必需的交谈方法。即使立场相反，也会既不伤害对方，又能说出自己的想法。

实战！适用于职场的对话法

"错了就承认错了，有什么不对吗?"几乎在每个职场，都会有这样一两名与上司高声争吵的新人。并不是说不要去纠正错误。在职场中，为了适合组织的特点，考虑上司与下属之间关系的特殊性，应该婉转地、退一步地表达自己的意思。这样自己才不会陷入不利的境地。

埋下祸端的对话法	预防祸端，带来和平的对话法
● 只要不是公事，准确传达自己熟悉领域的信息就很重要。即使显得固执，也要纠错。 ● 上司也不是什么都知道。他说错的信息，要马上纠正。	● 虽然对方的信息是错的，也先说"是"，消除对方的敌意，然后再表达自己的意见。 ● 即使是私人对话也不要固执己见，应迂回婉转地说出正确的信息。

你有没有就非工作上的事情，与上司高声争论是非？如果在现在，你会怎么说？在下面的空白处写下来。

因小事埋下祸端的话	换一种做法?
……………………………	……………………………
……………………………	……………………………
……………………………	……………………………
……………………………	……………………………

抑制感情，理性地说话

在公司内，大喊大叫的你，即使想法正当，透过透明玻璃观察你的上司也会认为不究原因大喊大叫的你有问题。

金惠芝因为同时进公司的比自己小一岁的徐敏慧而觉得职场生活如鲠在喉般别扭。她们进入公司后，一直坐相邻的位子，就在不久之前还像姐妹般很亲密。

然而近来，徐敏慧明显地回避金惠芝，只因为一件很小的事情。最近，来了一位新部长，决定要改变办公室的环境。金惠芝建议为了使办公室的环境更舒适，应该买些热带植物。办公室里有足够的空间放植物，大家几乎异口同声地同意了她的建议。

要搬进一些大型的热带植物，办公室里需要一些小挪动，所以那天所有职员做完工作后，就顺手开始打扫角落的尘土，更换画框，美化环境。大家都在忙碌，但不知为何，唯独不见徐敏慧。金惠芝猜测："她没跟我说什么，可能突然有什么忙事吧。"这件事就过去了。

但是第二天开始，徐敏慧就开始回避金惠芝的目光。金惠芝不明就里，郁闷极了。徐敏慧总是回避她，根本不给她询问原因的机会。隔阂感马上就产生了。

不久，两人间发生了冲突。徐敏慧既是部门的总务，又是会计，所以部门职员们都将各自的工作费用发票交给她。她的性格非常执拗，如果不按时将发票交来，她就会大喊大叫。

与徐敏慧产生隔阂后，一天，金惠芝忽然在抽屉深处发现了一张两个月前的发票。以前两人亲密时，偶尔发票交得晚了，徐敏慧也不会说什么，找个办法就帮她处理了，然而这次估计不会再像以前那样容易，金惠芝心里很不安。不过快点交上哪怕一天，问题可能也会小一些，所以金惠芝拿着发票向徐敏慧走去。徐敏慧冷冰冰地看着她。金惠芝也很暴躁，但她忍着尽量温和地说：

“真对不起！我以为都准备好了，没想到落下一张发票。”

然而徐敏慧好像在等着似的，说了句：“总是这样。根本不考虑别人的情况。”然后一把夺过发票。不知从何时起，她口中“姐姐”的称呼也没有了。金惠芝积压的愤怒终于忍无可忍。

“太过分了吧？人在工作中，难免会发生这样的事情。你至于这个样子吗？”

由于一直以来堆积的不满，她的嗓音很激昂。徐敏慧冷冷地打量着金惠芝，然后腾地站起来，出了办公室。金惠芝不由自主地说：“哎呀，真不像话。我一直以来对你怎么样？到底为什么？”金惠芝家很远。所以一年前她买了一辆车，经常让徐敏慧搭车。她想起了很多对徐敏慧好的事情。觉得她背叛了自己。她自言自语着，知道两人关系的同事们偷瞄着她。真没面子。真想追出去问个明白“到底为了什么，你对我这样？”但是自尊心不允许她这样做。

徐敏慧的立场不同。部门美化环境那天，她偏巧有已经约好的很重要的事，因为无法取消，所以她没有参加清扫，新上任的部长肯定对她印象不好。金惠芝不考虑别人的情况，一心想向新任部长表现自己，提出那样的建议，不顾她的窘境。她甚至有了这种扭曲的想法：“没错，她就是想让我离职走人。”

对于小事也无法忍耐的徐敏慧，马上通过行动传达了自己的感情，两人间的误会马上变成了一块大的绊脚石。而对徐敏慧的这种心情一无所知的金惠芝，只能由于徐敏慧在那天早晨突然180度大转弯的态度而不快。

职场是形形色色的人聚在一起，共同生存的地方。共同追求利益，但也会像上面的两个人那样，因为个自的利益而发生冲突。个性与思考方式不同的人们，在同一个地方，怀着同一个目标，共同生活，其间对方也许会因为你的无意识的举动而受到伤害。

像金惠芝一样，虽然自己似乎没有做错任何事情，但可能因为某件意想不到的事情，对方便觉得受到了伤害并对她出言不逊，有即使是很小的一件事情也要将责任推到别人身上的人，也有在上司面前溜须拍马在同事面前口无遮拦的人。

在任何组织里工作，都会遇到至少 20% 你根本理解不了的人。又名“帕雷托法则（Paretoprinciple）”的 80/20 法则，是距今 100 年前的意大利经济学家帕雷托在研究英国富豪收入时发现的理论。原本是说 20% 的人口拥有 80% 的财产，现在很多学者通过事实证明，这条法则也适用于人际结构中。

总之，不管你去哪家公司工作，总会有你不喜欢的同事，这是事实。职场就像一个从外面看得清楚从里面看不清楚的房子。你自己看不清楚，但管理层却能将你的一举手一投足全部看得清清楚楚。因此，因为 20% 你看不顺眼的同事，公然地感情用事，反而会让上司对你的印象不好。在公司内，大喊大叫的你，即使想法正当，透过透明玻璃观察你的上司也会认为不究原因大喊大叫的你有问题。

在职场中成为主流的人士深谙这一现实。所以不要期待与同事感情一致，因为对方的原因心情受伤害也要控制感情，不要吵架。并不是不当面冲突就可以了，每次见面时都横眉冷对或冷嘲热讽，积累下来，早晚会大爆发，所以要研究一个不吵架就可以解开心结的方法。不要因为生气就和别人吵架。

请对方喝个酒，或吃个饭。席间对对方说：“我只相信你。”使对方无二话可说。可能你并不愿意，但重复几次之后，你就会养成对讨厌的人说好话的习惯。此习惯正是加入主流人士的门票。

实战！适用于职场的对话法

在职场生活中，总会有你不喜欢的同事。可能并非由于工作上的原因，仅仅因为你对其某个举动或语气看不顺眼。但是在职场，不可以表露出这样的感情。不要期待职场同事像家人或朋友一样与你感情一致。即使不喜欢，也不要感情用事，要理性地说话。

感情用事的对话	理性的对话
●“太过分了吧？太过分了吧？人在工作中，难免会发生这样的事情。你至于这个样子吗？怎么有你这种人？” ●“我被你气死了。一直以来，我对你怎么样？你却这样对我？”	●“你这么说让我心里很难过。我们谈谈，把误会解开吧。” ●“我相信至少我们之间不会因为这么点小事而产生裂痕。小矛盾谁都会有。我让你难受的事情，请原谅。如果我遇到这样的事情，我也会原谅。”

有没有因为同事让你心情不好而感情用事？之后情况有什么变化？如果可以重说这些话，你怎么说？把你的经历和应该如何改正写下来。

感情用事的话	换成理性的对话法？
………………………………	………………………………
………………………………	………………………………
………………………………	………………………………
………………………………	………………………………

不说没必要的话

废话多的对话无法清楚地表达出你的意思。

田英世，在职业生涯管理上花了很多心思。他的梦想是不在同一部门内停留超过三年，然后换部门，熟悉职场整体流程，然后成为委员。

然而这个梦想在第一个部门就被束缚住了。他头脑灵活，工作效率高，所以部长不放他走。部长拜托他，要是想换部门，也要等部长先换，他再换。田英世有强烈的梦想，但碍于情面，无法坚持自己的主张。一直以来，如果哪个职员处理工作出现问题，部长就会把工作转交给他信任的田英世。因此部门的重要工作一直集中在他身上。结果就是如果田英世要离开部门，则很难再找到一个可以接替所有他负责的事情的人。

为了自己的安全，部长也不能放田英世走。因为部长的自私，田英世已经在部门停留了五年了。他明知要想实现梦想，就不可以在现在的部门继续待下去，但是他无法拒绝部长的劝说。他想趁年轻学习经营。若想成为以 B2B 经营部分为核心部门的这家公司的主流人士，就必须要熟悉 B2B 经营。急切的田英世决心绝不放过这次的定期人事期。对着镜子，每天坚定意志。他 32 岁了，镜子中的他眼角已经出现了皱纹。

“不行！再在这个部门待下去，我的职业生涯就不会有发展了。”

“我也想继续和部长一起工作。但是现在我要学习其他的工作。我最终想做的工作不是现在这个。”

对着镜子练习了无数次的话，终于下定决心去见部长。但是洞穿他心意的部长，一见到他就先发制人。

“如果你能坚持到下一个人事期，我真的一定送你去营业部。我也要离开公司，怎么会对你说谎呢。”

部长的先发制人使他对着镜子努力练习的话一下子忘到了脑后。也许因为田英世本来就是说话时废话多的人，啰里啰嗦地开始说起自己的想法。

“我现在也 30 多了，父母一直催我成家。结婚的话，现在的女人，你要是不帮她们做家务，她们就不高兴，所以又要做家务又要带孩子。”

他从与正事无关的私人情况开始说明。部长很了解他的这个性，所以狡猾地将话题向自己的方向拉。

“对呀。现在的女人太不像话了。男人要是像以前一样大男子主义，可能连饭都吃不到了。结婚之前就觉悟到这些，也算英明。好，有女朋友了吗？”

“以结婚为前提的女朋友还没有。”

“那么有只恋爱的女朋友？”

部长露出胜利的笑容。现在相比于换部门之类的公事的话题来说，气氛太放松了。话题不知不觉已经转到了结婚上面。原本下定决心这次一定要说的换部门的话也变成了“这话一定要说，但是……”

在职场中，讨论重要的事情时，如果无用的话太多，就会变成私人谈话，而真正想进行的谈话却无法进行，最终很容易后悔。在职场中成为主流的人士，在正式谈话中绝对不会有多余的话。所谓对话，不是一个人可以实现的。一般需要与对方协调。对方会有与自己不同的想法，所以引导对话向自己希望的方向进行并不容易。即使已经开口说了我想说的话，但如果对方将对话向毫不相干的方向拉，也可以拉得过去，这就是对话。

废话多的对话无法清楚地表达出你的意志，就好像是在对对方说，你把对话引到你想要的方式上去也可以。这是因为大部分废话多的话，即使有重要的内容，也会因为闲谈的进行，而使真正核心的对话无法进行。

因为这样的特点，在职场中成为主流的人，在正式对话或重要发言中，为了提高自己发言的力量，不会说废话，只会将需要的话精炼后说出来。正式对话中废话过多的话，不仅会使对话的质量下降，还会因为解释错误的增加而造成不必要的误会。说来说去不但浪费精力和时间，结局也有可能不愉快。

举例来说，上班迟到的话，一句“对不起”就结束，出现失误后也不要辩解，说一句核心的话“对不起。下次一定注意”，就可以清楚地表达歉意。

实战！适用于职场的对话法

在职场中，精确地传达信息非常重要。为了在人际关系中不引起误会要如此，为了通过沟通来开展工作，追求工作的高效和准确也要如此。特别是正式对话中，更需要简洁明了的对话法。

因为废话使言语价值下降的对话法	提升言语价值的简洁明了对话法
● 因为事无巨细地谈论个人私事，以致难以找到正式谈话的意义。 ● 长篇大论的道歉和辩解	● 如果是对公的正式谈话，就只谈对公的内容，简洁明了。 ● 道歉时，只简洁地说一句“对不起”，不要说废话。

你有没有过这样的经历，本应明确地传达信息，但因为加进了没用的私人内容，所以结果很狼狈。’如果再遇到这种情况，怎么说比较好，写写看。

因为废话使言语价值下降的经历	换一种做法？
…………………………	…………………………
…………………………	…………………………
…………………………	…………………………
…………………………	…………………………

让不安的上司放下心来

在监督者的立场上，他们时刻想知道部下职员是否在没有差错地进行工作，做得如何。所谓智者千虑，必有一失，即使几次都做得很好，但如果有一次出差错了，也会导致很大的损失，而这损失是要由监督者来负责的。

“什么？说我偏心眼？我哪有！”

杨武熙部长大喊起来。

在他的部门中，有个工作很出色的名叫郑赫淑的职员。但是他从来不做中间报告，让上司颇为郁闷。相反，还有一名职员姜淑喜，工作处理一般般，但哪怕很小的案子也会及时向上司报告。部长心中经常将两人进行比较。

几名职员私下里和部长一起去喝酒。某人开了个带刺的玩笑：“您是不是因为姜淑喜是女人，就偏爱她呀？”杨部长从来没有对职员区别对待，所以像上面那样大喊起来。

杨武熙部长是相对公正的人。按照工作质量，好与不好，赏罚分明。所以成了公司里有名的中心人物。然而，这样的他竟然被误以为偏心眼，而且是说他只偏爱女职员。职员们的玩笑，让他多少受到些打击。即使是玩笑，也一定有开此玩笑的原因，所以他受了些打击。

但是，他确实从来没有因为姜淑喜是女职员而对她特别照顾。仅仅因为她无论做任何工作，都会努力做好中间报告，所以觉得和她一起工作更方便。

郑赫淑确实是有卓越工作能力的职员，任何工作都应对自如。但是如果出一次事故，也会有大问题。他从来不做中间报告，没办法事先纠正。但是世界上没有完人，因为他很少会出现失误，所以其他部门的部门长们特别希望拉他过去。

杨武熙部长的想法却不一样。郑赫淑在执行项目的过程中，如果有不知道的地方，既不会来问部长，也不会写中间报告。要去做市场调查时，不说："我去XXX做市场调查。"而是扭捏地说："我……我出去一下。"虽说他已经在外出日志上写明并已经得到了批准，但是作为部长，很难事无巨细都记得清清楚楚。比如，如果是一早做的决定，忘记是很正常的。所以每次他说"我出去一下"，部长都要再问："去哪里？"

姜淑喜就不同了，她总是准确地报告说："部长，我去XXX做一下关于XXX的市场调查。因为还要去一下XXX，所以大概需要三个小时。如果交通状况不好，时间可能还会长一点。"部长想要知道的所有事项，在发问之前，她就都说出来了。

郑赫淑在项目进行中，所有事情只有被问到了，才会说。每当这时，部长都会觉得自己似乎是在干涉员工的工作，觉得很不舒服。偶尔也会恨恨地想："工作好就了不起吗？"郑赫淑工作做得很出色，但是从来不为交给他工作的人着想。偶尔杨武熙部长也会对他说："我也应该知道工作进展得怎么样了，是不是？可能的时候，告诉我一下。"他却并不回答，只是低下头。然后还是一样。

姜淑喜却恰恰相反。经常做中间报告，有时甚至太多了。所以部长对交给她的工作的进展情况知道得一清二楚。当有紧急的事情需要报告，部长却不在座位上时，她会将进展情况密密麻麻写在即时贴上，然后贴在部长的电脑屏幕上。以部长的立场来看，不管她工作好与不好，把工作交给她就是安心。因为即使中途她的方向不对，也很容易及时改正。

相反，郑赫淑不做中间报告，小小的失误也有可能发展成大事故。因为无法在中途纠正错误，所以如果在工作完成后才发现有问题，就要从头开始重新做。时间、能源、费用的浪费会很大。职员们都觉得他像老黄牛一样勤勤恳恳工作，突出的成绩也很多，所以应该是部门里面工作最多、受评价最好的一个。然而部长不同意职员们的看法。因为要对他负责的工作做一次中间检查很麻烦。而且，虽然想着"他会看着办的"，但心里总是有隐隐地不安。部长对姜淑喜比对郑赫淑更有感情，也是这个原因。

不只是杨武熙部长，世上所有的上司，都最有可能将经常做中间报告以打消自己不安的职员带入公司主流，而非能力卓越却不做中间报告的职员。在监督者的立场上，他们时刻想知道部下职员是否在没有差错地进行工作，做得如何了。所谓智者千虑，必有一失，即使几次都做得很好，但如果有一次出差错了，也会导致很大的损失，而这损失是要由监督者来负责的。

成为职场主流的人士，都清楚地知道上司的这种心理，所以总是努力地做中间报告。为了使上司能够洞悉事态发展，情况稍有变化，就会马上报告。

中间报告不一定非要用言语来表达。手机短信亦可，邮件亦可。即时贴也可以。比工作能力更重要的就是中间报告！让不安的上司放下心来，就是获得比工作成果更多的考核分数的秘诀。

实战！适用于职场的对话法

不是说像老黄牛一样勤勤恳恳工作就能被承认。我已屡次说过，这是因为职场不是一个人工作一个人出成果的地方。彼此的工作互相关联，尤其部下的工作就是上司的工作。所以，为了不让上司不安，更为了工作不会出差错，养成做中间报告的习惯就非常重要。

不妥的中间报告

- 因为上司问到，才做中间报告。
- 觉得迅速完成工作更重要，于是中间报告就省略掉了。
- 出现问题时才做中间报告。
- 出现问题，作为负责人的我要尽最大努力解决问题，实在解决不了了，再做中间报告。

优秀的中间报告

- 每当进展内容有变化时就报告。
- 紧急报告，可以使用手机短信或即时贴。
- 有发生问题的苗头时，及时报告。
- 要搞清楚问题时，不要一个人慌里慌张地解决，直接向上司报告。

有没有因为同事让你心情不好而感情用事？之后情况有什么变化？如果可以重说这些话，你怎么说？把你的经历和应该如何改正写下来。

回想你的经历，写下你的中间报告方法及结果。

你的中间报告方法	好的中间报告与不好的中间报告			
	好的报告			
	不好的报告		怎么换成好报告?	

大声问好

试过一次后，以后大声问好就不难了。有时候如果错过了，甚至会追上去问好。从此，以前只觉得厌倦辛苦的职场生活也渐渐变得有趣起来。

池贤旭近来的职场生活一点意思都没有。每当她抱怨职场生活时，大学毕业两年了还没有找到工作的同学们就会当面反驳她：“现在就业多难啊，你还这样说？这世界上哪有舒舒服服赚钱的地方?”她却不这样想。每天被上司为难，能倾吐心事的同事一个都没有，职场生活孤苦伶仃。

她工作的公司是一家化妆品公司。连锁店很多，所以定期职员培训很多。甚至有大声问好法这个幼稚的科目。由于反复培训的原因，大部分职员即使彼此不认识，也会大声地说：“早晨好!”但是池贤旭还无法接受这个。看到上司，想大声问好，可是话在嗓子眼里就是出不来。如果上司对你说“早上好”，回答才是礼貌，这些她都学过，但声音总是在舌尖绕来绕去，最后含含糊糊地说出口。为了避免这种尴尬的局面，只要上司在附近出现，她就会故意躲开。

她被安排去巡视卖场评价运营情况的工作。就是和几个职员一起，装作客户，走访各连锁店，检查职员们的态度、产品陈列、卖场清洁度等。通过几次走访，她发现卖场可以分为三类。一是客户一走进卖场，职员们就大喊“欢迎光临”；二是几个职员用目光和客户打招呼；三是职员们在闲聊或做别的事情，不向客户问好，然后悄悄走到客户旁边问“您需要什么?”

这项工作快要结束时，池贤旭只要看到职员问好的情况，就能推断出这家卖场的经营状况。基本上，当装作客人的她们走进店里时，职员马上大声说“欢迎光临”的店，清洁状况非常好，职员也亲切。当客户要求帮忙找东西时，他们迅速就能找到。就连觉得大声问好别扭的她，当店员们不问好，只悄悄走过来问“您需要点什么”时，也会觉得他们是“轻视客户”。

接受这项工作前，进入卖场时，总觉得大声喊“欢迎光临”的职员们很奇怪。有时甚至会皱着眉头想：“有这么大声的必要吗?”然而在做卖场经营情况调查时，亲眼目睹了勤于问好的职员们所工作的卖场比其他不这样的卖场优异得多的事实，所以对问好的观念来了个 180 度大转变。

她很想知道仅仅是问好而已，为什么会有如此大的影响。为了写好报告书，参考了很多资料。在此过程中，知道了“语言支配思想，思想支配大脑，大脑支配态度”这一事实。终于理解了近来公司为何不惜血本，对职员们进行那看起来幼稚的大声问好法培训。

回到本社，现在的她在早晨总是首先大声问好。有了一次开口后，以后大声问好就不难了。有时候如果错过了，甚至会追上去问好。从此，以前只觉得厌倦辛苦的职场生活也渐渐变得有趣起来。被上司为难时也不会不高兴了。亲近的同事也多起来。以前板着的面孔渐渐舒展开来。和以前用目光问好的时候相比，与同事们亲近多了。与其他部门之间的合作也更容易进行。因为大声问好的原因，自己敞开了心灵，而随着自己敞开心灵，同事们也敞开了心灵。《胜利的习惯》的作者全玉彪代表说：“问好绝不仅仅是形式。它是对一个存在的承认与尊重的表现。”人在受尊重时，就会敞开心门。所以成为职场主流的人士们，都擅于问好。普通的职员们会问：“问好？为什么那么重要?”他们认为彼此都认识，用眼睛打个招呼就足够了。

然而只有说出来，大脑才能改变思考。只是一个微笑，刺激不到大脑。只有大声地用语言表达，才能知道：“啊，原来我很尊重这个人啊。”所以说，凡是成为职场主流的人士，都认为大声首先问好很重要。

朴明镇，谦虚、和气、亲切，工作能力也不差。但是同事们总是瞧不起他。特别是同时进入公司的崔英宰总是欺负他。崔英宰是攻击性的、充满自信的。与朴明镇正相反。他经常像对待下属一样命令朴明镇。

〈问好〉

实战！适用于职场的对话法

对非营业职位的人来说，首先并大声地问好并非易事。如果没有欣然接受的人，回声在虚空中回荡的情况更是如此。但是一天、两天、三天都首先问好的话，原本害羞的人也会回答你。这就是敞开心门的开始。

无法敞开心门的问好	使心门敞开的问好
● 什么也不说，只用眼睛问好。 ● 用很小的声音害羞地说："您好！" ● 说"您看起来很疲惫的样子"。使对方很担心。	● 用大而明朗的声音问好："您好！真是个美丽的早晨！" ● 大声说"请进！""欢迎光临！" ● 洪亮明朗地说："您气色真不错！"

回顾你在公司里的问好。有使对方敞开心门的，也有并非如此的。怎样改进比较好？写在下面。

你问好的话	换一种说法？
…………………………	…………………………
…………………………	…………………………
…………………………	…………………………
…………………………	…………………………

不要用软弱的语气

用软弱的语气说："我没有在丛林中生存的意志，请随便处理吧。"这就和一块将自己的性命交出去的指示牌一样。

"朴明镇，给我拿点复印纸来。"

"朴明镇，去前台把我的报纸拿来。"

就连朴明镇的后辈也傲慢地对他说："朴明镇前辈，听说你帮我接电话了？你难道就不能把电话内容记录下来吗？"朴明镇不是傻瓜。他们攻击性的话语使他很受伤。但是他没有勇气说："为什么这样和我讲话？"

他在职场中被瞧不起的最大原因是他说话时软弱的语气。他比谁工作都勤奋，但却得不到上司的认可。因为他的语气太软弱，所以使交谈的对方产生了瞧不起他的心理。

在会议中，他说话也是这样："我是这样想的，但是要不这样……""好的意见很多，不是我说好就能决定的。"反复说着没自信的话，抓不住主题。"我也不知道我的意见对不对……""我也不自信……""我也不知道我的意见好不好。"毫无士气的开头，使听的人首先产生否定的印象。

急脾气的同事们说："这不是白白浪费时间吗？觉得不会被接受的话，干吗要说？说你没意见不就行了吗？"崔英宰更是不等听完他的发言就当面驳斥他："你这也叫说话吗？"然后一句："来，我们把刚才 xxx 的发言再讨论一遍。"就将朴明镇的发言置之不理了。主持会议的议长努力地给被冷落的他提供发言权，一旦满足了他，就用一句"好，就这样"，将发言权转给其他人。

朴明镇虽然语气软弱，然而头脑很好。奇特的创意很多。有些机灵的同事将他磨磨叨叨发表的创意归纳总结稍加润色，就用作自己的创意来发表。大体上创意都会被采纳。朴明镇心里嘀咕着："剽窃别人的创意！"却没有勇气堂堂正正地抗议。他软弱的语气造成了很多这样委屈的事情。

不仅是在会议中，请上司为提案做决定时，也是如此说话。"不知道部长会不会喜欢这个意见……""虽然我是很努力做的……""不知道别的同事会怎么想……"等等。使得自己写的很棒的提案书也贬了值。

就这样，他比任何人都诚实，比任何人都勤奋工作，却因为语气的原因，得不到承认。接受上司的命令时，也说："这么大的事，我不知道做不做得了。"使得上司十分不安："这家伙能行吗？"在上司的立场上，他软弱的语气，只会使上司担心他能不能正常完成工作。

"这事我不知道能不能做……"之类的话，使上司又多记住了一条你的缺点。主流人士们接到无法预料结果的命令时，也会堂堂正正回答："是，我来做。"即使真的超出自己的能力，也会说："请您帮我补充 × × ×。这样就没问题了。"这样一来，分派工作的上司就放心了。

即使失败了，上司也会记得接受任务时的气魄。提供一个创意时，通过"请一定要接受这个创意。会对公司大有好处的"。这样说话，表达出强烈的意志。这样说话，才能成为职场主流人士。

语言是很抽象的。对方要将抽象的话再次组成具体的意义。因此话语软弱的话，听的人就无法明确地将意思勾勒出来。听的人不会认为解释不明白是自己的问题，只会认为是发言者的问题。当发言者降低自己的发言的价值时，听众就只能以更低的价值来接受。

职场就像一个稍一放松就会被吃掉的丛林。用软弱的语气说：“我没有在丛林中生存的意志，请随便处理吧。”这就和一块将自己的性命交出去的指示牌一样。

语气是盛着话的碗。碗干瘪走样的话，即使盛着甘甜的水或美味的食物，也体现不出真正的价值。所以在职场中，成为主流人士的人们绝对不会使用软弱的语气。

“真抱歉，我知道公司的工作很忙，但是我明天因为个人的原因，想休月次休假，可以吗?”

主流人士不会这样说的。

“我明天要休月次休假。明：天要处理的事情我已经事先处理了，无法处理的事情，我移交给了 xxx。”

如此郑重而堂堂正正地说，不得已要缺席时也一样。

“我知道您希望全员参加，但是我家里的活动本来很久以前就计划好了，从外地来看我的亲戚也很多……怎么办呢?”不要用这样可怜兮兮的语气说。

“我家里有我不能缺席的活动。这一次不能参加了，请原谅。”要这样有自信地说。犹犹豫豫地软弱地说话，话语的价值也会随之降低。同样的申请，上司却会想：“为什么这家伙总是找借口?”这样的事情留在记忆中，下次再发生类似的事情时，上司难免会想：“上次就这样说过。”

想要成为职场主流人士，检查一下，你的语气是不是软弱。如果是，赶快换成强势的语气，并开始用到工作中。

实战！适用于职场的对话法

在职场中，有无能力当然可以用绩效来确定，但从语气上也能推断得出来。堂堂正正充满自信的语气，让人无法小瞧，而且值得信赖。给自信的人更多重要的工作也是理所当然的。

让人瞧不起的软弱的语气	自信的堂堂正正的语气
● “不知道我的意见合不合您的心意……” ● “我不知道能不能做好……” ● “我知道公司很忙。我也觉得很抱歉，但是需要休月次休假……” ● “我知道应该去参加会餐，但是外地的亲戚们特意来看我……”	● “如果诸位热爱公司，那么我相信，诸位一定会同意我的意见。” ● “我会努力做好。如果您帮我补充XXX，我更有做好的自信。” ● “我因该休月次休假了。现在可以处理的工作我已经处理好了，事先无法处理的工作，我移交给XXX了。” ● “家里有个我不能缺席的聚会，请您批准我不参加会餐。”

看看你在公司里使用的语气。有没有因为你担心显得狂妄，或者因为你真的没有自信，而使用很软弱的语气？如果有的话，怎么换成堂堂正正的语气才好？想想看。

你使用过的软弱的语气	换成堂堂正正的说法？
…………	…………
…………	…………
…………	…………

不要用空话来许诺

在职场中，一旦信任破裂，哪怕是积累了10年以上的友情也会一下子崩溃。

郑民宰接到一个意外的电话，心里很激动。是因为不久前促成一次小交易的客户那边的职员申贤植的电话。他在电话里说："定个日子吧。午饭好，还是晚饭好?"郑民宰一点也记不起来了，直到申贤植说："那时我不是说请您吃饭吗?"他才模模糊糊地回忆起来。

将这种话作为承诺来遵守的人几乎没有。更何况这次的交易并不是因为申贤植才成交的。申贤植公司的产品本来就很好，郑民宰公司的高层领导本来就想订他们的货，由此才成交的。基本上没有因为成交而应该被请吃饭的理由。然而申贤植说，合同书盖章那天已经约好了，由他来请客。

郑民宰在客户部工作已经很久了。大部分的客户会事前努力地联系他，许诺请他吃饭。但一旦交易完成，几乎没有遵守"有时间请您吃饭"的约定的人。

最开始，他很难理解这些说空话的客户们。然而现在他理解了，"改天请您吃饭"这句话只意味着："帮忙订货成功，谢谢。"再没有别的意义了。然而申贤植却打电话给他，将客套话当作诺言来遵守。

郑民宰在接到他的电话的瞬间，曾经怀疑："他是不是有别的事情要拜托我啊?"申贤植似乎看透了他的内心似的说："不请您吃什么大餐。不会有什么负担，请别担心。喝碗泥鳅汤怎么样？我知道一家饭店做得很好。"郑民宰也觉得这种程度没什么，于是欣然说了个可以的日期。

因为这件事，郑民宰对申贤植刮目相看。他判断"这位朋友一定会飞黄腾达的"。如果申贤植说："我）()（X点之前给您打电话。"那他就一定会给你打电话。如果要说的内容还没弄清楚，他也会打电话求得谅解。

"我还没弄清楚。请您等我到xxx点之前。"

如果郑民宰正在开会，不方便接电话，他就会在约定的时间内发手机短信过来。

职场生活10年，郑民宰见识了各种各样的客户和各种各样的人。然而基本没有见过如申贤植这样连客套话都当作诺言来彻底遵守的人。甚至有的时候，你索要他们公司的信息，很多人也就仅留下一句："我马上给您打电话告诉您。"然后就没有音讯了。有时候郑民宰还得再打电话过去催促："还没问清楚吗?"经过这样的事情，郑民宰会想："连对客户的诺言都不能遵守，别的地方还不知道会怎么样呢。"信任因此破裂了。

申贤植既不能言善辩，也不是社交型的人。他很安静，第一次见他的人甚至会说："你这么不大方的人，怎么做客户销售？"他也这么说，他们公司销售部门的人大都能言善辩或者落落大方。

然而与他的同事们相比，自从他调到销售部门以后，他的业绩升至最高，令所有人大吃一惊。

他虽然安静，但重视和他接触过的每个人的关系。从来不用空话来许诺，而一旦他说出口了，不论多小的事情，也一定会遵守。这就是他的成功秘诀。绝对不要说空话，比如："有时间请您吃饭。""我以后给您打电话。"这就是职场主流人士的语言习惯。

在职场生活中，欠客户或同事的人情，觉得怎么也要报答一下，所以客套地说："有时间一定请您吃饭。"然而，如果事情不是那么重要，事情过去了，也就忘了。而对方也觉得"有时间"这个词太模糊，所以也只把这句话当作"表达一下谢意"来接受。

然而职场主流人士们如果说了要请客或者打电话，就一定会遵守诺言，从而感动对方。他们知道，即使是很小的事情，根据性格或生活态度的不同，对方有可能会期待："什么时候遵守诺言？"他们也知道，这种时候，如果诺言被打破了，就会失去对方的信任。

信任就像一面镜子。镜子在没有问题的时候很漂亮，但是哪怕产生一点小裂痕，也会不吉利，只能报废。完全复原是不可能的。信任也是一样，一旦破裂，不论原因大小，都很难再复原了。在与同事或客户等的职场人际关系中，第一是信赖，第二，还是信赖。在职场中，一旦信任破裂，哪怕是积累了10年以上的友情也会一下子崩溃。因为深谙这一点，职场主流人士们即使是一句用空话许下的诺言，也一定会遵守，而无法遵守的空话，就干脆不会说。

甜蜜的话很容易给人诱惑。然而没有信任的甜言蜜语就像沙子城堡一样，瞬间就会轰然倒塌。职场，不是你只待一两天或一两个月的地方。即使离职了，与职场中结识的人之间的关系也不会断。明智之举是不要让小的瑕疵在信任上留下漏洞。保持信任最简单的办法就是不管多小的约定都要遵守，不要随便用空话来许诺。

实战！适用于职场的对话法

职场生活中，一天会说几次空话。“有时间一起吃饭吧。”“一会儿给您打电话。”等等。暂且这么说，可能只是为了缓解瞬间的尴尬或难处，或者表达谢意，但之后却没有兑现。职场中，如果说有什么东西非常平常，很容易想到，又很容易破裂，那就是你的信任度。

破坏信任的空话	强化信任的真话
● 说“有时间请您吃饭”，却没实现。 ●“我现在在开会，结束后马上给您打电话。”但结果没有打电话。 ● 说“我一定请客。”然后装做不知。	●“我在XXX天因为XXX事说过要请您吃饭，您还记得吗？什么时候比较好？” ●“会议结束得晚了，所以这么晚给您打电话。您现在接电话方便吗？” ●“为了表示感谢，请您吃顿便饭，您能抽出时间吗？”

你有没有因为心想不过是客套话，没什么，所以就说空话的经历？有没有因为失约而失去信任，应该怎么做才好，写下来。

你说过的空话	怎么强化信任？
……………………………	……………………………
……………………………	……………………………
……………………………	……………………………
……………………………	……………………………
……………………………	……………………………

把指责咽回肚里，把称赞说出来

人在长大成人之后，不会接受指责并改变态度，只会将“我被拒绝了”的不快感留在记忆中。

边慧善是个刚强的女性。人称恶语家。职务是部长，但不仅是对职员们，即使对社长也是直言不讳。就像大部分的恶语家一样，她有超群的实力。

然而边慧善部长经常觉得职场生活很艰苦。拼命工作还是无法大放光彩。因为没有可以放心交付工作的部下。所以看到那些工作都交给下面的人去做，自己悠闲自在，却还是大放光彩的人，她就气不打一处来。不由自主地就抱怨：“我怎么就这么没人缘?”

其实她没人缘的原因都在她的舌头上。她见不得那些工作不像她那样出色的同僚们的样子，如果交待的工作做得不太好，她就会破口大骂：“这样做不就简单了吗？这么简单的事都不知道，怎么这么白痴？这不是白费力气又没什么结果吗?”容易受伤害的下属们更是因为她的恶语而全都灰溜溜的。即使她没有恶意，但因为看到可指责的事情就立即直言不讳的性格，而给大家留下了“避之唯恐不及的女人”的印象。

即使与她没有直接关系的事，她也恶语相向，所以失去了人心。举例来说，其他部门女职员的穿着与她的标准相比太过暴露，她就会骂道：“你难道不是来公司上班的，而是来参加 party 的?”对男职员们也是一样。发现前一天喝了酒第二天还不大清醒的男职员，就毫不留情面地大骂：“小小年纪每天喝酒。肠子都喝烂了吧。”新员工们称她为“教务主任”。给她这个外号，是因为她就像中高中的教务主任一样，事事干涉惩罚。

她将财会系统整顿得更简洁，大大节约了职员们申请经费所需的时间和预算。通过很多创意减少了职员们的不便，提高了福利。对公司的钱比对自己的钱更爱惜。社长视她为公司的宝贝。

但除社长以外的其他人都对她疙疙瘩瘩很别扭。只要她站在面前，就会担心“她又要指责什么了?”偶尔和她对话，就要听她的诋毁：“某人不会收尾，某人只会说大话，实力却跟不上，不能相信。”等等。大家甚至想，不知道有没有哪怕一个职员能让她满意。从来没有任何人听她说过：“这个人的这一点真让我满意。”说到这里，知道为什么所有职员与她沟通都疙疙瘩瘩了吧。

即使自己犯了错误，如果因此受到指责，人们也会不快。别说职场同僚了，就算兄弟姐妹，也不愿意被指责。然而她尽管各方面都很有能力，却连这个简单的事实都没有意识到，强于指责弱于称赞，以致招致不必要的怨恨。

在最近的一次商务会议上，她通过一位别的公司的与她做同样工作的男士，明白了自己没人缘的原因。她发现那位男士关于所有的事情，都和她说得相反。如果对某人的发言不满意，她会说：“这样说不行。”而他则相反，很婉转地说：“这样做很好，不过这样做怎么样?”对于遇到的人，她总是揪住短处，说不喜欢他们，而他却说：“这个人这么这么好，那个人那么那么好。”看起来，没有一个他不满意的人。

直到此时，她才想到，自己没人缘，可能是因为自己的语气。然而语言这个东西，一旦形成，就很难改。回到公司后，她虽然已经弄清楚了自己的恶语问题，但找不到改正的方法，所以还是像以前一样没人缘。

三名导演出演了 EBsTV 的《电影天国》他们是《天下壮士麦当娜》的导演李海英、《家族的诞生》的导演金泰勇、《芭蕾教习所》的导演边永柱。三人亲自出演节目，介绍符合主题的电影或演员。金泰勇导演介绍电影或演员时，都会加上长处。边永柱导演则以该改正的缺点为主进行介绍。李海英导演则是常数落人的短处。一天，边永柱导演谈到了金泰永导演的说话方式，开玩笑说：“我也应该这样说话，可是为什么做不到呢? 为什么我光指责，而金泰勇导演只称赞呢?”

当然，我们的社会既需要指责的人，也需要庇护的人。然而，从个人角度来说，庇护的人总是会受爱戴，指责的人总是会遭忌恨。爱指责的人周围没有什么朋友，很孤独。庇护的人周围人很多，人气高。特别在需要通过与别人的合作来处理工作的职场，没有人缘的话，效率会降低。有实力的恶语家，能够升到一定的位置，但绝对升不到最高的位置。

职场的主流人士不会是恶语家，而是把指责咽回肚里，把称赞说出口来的人。人在长大成人之后，不会接受指责并改变态度，只会将“我被拒绝了”的不快感留在记忆中。哪怕这恶语是真心地说出了需指正的内容，也没有人会认为这是“为了公司改进不正当的意见”而欣然接受它。

如果你也想成为职场主流人士，那么就从现在开始，寻找把指责咽回肚里，把称赞说出口来的方法。如果已经养成了恶语的习惯，那就赶快试试下一个实战演习，即每天都把恶语变成称赞。

〈背后议论〉

这样的日子谁都不想去卫生间了。

实战！适用于职场的对话法

话语的力量相当大，相同的内容，因为表达方法的不同，对于对方来说，就可能是一把匕首，也可能是疗伤的良药。因此有话要说时，需要有通过称赞来表达，而非恶语相向。

非难的话	把指责咽回肚里，把称赞说出口来
● "这样做不就简单了吗？这么简单的事都不知道，怎么这么白痴？这不是白费力气又没什么结果吗？" ● "你难道不是来公司上班的，而是来参加 Party 的？" ● "小小年纪每天喝酒。肠子都喝烂了吧。"	● "做得好啊。稍微再这样改一下试试。" ● "衣服真酷啊。真有感觉。如果不是在上班时穿就更帅了。" ● "身体弱的人，喝酒要慎重啊。你现在看起来还很疲惫呢，看来昨天太晚了吧。"

你有没有以"正当的批判"为借口，贬低他人，非难他人，使他人受伤？把你说过的恶语写下来，再换一种说法。

你说过的恶语	换一种说法？
……………………………… ……………………………… ……………………………… ……………………………… ………………………………	……………………………… ……………………………… ……………………………… ……………………………… ………………………………

我的运气很好！

每次成功时，都要想"我是运气好"。这样就不会因为小小的失败而唉声叹气，或因为小小的成功而洋洋得意。

赵仁辉，挽救了危如累卵的公司。通过他的展示，公司在一次规模相当大的订货会中成功，使得有关门危险的公司起死回生。社长之下所有的职员都特别兴奋，纷纷恭贺他的劳苦功高。他却害羞地笑着说："运气好罢了。"虽然上司和同僚们目睹了他开夜车努力工作的过程，恭维他说：“什么运气好啊。都是你觉也不睡努力的结果。”但他却除了“运气好罢了”之外，一句炫耀的话也没有。

不久之前，在不到这次十分之一规模的另一次订货中，获得成功的朴奎保和赵仁辉则完全不同，他到处炫耀。

“为了这次的成功，我特别地努力。费了多少心思啊，饭都吃不下，发表时都快要晕倒了。但是一想到‘公司的命运系在我身上呢’，我就打起精神来，这样才成功了。”

公司规模不大，所以即使是小的成功也关乎悲喜，因此，开始职员们对于朴奎保的炫耀也欣然接受。然而即使是好听的歌，听多了也会厌，他每次都这样炫耀，职员们开始三三两两地皱起眉头，对他说：“别这样一遍又一遍地说了。”所以朴奎保虽然工作很出色，却丢了人缘，成不了公司的主流人士。

炫耀的人沉浸在自己的成功神话里，他们根本不记得同样的话翻来覆去已经说了多少遍。然而听的人是记得的。重复太多遍，当然会听腻。所以如果习惯了口头炫耀，即使立了大功，也很容易挨骂。公司的主流人士们清楚这一点，所以即使立了功，也只说一句“是我运气好”。

美国 CNN 有个 CEO 秘籍（CEOExchange），每次会邀请两名超大企业的 CEO，交流他们的经营经验，而所有出镜的来自世界各地的 CEO 都异口同声地说：“我只不过是个幸运的人。”

头脑科学家们认为，如果相信自己的运气好，那么运气真的会变好。因为大脑将思想以信息的形式录入，再由这些信息来指导行动。日本的松下电器的创立者松下幸之助就是个例子。他在面试新员工时，一定会问：“到目前为止，你觉得你的运气好吗？”他只会选择那些回答“我的运气很好”的人。这是因为说“我的运气很好”的人，在心理意识上会有“我不是仅靠个人的力量，还要感谢身边的合作者们”的想法，从而使每项工作的成功率更高。

然而，那些像转笼里转来转去的花栗鼠一样，反复地做着同样的事情，很难发现特殊愿景的普通职员们，大部分在委屈地听着上司的责备，或者被交给自己不想做的工作时，会愤愤地想：“为什么偏偏是我？我没有好事发生，我做的事情好不起来。”这种人一旦立了功，就会沉浸在成功的神话里，到处炫耀，失去人缘。

韩国的企业们经过结构调整，职员们不知道什么时候就会突然接到一条信息，写着："你是被辞退的对象。"如果你相信"我总是运气好的人"，那么你接不到这样短信的几率很高。如果你想"我运气不好，不知道什么时候就会收到这样的短信"，那你真的就会有很高的几率接到这样的短信。"我是运气不好的人"的想法，会使你遇到一点点挫折就会自怨自艾，而有一点好事就沾沾自喜。每次成功时，都要想"我是运气好"，这样就不会因为小小的失败而唉声叹气，或因为小小的成功而洋洋得意。

成为职场主流继而升到最高位置的人士们，即使自己并不真的相信运气，也会说自己是运气好。他们说自己运气好，好运也会传染给其他人。这样说的时候，心理就会积聚很多好的能量，就能有更多使工作成功的能量。有了做事的能量，对事情的恐惧就消失了。实现这种良性循环，运气就会越来越好。

如果你也想进入主流，不要拖延到明天，从现在这一刻开始，经常对自己说："我是运气好的人。"有了小的功劳，不要炫耀，只说："我是运气好的人。"同事们会说你是谦虚的人，你也会真的运气好起来，成为公司的主流。

实战！适用于职场的对话法

费尽心机想得到称赞，功劳被埋没就觉得心理不平衡，这就是人的内心。但是，将来不要再炫耀，只说"我只是运气好而已"。这样别人对你的印象就会越来越好，现实中你的好事也会越来越多。言语中蕴含力量，"运气好"这句话真的有让你的运气好起来的魔力。

运气不好的话	让运气变好的话
● "我本来就不行。" ● "我没有任何能行的事情。" ● "倒霉的人向后摔都能摔伤鼻子。我就是。" ● "我做的工作不可能成功。"	● "我本来就运气好。一定能行。" ● "因为我运气好，所以我做的话，就没问题。" ● "不仅是因为努力，更因为我运气好，所以才会成功。" ● "运气好的人，做什么都会成功。"

如果你习惯性地说自己运气不好，现在马上改过来。想想怎么改好，写在下面。

你习惯性说的运气不好的话	换成运气好的说法?
…………………………………	…………………………………
…………………………………	…………………………………
…………………………………	…………………………………
…………………………………	…………………………………
…………………………………	…………………………………

05　职场 KEYMAN（中心人物）这样进行正式对话

职场这个地方，利用的是与他人合作处理工作的传送带方式。特别在所有人都忙碌的现在，如果无法在短时间内实现准确而有说服力的沟通，就连公司要求的基本能力都无法正常发挥。

因此现在，要成为 KEYMAN（中心人物），卓越的沟通技术比学历或业务能力重要多了。职场中心任务能在很短的时间内，传达符合情况及对方要求的信息，说服对方，实现自己的愿望。

在本章，我们来看看中心人物们在职场中使用的他们独有的正式对话法。

在 SMAP 框架内说话

是紧急的只需要核心内容的情况吗？是要求细节的情况吗？是可以开玩笑的情况吗？是应该真挚地说话的情况吗？

所谓 SMAP，是美国人进行商务谈话教育时所使用的一些项目。此项目十分基础，甚至于美国人会说："哪有人不知道 SMAP！"所有事情都一样，有牢固的基础，才能走向成功。然而，即使所有人都知道 SMAP，也有必要检查一下是否真正能为身体所熟悉运用。现在，先按照顺序介绍一遍 SMAP。

S（Situation）

如果想在短暂的时间内很有头脑地讲话，就应该在讲话时符合实际情况。上司在会议开始之前有一点点空闲时间，于是问你市场情况，如果你为了对细节进行说明，占用很长时间，上司可能会骂你："你这家伙真让人憋气!"简单地报告一下核心内容："进行情况良好。"或"问题已经解决了一半"。然后说关于细节会在一会儿进行报告。这样才能被夸奖为有头脑的职员。

做报告时，先要判断："是紧急的只需要核心内容的情况，还是要求细节的情况?"然后根据情况来说话，这样一来沟通就容易了。

周围的气氛很平静，只有你一个人咋咋呼呼，会被指责为"轻率浮躁……"轻松的气氛中，只有你一个人很严肃地说话，大家会恶狠狠地瞪着你说："这家伙整天泼凉水。"在非常正式的会议中开玩笑，或者在轻松的会谈中说很沉重的话题，都会被认为是没头脑的人。上司站着，你却坐着说话，或者上司要你坐下说话，你却偏偏要站着，或者在比自己年轻的人面前蹲着说话，或在比自己年长的人面前摆开马步说话，也都是一样。

要想根据实际情况有头脑地说话，第一，不要放过听者的肢体语言和表情。他是忙是闲，是烦恼还是兴奋，是想听细节还是核心内容，都可以根据肢体语言或表情判断出来。

第二，要是我的话会怎么样，先想好再说话。要是我的话，在会议前想知道什么，在当时的情况下，希望有人来使兴奋的气氛平静下来，还是希望顺其自然，想好这两点，就可以根据实际情况说话了。

M（Method）

说话的方法在意义表达中极其重要。如果在应该小声说话时却偏偏大声说话，则会对听者施加一种压力，从而使沟通无法进行。如果在应该大声说话时却偏偏小声说话，则会给听者一种“看来他没有自信”的感觉，从而遭到对方的轻视。如果在应该小心而迂回婉转地说话时，却偏偏单刀直入，则会给对方“浮躁轻率”的感觉，从而使对方对你产生警惕心理。而在应该开门见山直截了当时，却打比方地说，对方则会觉得“有什么瞒着我吧”，从而失去对你的信任，开始怀疑你。

根据情况、场所、对方的性格、对方与自己的亲密程度等来选择说话的方法，才能顺利进行沟通，而不会歪曲意思。

现在，在这里，关于这个问题，以这个人为对象，应该单刀直入吗？应该大声说吗？还是应该压低声音说？应该与对方间隔多远，站着说还是坐着说？直视着对方说？还是垂下头说？应该低姿态地说？还是用有攻击性的言语说？等等。根据这些情况，再选择说话的方法。

应该严厉地批评下属时，说话的内容很强硬，声音却很温和，则你的权威就会受到挑战；或者应该温和地说服下属时，却高声喝斥，则下属会感到感情上的暴力，继而关闭心门。

所谓说话的方法，包括声音的大小、语气、语速、与对方的物理距离、说话的节奏等。是正式的 PPT？还是轻松的说明？应该妙趣横生地说？还是应该谦虚谨慎地说？都包括在内。

要想找到适合实际情况和对象的说话方法，就要尽可能细致地调查对方的性格、价值观、亲密程度、对方的立场、说话的目的等。调查之后，就能很容易地找到对方喜欢的说话方法了。

要注意的是，不要存在“他是我的同事，我很了解他”的错觉。人的心就像洋葱皮一样，一层层地剥掉，却还是不甚了解，所以要进行重要的谈话时，即使是你熟悉的同事，也要事先调查其个人特点。

在做竞争 PPT 时，对听众的年龄分布、性别比率、学历程度、文化特征等进行事先调查，尤其是要选择有决定权的人所喜欢的类型来做发表，就可以大大提高成功率。

A（Audience）

说话，大多是为了听众，而不是为了发言者。听众听了你的话，改变了行动，你的话才有价值。

应根据听众的要求、年龄和性别、职业、与自己的亲密程度，而改变说话的内容和表达的方法。如果听众想先知道结果，就先从结论开始说起；如果听众重视过程，就从过程开始进行说明。如果听众是男性，就客观而简洁地说；如果听众是女性，就应该感性而详细地说；如果听众是专业人士，就要使用难度高的专业用语；如果听众是普通人，就要使用通俗易懂的语言。

听众年轻，就很放松地说；听众年纪大，就要稳重而有礼貌地说。如果听众年纪比自己大，但职位比自己低，就要突出内容，很有分量地讲话。如果自己二十几岁，要了解五十几岁人的文化，才能说出五十几岁人能理解的话；如果自己四十几岁，则要了解十几岁人的心理，才能与十几岁的人进行很好的沟通。

要想对听众进行研究，就要在日常生活中，对经常接触的周围人的不同年龄层文化进行了解。通过网上聊天或看电视，不难做到。伴随着年龄和文化的了解，还要进行性格调查。他是急脾气？还是慢性子？细致周到？还是马马虎虎？积极还是消极？等等。因为根据这些的不同，说话的方法和内容也要不同。对听众进行研究，根据对方的性别、年龄层、文化来选择说话的方法，沟通才能顺畅。

〈情况判断〉

情况不好。暂且等待时机吧。
油光光的皮肤
紧缩的双肩
神经质地转着圆珠笔
乱七八糟的桌面

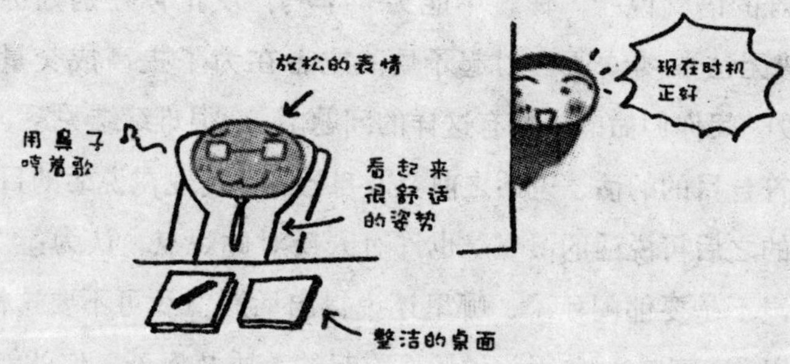
放松的表情
现在时机正好
用鼻子哼着歌
看起来很舒适的姿势
整洁的桌面

奇怪，怎么都来找我签字，呵呵。
签字

P（Purpose）

说话的目的有很多。为了无聊时打发时间、为了猜测对方的心情、为了服务客户、为了缔结合作关系、为了拜托某事、为了爱情、为了获得对自己能力的合理的评价等等，多种多样。

目的明确地说话，就不会使谈话步入歧途，产生矛盾。比如说，如果明知目的是为了轻松地和朋友们聊天，就要预防说着说着突然引入政治话题，由于观念的冲突而引发人格侮辱之类的口角。或者，目的是卖给朋友东西以提高自己的业绩，如果用非难的语气说：“你就不能买一个吗？反正你在别处也是花钱如流水。”不但事情无法成功，还会引起矛盾。或者在为了提高成交量而进行 PPT 时，说：“这段时间你们做的事情有这样的问题。”就很难缔结关系。

要想说出符合目的的话，说话之前要问自己：“我现在说话的目的是什么？”要养成明确目的之后再说话的习惯。也许有人反对此观点，认为：“说每句话都要前思后想，岂不是要郁闷死了，哪里还说得出话来？我可不要这样活着。”但是，回想一下以前，所有那些因为说话而引起的矛盾及痛苦，你就能理解事先想好目的再说话为什么如此重要了。要想养成说话之前先搞清楚目的的习惯，就要经常在开口之前问自己：“我为什么要说这些话？”做竞争 PPT 时，也要先问“我们为什么做这个 PPT”这个基本的问题，找到目的，然后再开始，如此就可以提高成功率。

在 SMAP 框架内说话的方法

s（Situation）是紧急的只需要核心内容的情况吗？是要求细节的情况吗？是可以开玩笑的情况吗？是应该真挚地说话的情况吗？

M（Method）如果在应该小声说话时却大声说话，在该大声说话时却小声说话，在该开门见山时却迂回婉转或打比方地来说，都可能会使听众理解不正确，歪曲你的本意。

A（Audience）调查听众的年龄、性别、职业、与自己的亲密程度，根据对方的特点，改变自己说话的方法和内容。

P（Purpose）说话的目的多种多样。为了无聊时打发时间、为了猜测对方的心情、为了服务客户、为了缔结合作关系、为了获得合理的业绩考核成绩、为了表白内心、为了获得理解等等。说话之前，如果不明确说话的目的，漫无目的地说，你的话就会变成无用的闲谈，还有可能在闲谈中引发不必要的口角。

尽可能缩小主题

主题太大的话，解释的范围也随之变大，说者的意图和听众的意图就会产生偏差。

“如果引入此系统，对贵公司的革新会很有帮助的。”

“此方法可以提高贵公司的生产率。”

“请考虑 FTA 的后续手续。”

“应该搞活我们的国民经济。”

乍一听，都像很好的话，但实际上从话语的价值来说，都是毫无价值的话。这是因为话语惟有使听者动心且随之采取行动时才有价值，而通过上述的话，根本无从知道是什么、怎么做。

如果说话的主题太大，听众就会认为你是“空谈家”或“只会喊口号的口头派”，你的话他们就听不进去了。主题太大的话，听众无法把握你的意图，只会疑惑：“到底想让我怎么样？”

在职场中，要想做好正式谈话，要将主题缩小至最小单位。要让听众一听到就能马上明白：“啊！原来是要我做 XXx 啊。”不要说：“我们国家一滴石油都不产，所以要节约能源。”换成：“我们所有人都每周停用私家车一天。”只有这样才能马上应用于实践中。在竞争 PT 中，如果说：“如果引入此系统，对贵公司的革新会很有帮助的。”则听众会因为主题太大而无法产生共鸣。缩小主题，这样说：“如果引入此系统，可以缩短贵公司员工的沟通时间，从而将生产率提高XX%。”对方就可以马上感到：“啊，明白了。”

若客户以“革新”为主题下订单，也是一样。应该缩小主题。说话时尽可能地缩小主题，原因之一，主题太大的话，解释的范围也随之变大，说者的意图和听众的意图就会产生偏差。比如说，发表PT的人认为“革新”意味着“缩短员工的沟通时间”，然而听众却可能理解为“员工之间的人和”，双方的意图在“革新”的范围内产生了偏差，从而无法达成一致。

原因之二，即使是说话的人，如果主题范围太宽的话，本来是说“革新”即意味着“缩短员工的沟通时间”，说着说着就会跑题成“沟通的重要性”，导致引着听众偏离方向。

原因之三，主题太大的话，无法使听众在头脑中勾勒出具体的画面。人的大脑会将所有信息转化成图像，然后储存到小小的信息概要中。如果听了话之后却无法转换成具体的图像，则会很容易转化成一个不正确的图像。

如此说来，应该怎样缩小主题说话呢？

首先，如果说话的目的是为了推销客户通讯系统设备，就要根据与客户系统相联系的客户需求，找出合适的小主题。例如，客户说他们最近刚换了公司的宣传册和CI（corporateIdenticysystem，即企业形象识别系统），那么革新就是他们的需求。然而，如果单纯将革新作为主题，则主题就太大了。如果已经判断出了客户要实现革新，就需要团结一致、意见沟通、提高生产率，那么还应进一步缩小，从中选择一个，放弃其他的。

所以说，如果在上述三个中最终选择“意见沟通”为主题，就要去观察客户的沟通现状，进一步缩小到“部门系统、权威性命令体系、沟通设备的落后”。其中，再缩小至和刚才所说的目的“通讯网络订单”最接近的主题“设备的落后与意见沟通的问题”。

如果已经判断不可以继续缩小了，也不要在展示的导言中说：“如果引入此系统，对贵公司的革新会很有帮助的。”换成：“此沟通科技设备是实现革新的重要工具。”

在此情况下，主题可以限定为“意见沟通设备”，相应地就很容易使内容充实，寻找符合客户要求的语言。要想缩小主题，在勾画出一个整体的画面后，从细节中选择一个。主题选得很大的人，总是觉得“这句话很重要”“那句话也很重要”，因为这种贪心，导致无法缩小主题。即使已经缩小了范围，如果不丢弃其他部分的话，也会造成混乱。听众一次所能接受的信息量比你想象的少。选取主题就像淘金，去掉所有的沙子，才能萃取到真正耀眼的金粉，成为容易听懂的主题。主题缩小，话语的内容更明确，对方倾听自己的话并付诸行动的可能性就能提高。

缩小主题的方法

1. 从“我说这话的目的是什么”开始弄清楚。

如果说话的目的是为了让客户接受系统设置的订单，则需要寻找与客户公司系统相关的你想做的工作的最小主题。

2. 勾勒出整体画面后，从中选择一个细节。

人的大脑会将所有信息转化成图像，然后储存到小小的信息概要中。如果根据所说的内容无法勾勒出具体的画面，就会以大概的草图的形态存储下来，将来有可能变成并非你本意的信息，或者失去其价值。要使对方对整体画面中的重要部分的细节有强烈的认识。

有骨架地说话

从逻辑性的骨架开始设计，造出句子，然后再说出来，这样的人的意图不会被扭曲，能够实现正确的表达。

所谓有骨架地说话，不是让你话中带刺。先为要说的话立起骨架，然后依据骨架来说话。话语的骨架既有主谓宾的语法上的骨架，也有序论、本论、结论的逻辑性骨架。

语法性的骨架众所周知，所以这里我们只讨论逻辑性骨架。话语的逻辑性骨架相当于人体的脊柱。话语的逻辑性骨架一般是价值、数据等按照易于对方理解的顺序排列而成的支架。

“如果彗星掉下来，地球就要碎裂了。”

“如果宇宙的黑洞变大，地球就要消失得无影无踪了。”

“听说美国东部出现 UFO 了。”

这些话没有说服力的原因，是因为没有包含逻辑性骨架的证据。

树立话语的逻辑性骨架时，从序论、本论、结论的脊柱开始排列。并且，在相当于中枢的本论中，要加上 3 条左右的肋骨（以关键词为中心的核心信息）。这里所说的肋骨，主要指得到普遍认证的证据。

肋骨不要多于 3 条，听众才能听懂。例如，如果说话的目的是环保概念广告的制作，则核心主题是“现代人的环保指向”，核心关键词为“对自然的享受”、“经济原因”、“对健康的渴望”，这些就可以成为肋骨。而使这些肋骨被接受的证据起到将根根肋骨连接到脊柱上的作用。

在竞争 PT、正式报告、指示等一定要从逻辑性的骨架开始设计，造出句子，然后再说出来，这样人的意图不会被扭曲，能够实现正确的表达。

构成有骨架的话的方法

美国人使用3．3 技法，即使关键词在头脑中长时间停留的方法。3．3 技法意为“3 个关键词说 3 遍”。将关键词在序论中说一次，本论中各自展开说一次，结论中再总结一次。序论（Introduction）关键词 1 关键词 2 关键词 3

★各自言及 1 遍

本论（Body）关键词 1 证据 1

关键词 2 证据 2

关键词 3 证据 3

★展开证据，对关键词各自进行说明。

结论（conclusion）关键词 1 关键词 2 关键词 3

★各自再言及 1 遍，下结论。

通过修饰使骨架抢眼

在不会损坏文章、句子、段的范围内，间或运用机智和幽默的语言比较好。

骨架结实的房子，如果没有装饰，也不像一个家。材料齐全，但如果没有调料，食物也不会好吃。话也一样，只有骨架的话不够好。加上适当的装饰，才能成为出色的言语。这里要注意的一点是，任何装饰都必须在不会损坏文章、句子、段的范围内使用。比如，为了使发言有趣而使文章结构被破坏的话，骨架就散了。

为了得到听众的肯定，在不会损坏文章、句子、段的范围内，间或运用机智和幽默的语言比较好。但是要记得，如果调料不合适，那么就连食物本来材料的味道都会被破坏，同样道理，不合适的幽默或比喻，有可能会带来不如仅以骨架为主的话语的效果。如果对于使用装饰的信心不足，那就还不如直白地说。差不多的话在不同的情况下会有完全不同的解释，因此如果损坏了基本框架，可能造成听众理解的混乱。

如果装饰强于骨架，就会使用没有说服力的“最好的”、“没有超过这个的”之类夸张的表现，或者暧昧地说“好像是这样吧”、“听说是这样”等。听众就会产生误会：“夸张得太过分了吧?”“不会是没有自信吧?”修饰只起到一点调料的作用，仅此而已。

要想成功地修饰，要记住以下三点。

第一，能简单表达的不要复杂地表达。如果为了说得稍微精彩一点，而加入过多修饰的话，可能会造成歧义，使听众厌倦，甚至会使原本构筑得很好的骨架一塌糊涂。

第二，不要使用别人用滥了的用语，要创新，自己开发一些新的用语。在别人听得懂的范围内，创造独创的用语，使骨架更抢眼。

第三，准确传达自己的意思。使用修饰，反而掩盖了自己要表达的意思，这就失去了说话的价值。使用的词语要选择具体而有意义的，经常使用的“好像”、“可能”等暧昧的谓语要尽量避免。

在骨架上添加修饰的方法

序论（Introductlon）

此次广告将围绕环保概念。（题目）

关键词1：“对自然的享受”，关键词2：“经济原因”，关键词3：“对健康的渴望”。通过这些关键词，说明此次广告要以环保概念为方向进行的原因。

本论（Body）

关键词1，“对自然的享受”：由于对环境的破坏，导致绿地减少了xx%，全球变暖，引起人类的恐慌。（证据）

关键词2，“经济原因”：在韩国，追求生存意义的人口比较只关心生存的人口增长了xx%，追求生活质量的人比较只追求维持生计的人增长了xx%。（证据）

关键词3，“对健康的渴望”：由于经济原因和医学技术的发展，男性平均寿命增加到xx岁，女性平均寿命增长到xx岁。根据此趋势，预计未来的××年，男性平均寿命将增加到xx岁，女性平均寿命将增长到XX岁。（证据）

结论（Conclusion）

现代人由于“对自然的享受”、“经济原因”、“对健康的渴望”，环保动机很大。另外要赋予环保氛围对自己来说也是身体健康的期待。因此此次广告以环保为概念比较好。

积极利用对话菜单

使用对话菜单的话，就可以防止没有头绪、想到哪里说到哪里的失误。

职场是只有能说服别人按照自己的意图来行动的人才能成功的地方。因此，职场关键人物的工作能力可以说就是说服力。即使真心真意地说话，在听众那里，也有可能变成其他的意思。对对方真诚的忠告，对方也有可能将其当做烦人的废话和非难。

为了避免误解，最简单的方法就是利用对话菜单。对话菜单以任何人都会同意的论据为基础来制作，使意义的分歧最小化。此时，论据需使用普遍接受的证据和充分说明此证据的数据。使用对话菜单的话，就可以防止没有头绪、想到哪说到哪的失误。

要想利用对话菜单，说话之前，我此次说话要表达的内容是什么，如果想让对方没有任何曲解地接受此内容，需使用什么证据、需要哪些数据来说明此证据，都要想好。

要想使用对话菜单，就要按照听众及发言人可以同时理解的顺序整理说话的头绪，这样抓住核心意义就容易多了。全部信息都可以整理成一句话。职场中的矛盾大多是由于本来一次就能解决的事情，却反复二三次，导致情绪上的激动而引发的。没有证据地掺杂情绪的言语，会使听众即使侧耳倾听也会疑惑：“这家伙到底在说什么?”甚至有可能火冒三丈。如果对方是权势不如自己的人，则会觉得:“他瞧不起我吧?”也不会理解你说的话的意义。

职场中心人物们，为了按照对话菜单来说话，总是根据主题积极收集最新的数据。比如说，讨论年薪时，会事先调查公司在去年销售额及收益、股东们的分配标准、职员们的收入等等。所以说“公司销售上升的话，也应该公平地对待职员们”，这样的话普遍而妥当，但是还是很抽象，应该加上具体的数据作为证据。普通的职员们认为只要鼓起勇气说就行了，所以赤手空拳毫无事先准备地去讨论年薪，结果会给对方“他不关心工作，只关心年薪”的印象，因此会成为职场讨论中的常败将军。

在会议、报告、下达指示之前，只要你在普遍而妥当的证据上加上最新的数据，根据对话菜单来发言，就可以提升你在公司里的力量。公司中心人物们绝对不会露骨地对上司说“不”。但也不会糊里糊涂接受上司不正确的意见。当他们需要拒绝上司的意见时，会事先进行精确的数据调查，再根据对话菜单，不对上司直接说“不”，而是发表出自己的意见。

如果你在执行职场工作时，没有任何数据调查就胆大包天地去说话，那么你就很难成为职场中心人物。从现在开始，发言之前，收集最新的数据，以此为依据，结合对话菜单来说话。这样一来，就向成为职场中心人物又走近了一步。

对话菜单

数据（我调查的确实可信的证据）　　　主张公司销信和收益较之前年增长了15%我希望今年的年薪增长15%

论证（普通妥当的证据）

通过职员们的努力，使公司销售上升

〈年薪讨论〉

哇呀呀呀

职员们也应该得到相应的回报

细致地制定了去年的销售贡献和今后的工作计划，向社长室走去。

根据我的能力，今年的年薪……

（一站在他面前，为什么我就变得这么渺小了……—_—）

说话要具体，以避免误解

“这次的人事变动，你可能被拖延。”这种暗示也有可能会引起“不会是你在加害我吧”这样的误

“你看起来很疲惫，要不要休息一下？”

上司的这句话，是在为你考虑吗？还是另有他意（你看起来很疲惫，不如现在辞职回去休息怎么样）？根据实际情况和两个人之间的亲密程度，对于这句话会有完全不同的解释。以下是金融危机时发生在一家公司中的事情。

原本运营得很好的公司，因为现金流出现问题，陷入巨大的危机中。资金堵塞一直持续到本金都亏空掉了的时候，公司已经到了濒临破产的关头。基本上每天墙上都会有新的裁员名单。幸免被裁的职员们每天也是心惊肉跳：“今天平安无事，明天说不定我的名字就上了名单呢。”公司的气氛很差，所有人都无心工作。

社长决心让气氛焕然一新。为了让留下来的员工们放心，。他巡视了公司。这时看到了一位脸蛋有点胖乎乎的笑盈盈向他敬礼的男代理。社长没想什么，只是随便说了一句："你的气色看起来不错啊。"

然而，社长刚一离开去别的部门，这个部门的部长就同情地看着代理。次长的脸色也黯淡下来，就好像在说："下一个被裁的就是你了！"代理很会看脸色。他马上发现了部长和次长脸色的变化。从这时起，他的脑袋里就只有这些想法了。

"社长为什么偏偏说我的气色看起来很好呢？是不是觉得别人都是拼命地工作，只有我太闲，所以养得膘肥肉满？"

人的想法就是这样，一旦偏向否定的一边，就很难再变成肯定了。他每天如此想象，折磨自己。"是要裁掉我吗"，还是仅仅是"看起来很好"，他每天都因社长的一句话而在反复的猜测中煎熬自己。对于裁员，他比其他职员恐惧十倍。

他原本明朗的表情变得越来越阴沉，体重也减轻了不少。他的心理已经扭曲了，所以不管部长或次长说什么，他都会想象成"他们是让我赶快辞职"，行动也从此不像个样子。因为社长一句无意的话，他就自己折磨自己，终于生了病，结果真的被辞退了。

职场上司们的无意的话会给下属们带来不必要的痛苦。同事之间出于好意的一句"这次的人事变动，你可能被推出去"。这种暗示也有可能会引起"不会是你在加害我吧"这样的误会。部下说没关系，你却说一定要帮他修改提案书，或一定要教给他项目实施事项，本来是出于好意，却可能变成恶意。

人在日常生活中吸收无数的信息。人们会把自己接受的信息当作金科玉律。对于自己熟悉的领域会觉得很普通，而且错误地以为对方也会很熟悉，从而容易说话很抽象。人们喜欢用"特别多"、"非常多"、"大极了"等抽象的表达方法，也是这个原因。

职场中心人物对于自己的话被歪曲、伤害对方等非常警惕。因为他们知道，别人受的伤，一定会转化成对自己的报复。所以他们对抽象的话很慎重，总是为了不发生误会而将话说得很具体。职场中心人物不会说"特别多"，而会用精确的数值说："数量为XX个，XX%"。他们也不会说"大极了"，而会具体地说"是XX的XX倍大"。

职场中心人物对"我会努力做的"之类抽象的话也很慎重。"我会努力做的"是职场人们常说的一句话。但没有努力多少、努力做什么、怎么努力，所以很容易成为没有内容的话。不光是对于听众，即使说话的人自己也很难将“努力”的程度具体化。“我的创意是里程碑一样的创意”、“一定为您做出让您大吃一惊的产品”等也是一样。这样的话，如果双方的价值观及生活方式的不同，可能会被听成吹牛的话。

在甩卖中所使用的“跳楼大甩卖”、“惊爆大甩卖”等极端而且抽象的话，是为了引起消费者的注意。抽象而意义很大的话在单方表达中，确实能够吸引一时的关注。然而在沟通之类的需要持续的相互关系的对话中，由于双方的标准不同，反而会妨碍沟通。

已经重申过多次，职场中心人物的核心工作能力是沟通能力。清除抽象用语和句子，换成具体的用语，沟通能力就会发展成核心工作能力。

实战！适用于职场的对话法

“我会努力做”之类的话并不是错的。但如果你要成为职场的中心人物，就要和别人不一样。承诺具体的期限、目标、成果，当然会使对方信赖你，而且为自己创造了一个必须遵守诺言的状况，效果很明显。

职场中常用的抽象的话	职场中心人物们所说的具体的话
●“我会努力做。”	●“XX日之前保证完成工作。”
●“我会让您看到好的样子。”	●“这个月我要达到XX%的业绩。”
●“这有很大的问题。”	●“这在XX方面有XX问题。”
●“我们需要里程碑一样的创意。”	●“需要以消费者心理调查为基础，研究消费者需求的创意。”
●“真了不起。”	●“在XX日XX时之前就解决了，您真了不起。”

你习惯使用的抽象的话有哪些？把你的经历写在左边，将职场中心人物们使用的具体的话写在右边。

你习惯使用的抽象的话	换成具体的说法?
…………………………	…………………………
…………………………	…………………………
…………………………	…………………………
…………………………	…………………………

沉住气等一下，然后一记重击解决问题

进行协商时，话多的人自己都不知道什么时候可能就泄漏了事先公开会对自己不利的信息，这种可能性很高。

人们明知道浪费能量和感情，但还是说了无数不能说的话、说了会引起误会的话。控制时机与含有怨恨的话的忍耐力不足，互相伤害，这样的事情太多了。

在职场中，因为话语带来的伤害，可能要放弃工作，或者可能遭到可怕的报复。很多职场人士对职场生活产生怀疑，原因就是上司侮辱的话、同事不要脸的话、下级刁难的话。

更大的问题是，过着受伤的职场生活，为了获得补偿，自己不知不觉地也开始伤害别人，从而造成恶性循环。

职场中心人物们清楚地知道这种恶性循环，造成能量和感情的浪费，会带来什么样的结果。他们也知道，不必要的话不但浪费能量，而且会在宝贵的时间内造成耗费更多倍时间的口角。

而且，经常话多的人受到的损失通常也多。比如说，进行谈判时，话多的人自己都不知道什么时候可能就泄漏了事先公开会对自己不利的信息，这种可能性很高。

大部分在商务谈判、报告、指示中取得胜利的人，都是任由对方尽情地吵吵嚷嚷，然后利用对方泄漏的信息，在最后使出一记重击。因此，要想成为职场中

心人物，不要由于不必要的话而浪费能量和感情，只为最后一击而努力。

我们来看看2007年足球亚洲杯，在与伊朗和日本的比赛中，力克强敌将韩国拉到第三名的第一功臣守门员李云在。足球评论家们说，李云在经常在艰难的比赛中力挽狂澜的诀窍是他永远隐藏自己的动作直到最后一刻，而且一直观察对方踢球的样子，在最后决定性的瞬间动身将球扑出。

如果他在阅读对方的眼色及肢体语言之前，先做出动作，就会泄漏出他打算如何扑对方的球，同时也难以解读对方射门的角度。结果将造成用掉更多能量却会降低胜利几率的结果。

职场中心人物们说话的方式和李云在守门扑球的方式类似。事先不多话，不使自己的战略泄漏，同时收集话多的对方所泄漏的信息，最后一击制胜。

职场生活中，同事之间经常会产生对工作的意见差别。缩短意见差，使自己的意见得以贯彻，才能成为职场中心人物。在和同事共同缩小意见差别时，职场中心人物们也不会先发表意见。他们会先听对方充分发表意见，如此就会发现对方的弱点，抓住对方的弱点，一记重击，就可以贯彻自己的意见了。

如果你也想成为职场中心人物，不要企图以更多的话压制对方，而应该侧耳倾听，沉住气，然后找出可以用做一记重击的方法。

为了作为实践中的参考，介绍一个亨利·福特的有趣的小故事给你。

美国汽车之王亨利·福特，小学没有毕业，字都认不全。然而他发明了汽车，成为世界有名的富翁，其权利甚至对战争都有影响，近来有名的《芝加哥论坛报》评价他为“文盲”、“无知反战主义者”等。

气愤的福特状告报纸侮辱了他的名誉。报社雇用了美国最著名的律师们。律师们制定了战略，选择了一些福特难以回答的问题，自以为可以拿下官司。

他们的问题，举例来说：“1776年，为了镇压殖民地美国的叛乱，英国派了多少兵，最后回国的士兵有多少?”

差不多一个小时的时间，福特一直在做出“派出去的兵比回国的兵多”之类的律师们期待的无知的回答，使自己很狼狈。律师们很兴奋，连续一个多小时，一直问着这些问题。福特的性格虽然很暴躁，但他克制自己，任由他们问到厌倦。

律师们渐渐露出厌倦的神色，直到这时，福特终于舒展一下身体，睁大眼睛，说：

“如果我决心回答你们提出的这些白痴一样的问题，只要按一下我办公桌上的按钮就可以了。不光是回答你们的问题，还能制造你们问都问不出来的问题，能做到这些的人，只要几分钟就可以出现在我面前。然而我为了回答你们幼稚的问题，在这里浪费时间，你们知道原因是什么吗?”

瞬间，法庭安静下来。亨利·福特耐心地等待，最后使出有力的一击，击倒了律师们。然后堂堂正正赢得了官司。

——摘自《拿破仑·希尔成功法则》

实战！适用于职场的对话法

有这样的一句话，“为了前进两步，先后退一步。”如果说其他人从一开始便明争暗斗，最后才取得胜利，职场中心人物则是延缓一步，抓住对方的弱点，最后一击制胜。要想获得职场中心人物的战略，就不要说太多话，让对方先暴露弱点。

话说得很多却被控制的对话法

- “这绝对不行。”
- “我和你想的不一样。”
- “你的意见任何人听了都会觉得荒唐。”
- “你以为我是傻瓜吗？”
- 为了庇护自己，说些感情用事的话。

最后一击控制对方的对话法

- “这也有可能。”
- “您和我想的有什么不一样？”
- “还有什么要说吗？”
- 让对方尽情地说，然后仅凭对方的一个弱点进行反击。

抱着不管怎样都要赢的想法，努力表达自己的主张，结果却被对方控制，你有过这样的经历吗？如果再有类似情况，你怎么做？写在下面。

话说得很多却被控制的例子	换一种说法?
…………………………	…………………………
…………………………	…………………………
…………………………	…………………………
…………………………	…………………………

说话要根据需要，而不是事实

说出违反对方一直以来的习惯、信念的事实，总是很危险。

一个生活在格陵兰的爱斯基摩人为一个纽约来的游客做导游。他尽心竭力、诚恳地履行着他的义务。美国人很感动，邀请这个爱斯基摩人去了纽约。高高的建筑物、将夜照得和白天一样亮的辉煌的灯火、装着好多人到处走的大箱子（公共汽车）、混杂着各色人种的宽阔的道路。这些爱斯基摩人有生以来从来没见过的新奇景象，给了他很大的冲击。

他回到故乡，为了将自己受到的冲击表达给家乡的人，努力地做着解释。可是他家乡的人不但没有激动，反而大笑起来。而且称他为“谎话精”。这个谎话精的外号一直伴随他，直到他死去。

就在这件事将被遗忘时，丹麦探险家 KnudRasmussen 博士开始了从格陵兰到阿拉斯加的旅游。他也找了一个爱斯基摩向导玛依塔克。之后，玛依塔克跟随 KnudRasmussen 博士访问了哥本哈根和纽约。他无疑也像第一个爱斯基摩向导一样，有生以来第一次见到的文明都市中受到巨大的冲击。

但是，他回到故乡后，却没有一五一十地讲述自己的经历。相反，他根据家乡人们想听的需求来说话。他知道以前那个爱斯基摩人因为讲了实话而受尽屈辱的悲剧。所以他在家乡人能够理解的范围内，对纽约进行了描绘。他只讲了和 KnudRasmussen 博士一起，划着皮艇，到哈德森河去抓鱼的故事。他说江上有很多的鸭子和鹅，他在那里很快乐，家乡的人点着头，认为他说的才是事实。因为说话时根据家乡人的需要，他到死都因为是正直的好人而闻名。

——摘自北美摘要

人们无法容忍别人破坏他们祖祖辈辈坚持的信念。适应左侧通行的人来到右侧通行的国家会不适应，习惯使用工具吃饭的人认为用手吃饭的人是野蛮人。信念与对错、真实与否无关，是一个人固守的理想和法则。是经过悠长岁月流传下来的观念和风俗。明知不对也不愿意改变，别人要是想改变就会勃然大怒，这就是信念。因此，如果别人认为自己的信念可笑，甚至会拼了命地与对方战斗。如果说世界上的一切战争都是信念破碎后人们之间的敌对感的产物也不为过。

因此，说出违反对方一直以来的习惯、信念的事实，总是很危险。对胖胖的秘书说出“你太胖了”的事实，不爱听的秘书可能在给你煮咖啡时，将口水吐在里面。将外面流传的关于公司不好的新闻原原本本告诉上司，上司也许会误会，“这些话不会就是你传的吧？”

所以说职场中心人物们不会固执于事实，而是会选择根据需要说话的方法。不说谎话，只是根据实际情况，说些对方想听的部分。其余的部分不说，或者看似全部都说了，但实际上已经将对方不爱听的部分删减掉了。

职场中心人物们即使在非正式的对话中，也不会说些危险的事实。例如说，上司因为担心被裁掉，所以终日惶惶不安，似乎突然老了很多，你也不要对他说实话：“最近您看上去老了好多”，而应该说“您看起来很稳重”。这就是根据他的需要来说话。就像对于很小的事情，也不会去让周围的人不高兴一样，职场中心人物们也同样不吝称赞。

“了不起。有这样奇特的创意。”

因为根据对方需要而不是事实来讲话，可以收获别人的好意。

大脑科学家们认为，人们具有双重性，一方面希望真实，一方面却又拒绝逆耳的真实，接受虽非真实但是好听的话。如果你虽然是个诚实正直的职场人，在职场中却没人缘，就有必要好好检查自己，是不是区别不开需要和事实之间的差异，只说事实，导致危险的结果。如果你获得了能够区别说话时该选择真实还是需要的智慧，那么你也可能晋级为职场中心人物了。

〈真实〉

被尖锐的话的利箭刺穿的日子，累死了。

实战！适用于职场的对话法

对方讨厌听的事实	根据对方需要说话
● 看到一个对方完全不知道的世界，原原本本对其进行说明。 ●“公司遇到了严重的财政危机，看起来马上要不行了。” ●“外面流传着关于我们公司不好的流言。” ●“您看起来好疲惫啊。” ●“您看起来一下子老了许多。”	● 只挑选一些在对方经验之内的事情来说。 ●“公司遇到了危机确实是真的，但大家只要稍微努力一点，这个问题就可以解决了。” ●“关于我们公司的流言很多，但这恰恰说明嫉妒我们公司的人很多。” ●“您工作太辛苦了。稍微歇歇吧。” ●“您看起来很稳重。”

你爱听固执己见的话吗？有没有因为不考虑对方的心情和愿望，一味固执地坚持真实，而伤害对方？如果有，写下你的经历，再换成符合对方需要的话。

你说过的对方讨厌听的事实	换成符合对方需要的话？
……………………………	……………………………
……………………………	……………………………
……………………………	……………………………
……………………………	……………………………
……………………………	……………………………

说话时要形象化

为了让对方更快、更容易地理解，为了在头脑中的印象更深，职场中心人物们说话时，会让话语更容易转化成图像信息。

人的大脑在看到、听到、感觉到东西后，以图像信息的形式处理保存，而非文字形式。所以说，像画画一样地说话，别人才听得进去。这就是影像比话语、文字更容易理解，电影比小说更容易理解的原因。

学识渊博的人，如果无视头脑的这种信息处理系统，以话为主来表达，就会被认为是“极度不会说话的人”。学历和知识都具备的教授，如果疏忽了讲义法，没人缘，原因就是用了很多难以让别人转化成图像信息的形而上学的话。

职场中心人物说话时，会努力使对方能够更容易地将其转化成图像信息。即使对话语的信心不足，也会利用维恩图解（Venndiagram）或图表（graph）来作为补充资料，使话语更容易转化成影像。简单的指示或报告，也要具体地说，使其能够容易地在头脑中转化成图像。

说话时，总是想着信息在脑中以图像形式储存的过程，就连说话抽象的习惯也能改掉了。比如说“心里很疼”这句话就不容易让听众转化成图像信息。但是如果说“心就像撕裂的衣服，撕心裂肺地悲痛”，就容易转换成图像了。如果你想说明一款“超小型照相机”，与其说“又小又轻的照相机”，不如说“比名片夹还小，比最近X）（x公司出品的手机还轻的照相机”，这样就容易转化成影像了。

职场中心人物们总是想着信息在脑中以图像形式储存的过程，努力不使用专业用语、行业用语、抽象感强的副词或形容词。而且说话时借助维恩图解（venndiagram）之类的辅助手段使形象化更容易。报告书中如果有抽象的内容，就一定会附加图示或图表等，便于上司形象化地理解。

说话时形象化，这样一来，即使不大会说话的人，只要稍微努力，也可以像中心人物一样讲话。只要养成在发表、报告、示例之前，先在周围人面前演习一遍并检查的习惯就行了。做演习时，最好侧重选择那些能够坦白地评价的人。如果他们评价说："不明白你在说什么"、"这些话的意义很模糊"，就去想哪些才是形象化的话，渐渐地就能领悟了。

如果每次都聚集起周围的人进行预演比较困难，就把自己设置成观众，对着镜子演习。自己问自己："如果别的人这么对我说明，我能听懂吗？"这样也很有帮助。反复做，使别人一听到你的话就可以转化成图像，具备了这个能力，你也一定能成为职场中心人物。

实战！适用于职场的对话法

与文字或语言信息相比，图像信息保存得更久。所以职场中心人物们不会停留于单纯表达信息上。为了让对方更快、更容易地理解，为了在头脑中的印象更深，职场中心人物们说话时，会让话语更容易转化成图像信息。所以他们很少使用抽象、模糊的表达方式，而是使用具体的、形象化的表达方式。

不形象化的话	形象化的话
● 心痛的悲痛。 ● 超小型照相机。	● 心就像撕裂的衣服，撕心裂肺地悲痛。 ● 比名片夹还小，比最近XXX公司出品的手机还轻的照相机。

你有没有在过去的对话或者报告书中使用不形象化的话？如果有的话，怎么改，就能让它们形象化？写在下面空白处。

你说过的不形象化的话	换成形象化的说法？
…………………………	…………………………
…………………………	…………………………
…………………………	…………………………
…………………………	…………………………

06 左右逢源——办公室处世智慧

办公室文化总是很复杂的，面对形形色色的人，也许我们无从下手，不知道怎么去和他们相处。所谓“知人知面不知心”，同事的真实面目究竟是怎样的，需要我们学会办公室交际，赢得无硝烟之战。

通过办公桌看同事性格

看似平静如水的办公室，其实暗潮汹涌。要想在这复杂的环境中洞悉每一个同事的心中所想，不妨把办公桌当作心理屏障的突破口，把对方的心理看个清清楚楚。

杭州的一家公司的高级职业顾问张平曾经说过：“一个企业员工的办公桌上的摆设通常能够反映一个企业的企业文化和员工工作能力及状态。一般来说，逻辑思维能力比较强，同时具有较强的全局观，工作办事有条理，要求工作效率的员工，他的办公桌上摆设物比较少。他们即使有一些物品摆设，也只是摆设一些和工作紧密相关的办公用品和文件档案，而且通常这些物品摆放得非常有条理。而那种比较感性的员工桌面摆设就显得个性化了，甚至还有一些个人生活用品、亲人照片等。”

对于朝夕相处的同事们，要想了解他们具有什么样的工作风格，以及他存在着什么样的心理状况，都不妨以办公桌的布置情况作为突破口。

如果你看到的是一张相当干净整齐的办公桌，桌面上的任何东西都被安排得井井有条。拥有这样办公桌的人通常会得到这样的赞赏：“如果我的办公桌要是能够像你的这样就好了。”一般来说拥有这样办公桌的人大多是重视秩序，脚踏实地，值得信赖的。他做事比较稳妥，工作比较有毅力，并且在工作的时候显得有条不紊。

如果你看到的是一张杂乱无章的办公桌，给人的第一个印象是非常忙乱，通过办公桌就可以想像到它的主人一定在疲于应付自己的工作。面对这样桌子的人一般会对桌子的主人说：“当心，工作别太辛苦了，一定要多注意休息!”

然而，这样的同事也并非一无是处。他们的头脑可能非常灵活，有时还会显得很善于口头表达及策划一些短期项目，特别是对于处理工作中的危机事件，他们可能会显得比较“有一套”。他们一般都喜欢追求自由，喜欢追求实际行动是他们工作风格上的一大特点。

如果你看到的是一张杂而不乱的办公桌，这类办公桌上虽然东西很多，但是牵扯到工作方面的文件却很不可思议地整齐地摆放着。各种各样的文档进行分门别类，排列的顺序非常合理而且具有一定的逻辑性。这类型的同事对追求是执著的，他们经常能敏锐地看到自己或别人在工作上的一些缺点，并急于指出和改正。他们比较欣赏一些有能力的人，但又时常会挑战一些权威，他们总是在工作上迎接更高的挑战。

如果你看到的是一张个性鲜明的办公桌，桌子上充满了可以代表一个人个性的物件，比如自己的照片，可以代表个人品位的摆设，甚至是个人的作品。因为办公桌是一个人个性的延伸，是一个人的个性得以展现的重要的道具。桌子上所有的一切都在向其他人表明：“这是我自己的桌子，绝非张三或者李四或者其他人的。”

这样的人注重与人和睦相处，在办公室深受大家的喜爱，并且让人感觉他们是一个非常热忱的理想主义者。他们常常不会在意获得了多少实际的收益，但是会很在乎自己在多大程度上受到别人的青睐和信任，为此，他们在工作上总是表现得非常有热情和活力。

心理解读

通过办公桌上的摆放状况，可以看清一个同事的工作风格和一些性格，这必将为你在以后的工作及与同事的相处中奠定良好的基础。

学会区分不同的人

你能分清你面前的同事是敌是友吗？你知道他对你怀着什么样的看法吗？办公室的人际关系是很复杂的，同事之间的关系都是很微妙的。也许是朋友，也许是敌对的，还有利用你、暗算你的人，当然，也有真心帮你的人。面对这么多的形形色色人物，我们如果不能正确判断每个人，不能准确定位每个人，那么我们就不能处理好一些事情。

也许你被别人在后面挑拨离间了还不知道，又或许你觉得某个人好像平常很刻薄的样子，其实她是个很好的人，在你困难的时候帮你一把。人是可以伪装的，而且有些人还特别会伪装，让你摸不着头脑。

所谓“林子大了什么样的鸟儿都有”，就是说的这个。学会在办公室和人相处，细心辨别不一样的人，这样自己在工作的时候才能得心应手。

米凯是一名已经工作了两年的工作人士，他这样讲到他的经历：

“刚去单位的时候，我干劲很大。但是因为自己是初次接触这样的工作，还不能完全熟悉，所以要经常向一些同事请教，而他们也总是很热情地帮助我。为了表达自己的感激，更快地融入新的环境中去，只要是我力所能及的事情，我都是很主动地为他们做。但我没有想到的是，时间久了，同事们都把‘差遣’我当成理所当然的事。复印啊，发传真啊，接电话啊，乱七八糟的杂事都堆到我头上了，而且始终没有人注意到我的心情以及我工作量的增加。这些小事都还罢了，年轻人嘛，辛苦一点其实也无所谓。最让我受不了的是有同事看我好说话，而且又是新来的，就存心陷害我。这些都让我清楚地意识到，无论在哪里，对别人的‘求’一定不要都‘必应’。即使是答应别人，也一定要先看清情况，坚决避免替人背黑锅。如果你有一位即将出差的同事，把自己还没有完成的工作移交给你负责的话，千万不要因为他是领导，或者跟你交情好就问都没有问就答应下来。万一发现了有什么错漏和问题，你到时候说都说不清，只能哑巴吃黄连，百口也莫能辩。”

对于一个初入职场的人来说，许多问题都是常有的，以及以前从来没有接触过的，什么样的人都有，千万不要一味地去抱怨，没有用的。磕磕碰碰是难免的，能做的就是吃一堑长一智，学会分清人，权衡事情的轻重利弊。

人一过百，形形色色。在职场中，也会有各种偏质参差、性格各异的人。依照管理学家估计，每个公司至少有10%这样可怕的人，而70%的人则是无辜受害者，只有20%的人免遭其害。能辨别出可怕的人就是成功的一半，而另一半就是设法回避他们。

你在你的职业中如果做得很好，有可能会得到老板的奖励，同事的羡慕，但是也可能遭来一些人的嫉妒，无形中你可能就会被人中伤。

曾经有个人有一次在闲聊的时候，非常坦诚地向她朋友说起自己公司里的一位非常有作为的“后起之秀”：

“坦白一点说，我很嫉妒她，甚至心里也有过比较阴暗的想法。不过我相信如果你看到一个比你年纪小、经验少的人，却处处比你做得好，做得精彩，处处高过自己的话，你也会为自己感到不平衡的。这种不平衡积累下来，就成了愤怒和怨恨，让我不能安心于自己的工作。我慢慢地对自己产生了同情心理，老是感觉自己很悲惨，而看到大家跟她都相处得那么好，我一开始莫名其妙地恨起公司所有的同事来。我渐渐就变了，开始用一种尖酸刻薄的态度对大家，总是无事生非。而这样做的结果就是让公司所有人都开始讨厌我。那一段时间我真是郁闷得要死，差点辞了职。这种状况把我压抑得要发疯。”

“那段时间的痛苦、工作的压力再加上嫉妒的煎熬。让我整个人都憔悴了。后来，我试着摆正自己的心态，我试着去称赞她，试着用平和的心态来对待周围的一切，到最后我真的是发自内心地觉得她确实很优秀。而我自己也得到了越来越多的称赞，在和她接触的过程中，我努力发现自己跟她的差距所在，慢慢地，我们相互欣赏，后来还成了非常要好的朋友。”

当然在这里这个朋友采取了很好的措施，避免了一些因嫉妒而发生的伤人伤己的事情，不同的人会有不同的选择，不同的做法。

在一个公司，只想埋头做好你的事情那是远远不够的，做得不好绝对会被众人踩在脚下，让老板不满意。但是不要以为做好了就可以万事大吉了，做好了也可能被别人羡慕，而且你优秀了可能自己也骄傲了，待人接物稍不注意你就会身败名裂。

一名工作人员讲述了他们公司的人在年终酒会上发生的事情。

到了饭店大厅，公司员工已经各就各位。等老总落座后，酒会正式开始。菜上五道，酒过三巡，场面开始热闹起来。我起身到二楼的洗手间一趟，出来后看到老总站在二楼的栏杆边，正全神贯注地看着一楼大厅，若有所思的样子。我也走了过去。老总见我过去，就指着大厅内的几个人对我说：你看，刘岸这小子，见无人注意他，竟然用烟头烧饭店的窗帘。这种人不懂得爱惜别人的东西，以后不能让他接触到公司里的物品。王龙，刚才我在时，一本正经的，现在看我走了，故意装成喝醉酒的样子，往女孩子身上靠，此人太轻浮，不可委以重任。李清，刚才竟然吐酒了，此时躺在沙发上，一副无精打采的样子，此人缺乏自制力，不能干大事，不可重用。王平，喝了几杯酒后就坐到一边独自抽烟，他不善于人交往，看来他真的不能在销售部干了……我听完老总的高论，不禁打了一个寒噤，想不到，老总在酒会上也不忘考察人。

我跟随老总从二楼下来，刚坐定，销售部经理徐前进就过来向老总敬酒。徐前进端着一个酒碗，对老总说：我敬总经理一碗酒，我喝一碗，您喝一杯就行了。老总说：我们每人都喝一碗吧。说完，接过徐前进手里的酒碗，一饮而尽。然后，让人往碗里重新倒满酒，叫徐前进喝，在众目睽睽之下，徐前进只好喝下去。不一会儿，徐前进就到洗手间吐酒去了。老总悄悄对着我的耳朵说：刚才我喝下去的是水，这个徐前进竟敢在我面前耍滑头。我最烦这样的人，不能喝了，却要充大头，要好看。我暗暗惊叹，老总真是聪慧过人。

这些人在老总的眼里一下子就暴露了自己的缺点和人品，究竟是一个什么样子的人当然最终大家都会明白的，但是我们千万不要等到大家都明白的那天才醒悟过来。也许到那个时候你已经深受其害，无法改变你的处境了。

因此我们到任何一个公司都要在做好自己工作的同时建立好办公室关系，分清楚每个人的真实面貌，才不至于显得软弱无力。

心理解读

区别出了不同的人，我们更好的是可以采取一些正当的措施、方法和他相处，尽量成为朋友，并且预防该防的人，做到万无一失。

准确看人小心行事

人家说商场如战场，其实办公室也像是一个战场，只是硝烟没有那么明显，只有身在其中才知道其中的滋味。你只要是办公室一员就会受到战争的波及，没有人躲得过。你能干，别人嫉妒你；你不能干，别人看不起你。

怎么办呢？首要的就是自己要有良好的心态，擦亮自己的眼睛，分清办公室的敌我，不要失去自己的立场，保持客观的眼光和客观对待人的做事方法。

看准了人才能正确行事，团结友好的，防止不善意的。站在场外看自己，明白自己的优劣，以改变不利局势。对办公室的每一个人报以友好的态度，化解别人心里的死结，做事情考虑全面，小心谨慎，不要去和别人勾心斗角，也不要给别人穿小鞋。做一个正直的人，一个容易相处的人。

要看清楚自己和别人的关系，自己和同事的合作是建立在工作的关系上的，这就直接给出了很必要的竞争关系。竞争就很容易让人想出很多的办法，包括很多不正当的东西。但是又必须要一起工作，或许还要一起生活，所以感情是必然会有的，但是这种感情是很薄弱的，一旦到关键时候就见到分晓了。

在很多人的眼里，瑞雪都是一个严肃的人。跟人在一起的时候，仿佛总是她才能带动大家的情绪。因为她那张天生严肃的脸，不笑的时候、紧张的时候会显得更严峻，跟那些天生有着甜美笑容的女孩相比，瑞雪就觉得自己不大合算，老是要强迫自己刻意地去笑，才能消除留给人的这种感觉。即使这样，她还是能够从大家的眼神里看出来他们对自己的看法：这个严肃的女孩子很厉害啊，她的沉默或许是心计，她偶尔的微笑或许就是假的。

瑞雪所在部门一共有五个同事，老老小小的，把她这个年轻人夹在中间。左手边的小童才 18 岁，刚刚从学校毕业，活泼可爱，说起话来也是心直口快的，不在乎别人怎么想。但是可爱归可爱，这个小女孩就是太娇气了，典型的独生子女，她不过比瑞雪早进公司三个月，按文凭论工资，级别比瑞雪低一等，却已经很自如地差使起瑞雪来。打印机的油墨用完了，小童冲口就是："哎，你怎么不想到换一个?"饮水机在办公室的那头，她每天都要等瑞雪去倒水的时候，让瑞雪顺便帮她带一杯过来。

虽然有点不顺心，但瑞雪又想同一个年龄、级别都比自己低的小孩子计较，显得自己太狭隘了。况且不管怎么说，小童的活泼所带来的阳光又是这个日趋老化的办公室里的开心果。所以，瑞雪也只能什么都不计较，怎么着也不能跟一个小孩子计较啊。

右边的同事老严看起来是个很让人尊敬的人，然而时间久了瑞雪就发现这个人的素质低下了，不仅是业务水平，连人身修养都不够。真不知道她是怎么一直在单位待到现在的。都四五十岁的人了，老严还是整天零食不断，办公桌上一塌糊涂全是瓜子、糖果之类的东西，简直像要开茶话会一样，很快成为午间休息时大家聚居的地方。而且，年轻人喜欢的东西她都喜欢，年轻人犯的错误她无一漏过。

单位外出活动的时候，一般大家都不会去动宾馆里冰柜里的食品，可她喝了矿泉水，还拆了两包巧克力，甚至打了两个长途电话。第二天早晨结账的时候，听到带队的老张在查谁这么浪费，她像少女一样地吐吐舌头，自己觉得无比可爱，完全没有去埋单的意思。

瑞雪夹在这堆人中间，既没有小孩子小童天真烂漫的笑容和无知无畏的胆量，也没有老员工严老师的装嫩情结和隐约的靠山，只觉得度日如年。

幸亏后来她遇到了小美。小美年龄不大，但在单位的年头很久了，不属于瑞雪他们部门，但似乎无所不知，说话办事老练至极。小美像个大姐似的告诉瑞雪许多办公室里的是是非非：某某门槛很精，要注意；某某心眼很小，别在他面前乱说话。这些是是非非，把原来就有点不知所措的瑞雪弄得更加举步维艰。直到有一天，看到小美嘴里的"好人"送小美"夏奈尔"口红，而小美嘴里的"坏人"却在瑞雪犯小错时及时为她补台，瑞雪再次糊涂了。

幸好，瑞雪办事不糊涂，埋头苦干，不问是非。年余，她忽然发现，小童不敢差自己干活了，严老师常常喊她吃自己带来的新品种零食，同时，她也从别人嘴里听说，她成了小美嘴里的“坏人”。“不招人妒是庸才”，这个道理瑞雪现在懂得了。瑞雪早就不理会人家说她什么了，如果哪一天大家不再关心她，她的职业生涯恐怕也就没有前景了。

像瑞雪这样还算是很幸运的，她遇到的也只是一些鸡毛蒜皮的小事罢了。没有大的斗争，但是还是早点把人看穿日子过得也就轻松一些了。千万不要以为你把老板的活儿干好了，业绩上取得成就就可以得到老板喜爱、同事尊重了。小人无处不在，计较的人多得是。

不能骄傲于你的成就，因为有可能人家马上就会赶上甚至超过你。你对别人的大呼小叫，大家都记着的。人无完人，你身上总是会有一些人家看不惯的毛病，你处理不好大家就会去刻意挑你的毛病。大家相处久了，什么毛病都容易显露出来了，你就更容易被人抓住小辫子了。

心理解读

不要轻视办公室的小事情，别让它成为你的障碍，也不要看不起一些好像微不足道的人物，往往有些小人物正是助你上升或者拉你下水的关键人物。

不要被他人利用

常常在电视剧上看到上司巧妙地窃取员工劳动成功的情景，其实生活中也常有。不仅是上司与员工之间，这还发生在平常的职员之间。

在工作的时候，难免会有要帮助同事的时候，这是应该的。但是你要提防的是，不要进入了别人的陷阱，不要被别人从后面暗算了。莫名地被人利用了还不知道怎么回事，到时候百口莫辩，留给你的只有一肚子的气愤。

小欣是刚到公司的人，她是在公司做设计的，在一名看起来很和善的大姐领导下工作。来了公司之后，大姐对她特别好，她也对大姐很感激，很信任。因此工作很是卖力，总是抢着干活。不久，小欣的这位上司就很照顾小欣地拿了一堆资料过来让小欣练练手，让她多干设计方面的事情，并且告诉她说不久以后会有设计大赛。让小欣先按自己的材料设计出图来，然后自己给她改改。小欣听了之后特别地激动，觉得自己终于遇上好人了，为了不辜负大姐的期望，小欣没日没夜地干，经过两个星期，终于把一份完好精美的图给呈上去了。大姐的确很认真负责，不仅很仔细地问了小欣很多的问题，还把小欣设计的草稿都拿过去了。可是过了许久，没看到大姐有什么反映。但是市的设计大赛结果倒是让小欣目瞪口呆，自己的设计图居然就在里面，而设计人居然是她信任至极的大姐。

小欣失望透顶，却没有办法可以为自己正名，谁会相信这么一个新来的小员工？我们要做好自己的事情，但是每个人都要多一点心眼。

在工作中，要分清工作的责任，对同事的帮忙应该看人看事，该说不的时候要勇敢地说不。个人的职责要记清楚，这样即使出了事情也方便于查证，是谁的错就是谁的错。要知道，不是每个人都是善良的，不是每个犯了错的人都会承认的。

有些人极其地会耍滑头，出了事情就开溜，责任被推得一干二净。这样的人是很讨厌的，但是不管你的感情如何，这样的人就是存在。例如你的小上司在犯了错误之后，叫你去主动承认，并且说不会亏待你的。这样的人你能相信吗？如果那么容易就能得到上面的原谅，他用得着这么担心地让你去吗？

人都喜欢找借口，怕承担责任，这是通病。当一个错误被发现的时候，大家都会努力找与自己无关的信息，争取能找到别人的错，找到一个替罪羔羊。如果是你的错，那么请勇敢一点承认，重要的是想办法把错误弥补好。不要像一般人一样急于推干净自己的责任，本来在这样的事上就很容易造成大家的不愉快。

人不可能不犯错误，是你的错误就承认，不是你的错误千万不要乱认，免得没事给自己惹上一身骚。犯了错误的人一身逍遥，你被人耍了还不知道怎么回事。

也许有人不服，说就看见过帮老板承担责任了，后来老板给了他好处的。不可否认是有这样的事情，有这样的人存在。但是你要注意的是，你遇到的人是什么样的人，不要以为帮老板背黑锅了就会得到好的报酬。这里面有很多要学习的东西的。

还有就是在和同事相处的时候注意不要随便听信别人的话，不要随便被人出卖，不要掉入别人精心准备的陷阱里面。

有些同事常常为你出谋划策，为你作好计划，在你面前好像朋友一样议论一些人让你产生信赖感。但是有时候这样的人是居心叵测的，你照他的意思去做一些事情，结果发现事情不是他说的那样。还有些人却相反，当他遇到难题的时候，很虚心地请教你，当他照你的说法去做了的时候，成功自不必说，失败了之后你就是推脱的直接借口了。

也不要随便找你的同事帮忙，他们不一定真正帮你，出了错误还是你的错。

李东曾讲述过他自己的亲身经历：他踏入社会以后找到的第一份工作是在一家汽车燃料销售公司做推销员。尽管他不太习惯这个工作的工作方式，薪水也不高，但他还是满怀希望地接受了它。

当他到大公司的时候发现自己的销售经理就是自己的好朋友刘平，从小一起玩的，而且还是公司的销售冠军。李东感觉遇到了贵人一样。

做销售的除了固定工资之外，工资都是按销售成绩提成的。过了不久，李东销售业绩不断上升，月薪也提高了不少。但是和刘平的关系却让他感到有点微妙了，她好像在故意躲着李东。

有一次，他们一起出去玩，中途一个叔叔突然打他手机说有急事，让他马上赶过去。他只好把手里大堆的资料都拜托给刘平，让她帮着带回公司，其中有装有他重要客户资料的手提袋。

几天以后，他来到了一家一直由他负责供货的汽车公司，问他们需不需要加货，没想到老板却告诉李东他们已经追加订货了。他很奇怪，这家加油站一直是他在跑啊，是谁在中间作梗呢？“那个女的也是你们公司的，好像姓刘，说你这几天生病了，所以她帮忙来送货。我一听说是你们公司的，就收下了！”以后连续几天，他发现自己的客户都被这个女生“袭击”了一遍。根据他们的描述，他断定那个女生就是刘平。

朋友都变成这样，更何况没有感情直接有利益相关的同事呢！

在职场里面，你不够聪明就不要去混，至少你要做到不被别人卖了，不要被别人利用了。我们不提倡你用你的聪明去害人，但是我们至少要学会防人。

我们在做自己工作的时候，多注意到办公室的人际关系，多留意每个人的品质。不要做优柔寡断、没有主意的人，做事情不果断的人常常被人利用。

也不要对某个人或者某种人带有偏爱，人家很容易利用你的爱心。

改掉自己的这些不好习惯，做一个精明的人，不被人欺，不被人利用，认真做好自己。

心理解读

不要轻易相信别人，冷静对待别人的事情，别人的热情。别让别人把你当枪使，别人辉煌了，自己一个人气愤地被炒掉了，这样就太不划算了。

在机会面前不要谦让

谦让是我们中国人的传统美德，小时候我们学习孔融让梨，让我们懂得在好处面前要懂得谦让。于是这种思想根深蒂固在我们的脑海里面。

诚然，我们要承认这种思想的正确性，我们在某些方面的确要有谦让的品质。但是在我们的事业上，我们在公司上班的过程中，我们就要学会表现自己，当一个机会到来的时候，要学会抓住机会，勇于表现自己，要不然你的才华没有地方施展，你的好建议不能让领导知道。什么机会你都谦让给了别人，别人不会给你多少感激的眼神，长此下去只会以为你很无能。

机会是要自己去把握的，就不说自己创造机会了，如果一个现成的机会摆在你面前都没有珍惜的话，你就只有像周星驰在电影里面那么呐喊后悔了。

在机会来临时，是最需要表现自我的时候。著名的节目主持人杨澜（现在也是著名的财富人物）正是抓住了成功的机会，成为家喻户晓的人物。

杨澜的名字连同《正大综艺》、春节联欢晚会一同深深地烙在了中国观众的心中。作为当时的一名大学生，她的成功颇具典范意义，是很值得剖析的。她的转折点来自应聘中央电视台《正大综艺》节目主持人。她正是抓住了这一次绝好的机会而扬名的。

这个机会便是泰国正大集团结束了与几个地方台合作，转与中央电视台共同制作《正大综艺》。双方决定要挑选一位有大学学历的女孩子做主持人，杨澜被推荐参加试镜。说实话，杨澜并不被人看中，只是因为她的气质较佳，所以才能一路过关斩将杀人决赛。后据一位导演透露，虽然杨澜被视为最佳人选，但是被有的人认为还不够漂亮，所以是否用她尚不能确定。

最后确定人选的时候到了，电视台主管节目的领导也到场了，他们要在杨澜与另外一位连杨澜也不得不承认“的确非常漂亮”的女孩子中间选择一人，这将是最后的选择。杨澜的好胜心一下子被激起，她想：“即使你们今天不选我，我也要证明我的素质。”

这次考试两人的题目是：一、你将如何做这个节目主持人；二、介绍一下你自己。

杨澜是这么开始的：“我认为主持人的首要标准不是容貌，而是要看她是否有强烈的与观众沟通的愿望。我希望做这个节目的主持人，因为我喜欢旅游，人与人自然亲近的快感是无与伦比的，我要把自己的这些感受讲给观众听……”

在介绍自己时，杨澜是这样说的：“父母给我取‘澜’为名，就是希望我有像大海一样的胸襟，自强、自立，我相信自己能做到这一点……”

杨澜一口气讲了半个小时，没有一点义字参考，她的语言流畅，思维严密，富有思想性，很快赢得了诸位领导的赏识。人们不再关注她是否长得漂亮，而是被她的表现深深吸引住了。据杨澜后来回忆说：“说完后，我感到屋子里非常安静。今天看来，用气功的说法，是我的气场把他们罩住了。”

当杨澜再次回到那个房间，中央电视台已经决定正式录用她了，这次面试改变了她的一生。

就是说你一定要抓住机遇，机会不会白白降临在我们头上。就像杨澜，如果她没有抓紧这个机会，那么就会被另一个漂亮的女孩子抢去了。这是一个竞争的社会，不要以谦让来定一个人在职场上的人品，你赢了才是最重要的。

在机会面前，不可能是人人平等的。什么是机会？机会就是给予具有某些掌握资源者的选择和回报。例如招聘，某公司打出招聘总经理的广告，对应聘者所要具有的条件列出若干。如果把总经理的职位看成一次机会，把看见这则消息的人视为“机会面前的人”，表面上，大家都有相同的机会，但实际上根本就不是平等的机会。如：在条件上要求：硕士学位，大多数人就没有机会了；再要求：在同等岗位上工作8年以上，又有一些人掉头走了。

是的，在机会面前你只要具有足够的知识水平，你就是能够得到公平的一方，如果你没有这个能力，则合格机会就不是你的，你就根本无从说起了。提高我们每个人的能力，才能更好地在机会面前表现自己。

在机会来临的时候，表现自己还要讲究方法，每个人都想抢住一个机会，你不注意方法，就没有你发言的权利，发言还要发得让别人不会不满意，这样的职场能力才是需要培养的。

李开复就讲过这样的事情，他的亲身经历可以给予我们很好的解释。他这样说道：

我刚进入苹果公司开始我的第一份工作时，公司里有一位经理叫西恩，大家都知道西恩是一个非常有才华的人，尤其在开会的时候，他得体的言辞完美地展现出他过人的才学、情商与口才，足以让在场的所有人钦佩不已。有一天，我鼓足勇气去向西恩讨教有效沟通的秘诀。两恩说：“我的秘诀其实很简单：我并不总是抢着发言；当我不懂或不确定时，我的嘴闭得紧紧的；但是，当我有好的意见时，我绝不错过良机——如果不让我发言，我就不让会议结束。”我问他：“如果别人都抢着讲话，你怎么发言呢?”两恩说：“我会先用肢体语言告诉别人：下一个该轮到我发言啦！例如，我会举起手，发出特殊的声响（如清嗓子声)，或者用目光要求主持人让我发言。但是，如果其他人的确霸占了所有的发言机会，我就等发言人调整呼吸时，迅速接上话头。”我又问他：“如果你懂得不多，但是别人向你咨询呢?”西恩说：“我会先看看有没有比我懂得更多的人帮我回答。如果有，我会巧妙地把回答的机会‘让’给他；如果没有，我会说‘我不知道，但是我会去查’，等会开完后，我一定去把问题查清楚。”

李开复觉得跟西恩的一席话让他学到了很多东西——只要把握好说话的度，选择好说话的时机，就可以得到周围人的尊敬，而且，别人也会从你的话语中了解到你是一个渊博而谦逊的人。

西恩是聪明的，既表现了自己又让周围的人尊敬自己。这需要涵养、需要技巧，让你表现不是让你做办公室里那些自恋狂，以为自己什么都知道，什么都想冲上前。

心理解读

提高自己的素养，多注意公司的动态，做好自己的工作，增强自己的判别力，当机会来的时候不至于什么都不知道。做一个会掌握机会的人。

学会与同事相处

每个人都有自己独特的性格和习惯，对待不同性格类型的同事，我们要因人而异地采取不同方式与之相处，这样我们就能避免和同事发生矛盾，让自己在职场中游刃有余。

职场中同事众多，由于文化程度、家庭背景、兴趣爱好的不同，与我们一起工作的同事也就各有特点各不相同。如果想要更好地与每一个同事自如的交流，就需要你在了解对方性格和心理的前提下，有针对性地区别对待。

因人而异的处世哲学，说的就是要根据对方性格类型，对症下药，选择合适的应对策略。在这里，我们借鉴哈佛大学教授泰格总结的，关于职场上同事的种种常见类型以及应对方法。

自私型的同事这种人一般缺少关爱，比较孤僻。他永远把自己的利益放在第一位。你要他们做些于己不利的事，那你便很难和他们沟通。要想得到他们的信任，你必须从心灵上关注他们，让他们感受情感的温暖和可贵，这样他们才会和你比较深入的交流和对话。

无私型的同事这种人是天底下最善良的人，他们不会破坏你的前途，所以你可能会忽视他们。事实上，他们才是可以和你真心相处的朋友。在职场里，如果说还有真正的友谊，那就在这些人这里。

傲慢无礼型的同事这种人自高自大，以自我为中心，常常摆出一副盛气凌人惟我独尊的架势，缺乏自知。和这种人共事，你千万不要被他们的气势吓倒，当然你也不必傲慢，只需简单直接，把需要交代的事情简明交代完就可以了，话说多了反倒会伤他们的自尊，效果不佳。

阴毒恶人型的同事这种人最应该引起你的警惕。他们品行不正，且深藏不露，不与他们一起工作过一定的时间，是不可能发现他们的阴毒的。

一开始，他们非常热情主动，并会积极地为你解决一些小困难，而且为你想得很周到，但是，这是在你对他们的利益构不成威胁的时候。你侵犯了一点，他们可以忍让，甚至他们也会自己牺牲一些小小的利益。但是关键时刻，你绝对不能侵犯他们，绝对不能走在他们的前边。否则，他们会不择手段地把你整垮，甚至置你于死地。

这种人不容易对付，因为他们一般早已取得了上司的信任，如果你没有必胜的把握，千万不能与之争斗。对于这种人，一般不要去招惹他们。最好的办法是在与他们共事的时候，不要显摆自己的聪明，而要让他们觉得你对他们没有威胁。

固执己见的同事这类人观念陈旧，思想老化，却又刚愎自用，自以为是。一般情况下，你很难说服他们接受你的意见。较为可行的办法是单刀直入，把他们某些错误的做法列举出来，一一扩大，再把他们的行为可能造成的后果告诉他们，如有必要，适当夸大后果。这样使他们从内心开始动摇自己的观点，怀疑自己决定的正确性。这时，你亮出自己的观点，动之以情，晓之以理，很可能会成功地说服他们。

沉默寡言的同事这种人性格内向，不善言辞。和他们一起工作，你需要把谈话节奏放慢，多开掘话题，并随时注意他们的变化，根据情况调整谈话方式，一旦谈到他们擅长或感兴趣的事，他们马上会积极响应你，这时候你们就比较容易交流。

深藏不露的同事这种人防卫心理很强，不轻易信任别人，怕被窥视内心的秘密。实际上，这类人在内心深处非常自卑。你想了解他们的为人和心理，不妨主动和他们交流你自己的心事，或和他们坐在一起多喝几次酒，让他们逐渐丢掉对你的戒备。

根据同事的不同情况，采用不同的对待方法，一方面可以保证自己不受伤害，另一方面还可以赢得更多同事的信赖和帮助，这无疑对你以后在公司里的发展是大有好处的。

家庭妇女型的同事这类人不仅指女性，也包含一部分男性。他们整日喋喋不休，不管大事小事在他们嘴里就会没完，完全不管你受得了受不了，和《大话西游》的唐僧差不多。单位的事情他们似乎都知道，还特别爱传小一道消息。遇到这样的人，你只与他们搭腔就是了，至于他们说什么你全当没有听见就行了。不过，这样的人在关键时候不太会说你的坏话。

心理解读

搬弄是非的同事爱多嘴，到处打听别人的隐私，并喜欢传播一些谣言，而他们自身却一无所长。这种人令人讨厌，但他们并不可怕，只要不是关乎原则问题，不要与他们太计较。

办公室里的十种人

办公室中总是存在着这样一些难缠的人物，他们经常把你弄得焦头烂额，甚至严重影响了你的工作，但是出于礼貌又不能得罪他们，真不知有什么好办法可以巧妙地应对这种人！

第一种爱指挥别人的同事。当你面对一个“支配狂”的同事时，你一定要了解他们对工作的要求水准，让他们知道你其实是他们可以信赖的人。在共同完成一个任务的时候，你要随时告知他们工作的进度与状况，必要时询问他们的意见，让他们知道工作是在大家都满意的状况下进行，如果你不小心犯了错，也要让他们知道你会从这个错误中吸取教训，不会重蹈覆辙。必要的时候询问他们事情最糟的状况是什么，这样可以帮助他们了解事情的结果，让他们能够认识到事情通常不会像他们想像的那么糟。

第二种推卸责任的同事。当你面对一个爱推脱责任的同事的时候，如果你想请他们协助自己的工作，那么工作的目标一定要非常明确，时间、内容等要求要和他们讲清楚，甚至用白纸黑字记录下来，以此作为一个证据；不要为他们所提出的借口而心中动摇，而要温和地坚持原来商量好的决议，表达你知道工作有其一定的困难性，但还是需要在一定范围内完成的期望。

第三种怨天尤人的同事。当你面对一个怨天尤人的同事的时候，你要正确地认识到他们之所以经常抱怨，是因为他们非常在意事情的发展。如果他们抱怨的内容跟你负责的业务有很大的关系，那么你最好能有立即的响应或改善的态度；当你听到他们抱怨的是一些无关紧要的琐事时，那么你只需听听就行了，而不要做出任何的反应。

第四种敏感度非常强的同事。当你面对一个过于敏感的同事时，一定要尽量避免在其他人面前，对他们做出可能冒犯的评语或者批评，要进行批评的时候请私底下和他们讲。在与他们谈话的过程中，即使像“有点”、“可能”、“不太”这类有所保留的语气，都会让他们感觉到心乱如麻，因此在对他们进行批评时尽量采用客观公正的语气，在谈话的时候一定要慎选你的用词，谨慎地指出事实，让他们知道就行了。

第五种杞人忧天的同事。当你面对非常悲观的同事的时候，先要搞清楚他们的负面看法是自己凭空猜想的，还是有一定的事实根据。当你向他们表达自己意见的时候，要明确指出产生问题的各方面的原因。你应该认识到：他们害怕失败，不愿意冒任何的险，所以会以自己负面的意见阻止事情的改变。问问他们认为改变后最坏的结果是什么，以便事先准备好应对的方法。面对这样的同事，一定不要因为他们的负面意见而让自己感到非常沮丧，你可以把他们的看法当作是一种预防犯错的警告。最后一定要告诉他们，如果失败了那是整个团队的责任，并不会只责怪他们，这样可以解除他们的沉重的心理压力，他们也就不会在一旁唠叨不停了。

第六种喜怒无常的同事。当你面对这样的同事时，一定不要轻易响应他们无理的行为，找一个合适的借口如倒杯水，拿东西等离开现场，等他们心中冷静一点后再回来，然后以冷静客观的态度面对他们。给他们陈述一定的事实，让他们知道即可，而不需要你做出任何解释。当你发现他们恢复理智之后，要乐于倾听他们和你的谈话；万一他们在谈话中途又开始“抓狂”，那么你就应该立即停止对话，如果他们这种行为已经形成了习惯，一时改不过来，那么在他们能够理性沟通的时候，让他们认识到办公场所是不能随心所欲的，“会吵的小孩不一定有糖吃”。

第七种“千里独行”的同事。当你面对一个“独行侠”性格的同事时，一定要让他们保有自己的隐私，不要强迫他们参与需要跟很多人接触的聚会或活动。在和他们进行交谈的时候，一定要承认他们身上也有很多优点，例如有能力独力完成工作，能够仔细处理事情的细节问题等，当你需要他们这些长处时即可请他们帮忙。面对这样的同事，透过电话进行沟通会比面对面沟通更容易一点，所以尽量少进入他们的办公室与他们谈话。

第八种过度竞争的同事。面对这样的同事，你对自己的工作内容要时时加以必要的记录，包括自己当初提出的想法与做法，是怎样演变到今天这个令人欣喜的局面，这样作为书面证据留存，在必要的时候可以供主管参考。在心中要时常问一问自已：到底哪个更加重要？是把这个想法付诸实施，还是证明独自拥有想出这个点子的名誉？有时候要证明功劳所有权要付出大量的时间和精力，如果除了心里感觉不爽以外并无其他的妨碍，那么你就不妨看开点。面对这样的同事，也有一定好处可以利用，那就是鼓励他们跟你竞争，让你能够挑战更高的目标。

第九种面对特别现实的同事。如果你有这样一类的同事，首先要认识到，对于不是他们份内的工作，他们有权利拒绝，对此你不用感到生气或感到受挫。一般来说，他们对于是否是自己份内的工作有一套自己的解读方式，你最好也要弄清楚，让彼此有一个相同的认知。如果你的请求被拒绝了，那么不妨提出双边交易，例如这次你帮我做这件事情，下次我可以帮你做一件事，同时要有感谢他们、激励他们的表现。

第十种“沉默是金”的同事。对他们不给给予任何的压迫，在与他们说话时不能语带威胁的语气，一定要不带情绪并放低自己的身段。必要的时候，一定要花时间与他们一起将每个工作步骤写成白纸黑字，了解彼此对工作的认知。对于这样的同事，要尽量多问一些开放性的问题，鼓励他们说话，如果他们一时感到无话可说，那么你就要耐心地等待，给他们足够的时间进行思考，同时不要对彼此间的沉默感到不自在。

心理解读

公司里的同事来自四面八方，什么人都有。难免碰到一两个难缠的人物。遇到这种人，你完全没有必要得罪他们，找些办法来巧妙地应对，才是上上之策。

提职后与同事相处

从前和大家平起平坐的你一旦被提升，同事中难免会有妒忌你的人，这可是你的隐患，一定要小心翼翼地清除这枚随时可能爆炸的“炸弹”，千万不能让他对你造成危害。

你一旦提升，难免有同事认为仿佛就是踩着他的肩膀上去的；你坦诚相待，他们以为你软弱可欺；你以心换心，他们说你虚伪。面对同事这种眼红的心理，你应该怎么办呢?

你升职以后一定要谦虚待人，切莫张扬。同事们都会暗中注意你的一举一动，考察你的一言一行。这时他们显得格外挑剔，好像非要找出毛病来心理才会平衡。

在机电公司工作的郝权提升为科长以后，立刻在科室里摆出不可一世的官架子，说话时声音还大幅度地提高，又装腔作势地打着手势，科室里的同事们对他都极其反感。这种“张扬”只会让同事恶心。

升职是职业生涯的转折。升职后第一考虑的不是自己的成功和自豪，而要考虑的是自己如何去扮演好这个新角色，如何让老同事拥戴自己，这是度过职业成长期的关键。

梁友明最近因公司原部门经理离职，被公司提拔为部门经理，梁友明很高兴，自己的努力终于得到了公司的认可。但是，在公司宣布这个任命后，梁友明明显感到背后有嫉妒的眼光，原本熟悉的同事忽然成了上下级关系，梁友明忽然觉得自己好像很孤立，面对一个个熟悉的同事，突然感到了陌生和无所适从，自己该如何面对新岗位和旧同事呢？

升职者所面临的职业问题是一种职业成长期的问题，在职位晋升的同时，他们也进入了一个更加复杂的人际圈子。如果升职者原有的经验和技能不足以应付新的问题，或者不能很好地担当起新的角色，那升职者会面临极为严重的职业危机，甚至会影响升职者的整个职业生涯。

比如，升职以后，你可以有选择地同一些同事、朋友们来往，做到近君子，远小人。这里所说的“小人”，是指在事业上不会对你有任何帮助，只是单纯的玩伴的同事。

张健彬提升为部门的经理后，为了显示他没有“升官脸就变”，每天下班后仍是和旧日哥儿们喝酒、玩牌。在单位里，也和那些酒肉同事称兄道弟，亲热异常。张健彬的做法令上司很不满意，上司认为他是“不思进取”的人。这样，他就很难再次得到提升了。

升职后最关键的是树立自信，无论是自己，还是在原来的同事面前，一定要有自信，相信公司决定和自己的能力，只有你以一种自信的姿态出现在过去的同事、现在的下属面前，你才能把自己的角色顺利地从同事转化成他们的领导。

心理解读

建议升职者在工作上强化职务差别，而在其他方面却要刻意淡化这种职位差别，从而缩小他们对你的距离感。此外，提醒升职者，必须在最短时间内改变自己过去的工作习惯，否则升职之路存有风险。

对隐私要守口如瓶

同事之间因为有利益牵扯，所以关系总是复杂多变的。身处在这种环境之下，一定要事事小心，万不可轻易地把自己的隐私告诉其他同事，以免被别人利用而不自知。

之所以会被同事利用，除了有些同事的别有用心，自己的轻信也是难辞其咎的，比如有些人面对相处多年的同事的时候，总是缺少戒备，随口就把自己的秘密告诉给了对方，结果导致了被利用被伤害的局面。

无数实例告诫我们，即使是共事多年的同事，也不可能像朋友那样没有任何利益冲突。所以，同事之间不宜“无话不谈”。特别是在涉及自己的隐私的时候，更要慎重。

毫无疑问，当你向同事倾诉衷肠时，需要先考虑一下倾诉可能带来的后果。除非你的同事是善良诚信之人，尚可信赖；否则，一定要管住自己的嘴巴。要知道，隐私会成为你的对手或者敌人攻击你的有力武器。想一想，因为这样被同事利用的事情还少吗?

许美和郑星在同一家公司工作，是工作上的搭档，两人关系很好。许美结婚之后，确知自己怀孕时，最先与郑星分享这个喜讯。在许美怀孕三个月左右的时候，他们所在的公司因管理不善关闭了，两人就一起重新找工作。许美从报纸上得知一家大工厂需招两个从事她这个行业的人，便约了郑星同去面试。当时负责招聘的部门领导听说他们是旧同事时，还用奇怪的眼光看了他们一眼。第二天，许美接到了那个领导的电话，要她去上班，她高兴地打电话告诉郑星。

可是，等许美去报到时，领导却问她：“你是不是已经怀孕了?”许美一愣，心想：老板是怎么知道的?老板接着说：“与你同来面试的那个男同事刚打电话来说的。如果我不知道这事也就罢了，但现在我知道了，我只能向你说声抱歉，我不想我的员工进来半年就要休产假。”许美知道是郑星在背后，搞了小动作，心里涌起一股情绪，但说不清是愤怒还是悲哀。

那位领导接着说：“我当时就奇怪你们俩怎么同时来应聘，要知道这是竞争啊！他这种人，我是不会要的；你如果生完小孩后还想来，可以再找我。”临走时，她送给许美一句话：“小心同事，不要再被人利用算计了。”

把自己的隐私告诉同事实在是不明智的，除非是为寻求帮助非说不可，否则不要轻易向同事吐露你的隐私。虽然他或她可以向你保证会保守秘密，甚至立下誓言，但是“嘴”毕竟长在别人身上，以后的事情谁也无法预料。等到被利用之后再四处寻找“后悔药”可就为时晚矣。

也许你说出内心的隐秘后你会觉得轻松一些，事实上你这是把身上最脆弱的一面暴露给了别人，以致让别人抓住你的把柄。

董雪在一家公司上班的时候，办公室里有个男同事一直对她不错。有一次那个男同事找了个机会向她表白，说很喜欢她。当时董雪已结了婚，便告诉他这是不可能的，他说他不图别的，只要能经常关心她就很快乐。后来有个和董雪关系还不错的女同事发现了那个男同事对董雪的关心，就问是怎么回事，董雪也没多想就告诉了她。

但是谁也没想到，没过多久，因为工作上的事情，董雪和她闹僵了，而她为了达到个人的一些目的，以董雪当初向她透露的情感秘密作为造谣生事的武器。这其中受伤害最大的还是那位男同事，最终他不得不选择离开，而董雪也为此内疚了很长一段时间。后来董雪谈起这件事的时候说，有些情感上的隐私千万不能说，说出来就可能给别人和自己造成不可弥补的伤害。

职场上，与同事保持友好的关系是必要的，但不要把同事当作无话不谈的好朋友。一旦因为你的轻信，而让自己的隐私成为被同事利用的把柄，就会有吃不完的苦果等待着你。

办公室是一个充满竞争的地方，是一个人人削尖脑袋追求自己最大利益的场所，如果你让同事掌握了你的把柄，就很可能被利用。为了生存和竞争的考虑，最好避免在工作中建立过于亲密的友谊，这就是所谓的“害人之心不可有，防人之心不可无”。

心理解读

你也许会有偶尔的情绪冲动，忍不住想把自己内心的秘密告诉对方，但是你必须学会控制自己的倾诉欲望，特别是关于自己的秘密和隐私更是不能告诉对方。

办公室中的潜语言

人在职场历练几年，都学会了虚伪的文明，在说“滚出去”和“你去死”之前，都要加上“请”和“谢谢”，这样情况下的对话，由于太过于注重形式，会显得虚幻莫测，会极大地妨碍沟通。

Mark很高兴自己有个好上司，每有机会他都会笑眯眯地讲：“不错不错，真棒。”初出茅庐的Mark一听表扬，马上连自己的中文名字都会忘记。他跟自己的同学在MSN上吹嘘：“很可能最近我就会加薪了哟。”

两周后，Mark与同组的Marry同作一个项目，给老板做流程演示的时候，老板仍然微笑点头，连说很好。Mark开心的表情还没来得及完全展开，就听见Marry以很诚恳的语气说：请多给我们一些意见吧，我们真的很需要知道这个项目有哪些不足。结果，老板一连点出了几个死穴，Mark被生生吓出一身冷汗。他不知道，“很好”“不错”背后的意思其实是“不够好”“很糟”，真正的意见，是需要你追问过后，人家才肯恩赐与你，让你的下一次变得更好。

让我们来看一些后半段语录吧：

“你的设计感觉是全组最好的，很有艺术天分，但是——你全无商业头脑，出来做事不是做艺术青年，少拿这一套美学理论来蒙混我们的广告客户。”

“你是部门老臣，劳苦功高，每个人都看得见，但是——不要依仗经验对年轻人指指点点，一把年纪了还跟新人争功谁会欣赏你?”

“我一向对你是另眼相看的，因为你确实与众不同，但是——事实上你也太耍个性了一点，公司讲究的是平等公正，不会对异类有什么特别照顾，再这么下去你要小心点。”

“我一点也没见怪，你别为刚才过激的话介意，但是——行走职场祸从口出，你这么动不动就拍案而起信口开河，会直接影响你的年度考核。”

该怎么办呢？答案就是：不要被情绪蒙蔽眼睛，理性才离真理最近。

还有一些这样的情况，别人根本什么都没说，但你一定要明白是什么意思。

周末同事们约好一起去郊游，却没有告诉你。这表明他们不喜欢你，你可能与上司太亲密，以致脱离了群众，大家怕你出卖他们。抑或你的工作十分出色，常被上司表扬，引起了同事的嫉妒。这就提醒你，要尽快与同事拉近关系。

办公室的同事常在一起窃窃私语，你一走近时他们就不说了。这表明他们一定在议论你的隐私，你与上司的关系是否很暧昧，是否有上司的隐私被曝光，你的私生活和化妆、着装上有什么不检点之处？检查你的私生活会发现他们议论的焦点。当然你也可以单独请其中一位和你关系较亲密的人喝茶，以了解症结所在。

你的同事都在背后诋毁你，你自己却没发现有什么过错，上司还常常表扬你。这表明你在办公室是个很能干的个人英雄主义者，缺少与同事的配合和沟通。办公室是一个集体，单枪匹马地去抢功，必然会遭到背后的冷箭。这样下去，你很快就会陷于孤立无援的地步。

心理解读

同事常向你倾诉个人隐私和对上司的不满。这表明你在办公室是个很有威信的员工，但这很容易会被其他人和上司看作小帮派，如果你的工作业绩平平，饭碗就有丢掉的危险。

正确对待闲言碎语

有一些大嘴巴的人，他们擅长东家长、西家短、蜚短流长、搬弄是非。他们犹如害群之马，一个集体、一个环境只要有他们的存在，友情会被破坏，人际关系会被搞紧张，好好的气氛会被搅黄，等等。

在我们的生活中，说他人的闲话是随处可见的，也曾经见过因为说他人闲话、道人家是非而起的朋友决裂、亲戚分裂。闲话无非就是平时没有事的时候几个人聚在一起，他说张家长，你道李家短，来满足每个人的好奇心。但是，说者无心，听者有意，闲话所造成的后果是无可估量的，闲话就等于在自己的身上安上了一颗定时炸弹，随时随地都有可能被引爆。职场中当然也是如此。办公室里，人们也会议论纷纷地说长论短。

口舌是决定职场人际关系的准则；搬弄是非，是职场里的“软刀子”，是最有杀伤力和破坏力的武器，这种伤害直接作用于人的心灵，捕风捉影的流言更让人有说不尽的厌倦和压力。但有益的“闲言碎语”却可以帮助我们和同事打成一片，和谐相处，建立有效的人际关系网。

闲言1：面对办公室恋情的谣言

策略：考虑消息的来源，如果你确认消息来自宿敌，你可要积极备战，要用大量的事实来证明你的清白。或者不必理会这样的谣言，因为清者自清，事实会说明一切。这世界根本就没有无坚不摧的谣言。但也应该注意自己的行为，检查一下自己有没有利用性别优势来“剥削”男士，如果有的话，你不招流言才怪呢！如果没有，那也应该谨慎自己的言行和举止。记住：办公室无性别。这是与异性上司和平相处，不陷入情感危机、不招流言蜚语的重要经验。

备注：天真的女孩子千万不要轻易对优秀的男上司动心，因为在他身后不知站着多少虎视眈眈、比你还道高一筹的女子。如果没有海纳百川的容量和足够的心理准备，那就别去自找苦吃！

闲言2：工作遇到困难或瓶颈时的抱怨

策略：每一个人在工作中都会遇到困难、麻烦甚至是挫折，但私下抱怨是于事无补的。不要期待别人来解决问题，你应设法寻找到平稳情绪、缓解压力的方法来调整自己的状态，保持清醒而理智的头脑，找出问题的根源，相信问题和事情终究会解决的！

备注：工作中遇到麻烦或困难时，很多人习惯私下向朋友或同事表达各种抱怨与烦恼，最后的结果就是全公司的人都会知道你有了问题，换来了团队对你的不信任。其实，当你遇到困难的时候，应该对自己增强信心，相信自己，你面对的问题和其他人是一样的！

再者，我们在职场中应该以工作为准，不要因为朋友的关系而影响对应该有的专业的正确判断。无论是对朋友还是其他人都应该公私分明照章办事。把私人感情夹杂在工作里只会让自己陷入纷繁复杂的人际之争和流言蜚语中，于人于己均无益处。

闲言3：有人在你面前谈论你和别人

策略：不要谈论自己，更不要谈论别人。谈论自己往往会自大、虚伪，在名不副实中失去自己；背后议论别人的短处，会降低你的人格。世界上没有不透风的墙，你说的话也迟早会被添油加醋地传入当事人的耳朵里。当有人在你面前说别人坏话时，你只要保持微笑就可以了。

备注：管好自己的嘴巴，无论是“长舌妇”还是“多嘴男人”都是惹人讨厌的！远离是非圈，免开尊口。自己的事情自己知道就可以了，少和周围的人闲扯。不妨试一试在背后说别人的好话，相信会有意想不到的效果的。

闲言4：搞好同事之间关系的捷径是闲聊

策略：

（1）记住某一些细节：名字、生日、爱好等。

（2）闲聊的内容要有所选择，谈论对方感兴趣的话题或引以为自豪的事情，回避一些隐私：私生活、家庭财产、薪水收入、体重、计划生育、公司的机密、个人和高层领导的恩怨。一旦知道了同事的心事和是是非非就不要再传播出去了。

(3) 闲聊分场合和时间。不要在办公楼的洗手间里戏谑、瞎聊，人多的场合，不要多说话。

(4) 创造一个自由、和谐、平等的气氛。这样的气氛会让人心情愉快，展示你的机智、幽默，风趣和笑容，让大家喜欢和你交谈、和你交朋友。

备注：利用好闲言碎语，它会让同事们肯定你存在的价值，也是你获得口碑和快乐的源泉。

心理解读

两片薄唇“拼凑”出来的言语，在唾沫横飞、一搬一弄之间，多少无辜者受着心灵的重创。生活中，美好的一切毁于人言的例子很多。

07　一团和气——与同事相处的艺术

单枪匹马打天下的时代已经过去，认为只要自己努力工作展现出超人的工作能力则必将获得重用的人太过天真。想要在工作中出人头地，和谐的同事关系至关重要。

工作中的“异性效应”

在人际关系中，异性之间相互接触会产生一种特殊的相互吸引力和激发力，通常对人的活动和学习起到积极的影响作用。这种现象称为“异性效应”。

事实上正是如此，在生理上，男女的体力及耐力之间存在着差异，可以互补；在思维上，女性一般更细心，更有耐心，也可以互补；在心理上，异性之间比同性之间往往能产生更多的好感。因此，“男女搭配”更能提高工作效率。

韩一伟是广州一家印刷包装企业的设计师，从他开始在这家企业工作到现在，他所在的办公室就一直只有五位男士。

韩一伟是一位非常喜欢工作的人，他为人勤劳，总是不断地思考，不断地产生新的设计思想。然而，最近这两年以来，他发现自已在办公室待得太久之后，经常会莫名其妙地产生一种厌烦、焦虑的感觉，而且白天很容易犯困，无论是自己创作还是完成设计，都没有了灵感。

直到有一个月，韩一伟办公室的主任聘来一位年轻貌美的美术学院毕业的女大学生做助理，从此，办公室中就有一个女孩和他们一起工作了。韩一伟发现，只要有这位女大学生在办公室，他工作起来就特别有劲儿，设计东西也特别有灵感，而且他还会莫名其妙地产生一种欣喜感和兴奋感。

像韩一伟这样，在漂亮女生来了之后所产生的这种心理效应正是我们平时所说的“男女搭配，干活不累”的验证。这种感觉，我们每个人可能都有亲身体验，男人们和异性在一起工作总是会感到轻松愉快，不知疲倦。当然，这绝对不是因为男人们天生就都是好色之徒，在这点上其实存在着心理学方面的道理。

这种心理反应的产生是基于一种叫做多巴胺的激素。多巴胺是一种能引起人兴奋并增强人的动机的神经传导物质。所以，人体内多巴胺水平的正常增高会使人感到活力无限和兴奋不已。

除了心理和精神方面的因素以外，研究人员还提出了另外一种解释“男女搭配，干活不累”效应的理由。外激素是通过分布在人或动物皮肤或外部器官上的腺体向外释放激素的。这种激素一般都有明显的气味，而这种气味又非常容易被周围的异性接收到，并对他们的行为产生影响。所以，多多利用异性相吸的原理来应对自己工作上遇到的问题，相信很多麻烦都可以迎刃而解。

叶茹凌是公司的管理人员，作为女性领导的她是个典型的女权主义者。今年，公司准备招聘几个男员工，叶茹凌就去质问上司：“为什么非得招男员工？我手下的女员工做出的工作成绩绝对不比男员工逊色。”

上司笑着对叶茹凌说：“难道你不知道，‘男女搭配，干活不累’的道理吗？我是看你们这群娘子军压力太大，想找些帅哥来帮你们分担一些重活儿嘛！”叶茹凌才不信那老一套，反驳说同性群体的凝聚力会更强。

看见两人争执不下，同事们就提议干脆在招聘时做一个小测试，分同样的工作给两组，其中一组全是女生，另外一组是男女搭档，看最后哪一队的工作效率高。这下，老板和叶茹凌举双手赞成。

测试的项目是独立完成一个策划案，从找项目、策划、出图，到结账。很快，几个小组的测试成绩出来了，大家的完成时间和效果相差并不大。但在问到两队组员的感受时，全是女生的那组明显感觉压力过大，男女搭档的一组则感觉更轻松。

分析原因才知道，在找项目的初期会比较费精力，这时男女搭档中的男性就体现了他们的价值。他们会把重担承担起来。而到了策划、出图等比较细致的活儿时，女性则会做得更多，做起来也更加轻松。这样的有效分工，自然减少了工作强度和压力。

心理解读

在工作中，男性和女性确实存在区别，有效的互补的确能提高工作效率。总之，合理运用“异性效应”会让两者在事业上互助、智力上互偿、气质上互补、精神上互悦，从而让工作事半功倍。

“华盛顿合作定律”

一个人敷衍了事，两个人互相推诿，三个人则永无成事之日。这样的加法得出的结果自然越加越少。这里所说的就是“华盛顿合作定律”。

如果两个或是两个以上的人一起工作，大家互相勾心斗角，各自为政，必然会事倍功半。而如果所有的人都能齐心合力，大家心往一处想，劲往一处使，结果则必然是事半功倍了。

一家中型贸易公司的核心部门被分为两个组。

卢林是其中一组的领头人，他跟随老板打拼多年，称得上是元老级的人物，虽然脾气不太好，但工作能力还是不错的，对老板也极为衷心。

第二组的领导鲁天阳是后来招聘进来的，不仅工作能力强，人际关系也很好，常向老板提出一些建议，老板也很看好他。

随着业务的扩大，老板打算在他们两人中升其中一人做公司的副总经理。卢林和鲁天阳知道消息后，便开始各自行动。

卢林自从知道有机会升职，就开始对客户更加积极，对供应商更加苛刻，常常为了降两三分钱不顾供应商的利益，不断向工厂压价。本以为这样做会获得老板的认同，但在一次业务报告会议上，鲁天阳却对卢林横加指责。

鲁天阳报告老板说由于卢林对工厂施压过重，造成工厂不得不对自己组的产品增加费用，且合作态度下滑。另一方面也担心第一组的产品质量会不过关。卢林立刻反驳说自己是在保证质量的前提下进行压价的。老板没有说什么，只是静观结果。

最后的结果如鲁天阳所说的，这月的产品大货验货中，质检没有通过，工厂虽然愿意部分返工，但延误了时间也会造成损失。

于是公司员工都开始抱怨卢林为了自己的利益过分压价。自然，这个言论的首传者就是鲁天阳。最后的结果是：这批货交货迟了，客户要求赔偿损失，公司无奈答应，这次的生意自然也没赚取多少利润。

任何一个团体都免不了存在“办公室政治”。甲今天说了几句不该说的话让乙很没面子，下次乙找个机会打甲的小报告，却被甲的朋友丙听见了，丙在工作中就故意使绊子，又在无意中损害了丁的利益……长此下去，这个打结的线团会越缠越大。“办公室政治”是引起内耗的主要原因，也是华盛顿合作定律的最直接表现。

在职场中，或大或小的矛盾总不可避免。找到一个中和点才是解决问题的关键。究竟如何才能克服华盛顿合作定律带来的不利影响呢？

一、设定目标明确分工

详细的职务设计能够使大家轻易看出谁在敷衍，谁在推诿。

二、卸掉包袱，轻装上阵

如果每个人都在不断地积累怨恨、愤怒，就会形成今后交往的障碍，消磨斗志，影响效率，而如果你宽容大度一些，你的态度就会影响到别人，从而形成良好的办公室氛围。

三、消除办公室帮派带来的不利影响

企业内部有帮派，每个派系都有自己的核心群体，不同派系的人员控制的部门之间的协作基本上是很难实现的，这样，企业就不再是一个统一的集体，企业的资源和力量也不再朝向同一个目标，涉及不同部门之间或者不同派别的人之间的工作任务，需要花费很多的时间进行沟通，容易导致大家对一件事情互相踢皮球，甚至相互推卸责任。

要处理好企业的内部帮派问题，员工们就不能互相猜疑、互相排斥从而影响企业的运作效率。

心理解读

要努力化解个人与个人之间，帮派与帮派之间的隔膜、斗争。勾心斗角只会消磨志气，燃起内讧。只有大家齐心协力，才能使1+1大于2。

工作中的"古德定律"

成功的沟通，靠的是准确地把握别人的观点，这是"古德定律"的精髓。如果你只一味地要求别人为你做什么，却不关心别人为你付出后可以得到什么，那你是达不到目的的。

成功合作的前提是：进入对方的心扉，知道他想要什么。任何人在合作中都想获得某种收益，都希望自己付出的心血、努力会得到回报。想成功合作，就需要满足对方的这些需要。

运坤是一家装潢公司的客户经理，为了让更多的客户选择自己的公司，他准备和售楼部的人员搞好关系，以通过他们来帮自己介绍更多的客户。

来过售楼部好几次后，他和一个名叫针响跃的员工渐渐熟悉起来。于是，运坤开始隔三差五地请针响跃吃饭，针响跃也从不拒绝。在酒桌上，运坤委婉地表明了意图，说道："响跃啊，最近来看房子的人不少吧？我听说好多户都交房了，但还没有装修。你知道我们公司的实力不错，价格又合理，多帮着推荐推荐。"

针响跃只顾点头称是，可一个月过去了也不见他给运坤推荐客户。运坤开始以为是针响跃不够意思，等他回家向老婆发牢骚后，老婆提醒了他："你只请人家吃饭，可是人家给你介绍客户并不是冲着你的几顿饭来的。不要光说让别人给介绍客户，你应该主动表示拿多少提成给人家。他不肯给你带客户来，就是因为你迟迟没有表示。看来你还不明白人家这样做的原因啊！"

其实在很多情况下，障碍来自于我们并不清楚合作方想要的到底是什么，如果我们无法满足对方的需求，就容易使问题复杂化。与人合作，就必须知道对方想要的或者所期望的是什么，能满足的就要认真满足；如果不能满足的，就要采取相应措施予以弥补。

那究竟怎样才能知道对方想要的是什么呢？两个字——沟通。对在沟通中获取的信息进行分析和判断，我们就比较容易知道对方想要的是什么。如果缺乏沟通，你合作的意图就会难以开展。

柳远顷准备策划和组织一项大型活动，因为活动的开展需要一个单位的协助，所以柳远顷一连好几天都往那个单位跑。见了负责人好多次，可那个部门的负责人既不说不给支持，也不说给，只是在饭桌上不断地诉苦，一会儿说最近任务多，人手不够，一会儿又说领导对这事把得很严。

柳远顷向上级报告此事，上级领导觉得如果那么多借口何不痛快拒绝呢，于是派人去调查。后来通过搜集信息，他终于知道了其中的原因。原来那家单位不是不愿意协助，而是希望自己能够出现在主办方的名单里，仅此而已。找到了原因，柳远顷自信满满地又找到负责人，很爽快地说写上他们单位的名字。问题就这么轻松解决了。

人与人之间会出现矛盾，往往是由于沟通不畅引起的，而沟通不畅的原因主要就是因为双方没有彼此了解造成的。如果当你向对方提出请求时，为了顺利达到目的，最好是站在对方的立场上思考他们想要什么，针对对方最关心的事去做文章，才能奏效。

有句话说得好："你要想钓住鱼，就要像鱼那样思考。"所以，在与人交往的时候，设身处地替别人想想，了解别人的意愿，这比一味地请求对方要高明得多。人都渴望被尊重、被理解。只有你换位思考，才能真正体察别人所需，办起事来才会把力使在点子上。

现代工作关系的最佳合作方式就是共赢，要想达到双方的共赢，就必须找到所谓的共赢点，这个点的关键就是首先知道对方想要的是什么，也就是把对方想要的作为共赢点。我们会有很多和别人合作的时候，和谐顺畅的合作关系当然是我们所期待的，但是如果我们在寻求合作的时候遇到障碍，就需要高度重视。

心理解读

我们首先应该想到，是不是自己没有满足对方最想要的？变换角色，深入体察之后，就要想办法尽量满足。惟有这样，双方才会合作愉快。

学会在背后赞美同事

如果我们经常当着别人的面说赞美之词，说多了难免会让别人觉得自己太过巧言令色，以致给别人以虚伪的印象。然而在背后说这些相同的好话时，别人就更容易接受，也更容易领情。

因为通过第三个人说出的言语，往往具有更大的信服力。

郭嘉是一个人缘极好的人，她十分善于“借他人之嘴”来为自己说话办事。有一次，公司来了新同事，因为下班正好和新同事顺路，所以她们经常一块儿回家。在路上，郭嘉相当热心地为新同事介绍公司的情况、每个人的脾气习惯，等等。其中他说的最多的就是她们的顶头上司张姐。

“张姐是个很有能力的人。我们这个部门以前是受批评最多的，自从张姐来后，简直是把我们这个部门变得焕然一新了。上班她总是第一个来公司，几年了一直如此。而且对自己负责的每一件事，她都力求做到最好，从不延误。我们下面的员工就是受到了她的感染，才转变了工作态度。而且你别看张姐平时挺严肃，要是公司聚会什么的她表现得可活跃了，她唱歌是一流的！除此之外，她还会跳舞，还会设计，还会做小点心。张姐就是一个全才。”

不久，公司组织去 KTV 唱歌，新同事看着张姐玩得如此尽兴，就说道：“没想到张姐的歌唱得这么好，郭嘉姐就经常跟我说你的歌唱得特别棒。当时她说你工作能力又强，还有很多特长，我还真有点不敢相信呢！现在我全信了，郭嘉姐和我都特别崇拜你。”

张姐听后，会意地朝郭嘉笑了笑。在那之后，张姐对郭嘉更加照顾了。

如果我们当着上司和同事的面赞美上司，同事们会认为我们在讨好上司，拍上司的马屁，从而引起周围同事的反感。而且，这种正面的赞美所起到的效果也是不明显的，甚至还会起到反作用。与其如此，我们不如在公司里上司不在场时，对上司大力吹捧一番。既摆脱了谄媚的嫌疑，又让上司容易接受。

背后说别人好话要比当面恭维别人的效果明显好得多。你完全不用担心你所赞美的人会听不到你的赞美，相反，你对对方背后的赞美很容易就会传到对方的耳朵里，对方也会因此对你另眼相看。

德国历史上著名的“铁血宰相”俾斯麦，当时为了拉拢一位敌视他的议员，便故意在别人面前赞美这位议员。俾斯麦知道，那些人听了自己对这位议员的赞美后，一定会将话传给他。果然不久，这位议员和俾斯麦成了不错的政治盟友。

要想取信于一个人，聪明人的做法就是在背后赞美他。如果你的上司讨厌别人阿谀奉承，那么当面赞美肯定不是明智之举，为了赢得上司的好感，你可以试着在同事面前说上司的好话，从别人口中传入上司耳朵里的赞美之词肯定会为你在上司的印象中加分。这就叫做：借别人之嘴，为自己获利。

在一般人的观念中，“第三者”所说的话大多比较公正、实在。因此，聪明的赞美方式是借他人之口来赞美，如此更能赢得被赞美者的好感和信任。

试想，如果你听到别人直接对你说：“你真漂亮。”或是从别人口中得知：“某某经常与我谈起你，说你既漂亮，又有气质！”相信后一种方式你会更乐于接受。同理，如果你的上司经常对你说一些勉励的话，可能你的感触并不大，但如果在某一天你从另外一个同事口中听到了上司对自己的赞赏后，相信一定会深受感动。

赞美的魅力是无穷的，是人际关系的润滑剂，多在第三者面前赞美你想赞美的人，是你与那个人融洽关系、增进交往的很有效的方法。

心理解读

如果你当着别人的面大加赞美，别人说不定会感到厌恶，如果间接借他人之口，就算说得有些离谱，别人听着还是会如吃了蜜一般甜

。

不要单独就餐

那些独来独往、游离于团队之外的人总是会被曲解成是自以为是、傲慢轻狂的人。如果你希望最快地融人到团队中，就不要脱离团队行动，特别是不要单独就餐。

请记住，你不是一个人存在于工作环境中，你身边还有很多人，如果你忽视他们，他们也将把你当成局外人，对你产生质疑和冷漠，忽视你的存在。

王琪聪是公司新来的职员，因为性格有些内向，所以在中午总是一个人用餐。大家都喜欢叫外卖，而王琪聪却总是一个人到公司的食堂或是楼下的摊贩那去吃东西。她是个不善于在人多的场合说话的人，一开始她还为自己不用绞尽脑汁去思考和同事搭什么话而庆幸，但很快她就知道了这样做的坏处。

一次，公司要进行季度考核，王琪聪开始认真地复习。而有一位同事却说有什么小道消息，有几道题必考，于是就趁中午大伙都在的时候将题目说了出来。由于王琪聪一个人在外吃饭，所以什么都不知道。后来考核成绩发下来，王琪聪的成绩排在了最后。

不仅如此，由于不和同事一起就餐，所以很多关于同事的事情她都不知道。一次她问有孩子的李姐："李姐，你的孩子那么乖，你和你老公肯定付出不少精力去培养他吧!"李姐听后脸色立即阴沉下来，事后一位同事才告诉王琪聪："你不知道啊？李姐已经和他丈夫离婚好几年了。"

而且当上司问到王琪聪了解了多少同事的事情时，她支支吾吾零碎地回答了半天。在上司眼里她成了个缺乏团队精神的人，在同事眼里她成了个孤僻、不谙世事的人。

加入一个团队，首先就是要融入这个团队，只有让团队中的每个人真心地接受你、肯定你，你的工作才能更好地开展，你才会得到更多的方便。也就是说，你需要跟大家建立良好的工作甚至私人关系。没有谁可以独立于团队之外，我们的工作、成长都离不开团队。而你在团队中扮演的角色就是跟其他个体连成一条线，共同完成使命。

哪怕你的时间很紧张，也请不要自己单独就餐。和大家打成一片，你才能更好地融人集体，受到同事们的欢迎。

梁蕊就是个很乐于和同事一起吃饭的女生，她为人热情，和同事吃饭时总是逗得大家十分开心，有时还会买些水果和大家一起分享。由于每天吃饭的时间都有大概半个小时，所以梁蕊就和同事天南海北地聊，聊公司的事，聊同事的性格，聊上司的习惯，聊工作的方法。很快，梁蕊就摸透了上司的习性和喜好，所以从不做那些老板不喜欢的事。同时她也了解每个同事的脾气，尽量不会去触碰他们的雷区，还会按照每个人不同的工作方式去配合他们。正是因为在平时吃饭时获知了很多信息，所以梁蕊在职场上总是如鱼得水，工作也很到位，深受上司和同事的喜欢。

工作关系看起来仿佛都是在工作中培养的，其实不然，真正良好的工作关系更多的往往是在日常生活中、私下的交往中确立和不断增进的。不要小看吃饭那一点点的时间，那可是你最快融入这个集体的最佳途径。和大家一起吃饭，一起谈笑，一起讨论工作中的问题，你将获益匪浅。

此外，共同就餐还能缓解紧张工作带来的压力，让人心情放松，更能建立起庞大有效的关系网络。

心理解读

共同就餐能让你和同事之间的关系更加亲密，如果有什么摩擦和误解，也可以在就餐时的沟通中得到化解。

必要时学会自嘲

每个人都可能会遇到一些让人感到难堪的事，如采取适当的“自嘲”方法，不但能使自己在心理上得到安慰，还能让别人觉得你是一个豁达的人，你也将赢得更多人的欣赏。

有一次，美国前总统罗斯福家被盗，家里值钱的东西都被洗劫一空。罗斯福的朋友听说后都很替他担心并安慰他。谁知罗斯福竟调侃地说道：“谢谢安慰，我亲爱的朋友，我现在很平安。同时我还要感谢上帝，因为贼没有伤害我的生命，也没有偷去我全部的财产，最值得庆幸的是做贼的是他而不是我。”

自嘲能有效地平衡自我的心理，同时使自己聪明地摆脱窘境。幽默一直被人们称为是只有聪明人才能驾驭的语言艺术，而自嘲又被称为幽默的最高境界。心理学家认为，懂得自嘲的人不但活得快乐，而且自信，心胸开阔。

传说古代有个石学士，一次骑驴不慎摔在地上，一般人一定会不知所措，可这位石学士不慌不忙地站起来说：“亏我是石学士，要是瓦的，还不摔成碎片?”

一句妙语，说得在场的人哈哈大笑，自然也在笑声中免去了难堪。

还有这样一个笑话：

田青在公司不小心滑倒，由于体型比较胖，所以摔倒的姿势更加引人发笑。看见周围的同事想笑又不好意思笑，田青自嘲地说："还好我肉多，如果不是这一身肉托着，还不把骨头摔折了？哈哈。"见他本人不介意地笑起来，周围的人也都放声大笑。而大家也因此更喜欢这个心宽体胖的小田了。

心胸狭窄的人是不会自嘲的，因为这样的人通常都十分小气，自然也不会受到大家的欢迎。敢于自嘲的人是有气度和勇气的，这样的人往往是团队中的开心果。他们让单调呆板的生活增添色彩。他们所得到的并不只是笑声，还会赢得由衷的尊敬和友谊。

一位叫美琪的朋友，被顽皮的男同事调侃为"小美冰琪淋"，但她并不介意，还接口道："对啊！营养丰富、味道好！谢谢你的赞美"。

一个叫汪奥的男子一次和同事去参加舞会，在同事的怂恿下，他准备去邀请一位身材高挑的女孩跳舞。没想到那女孩竟拒绝说："我从不与比我矮的男人跳舞。"汪奥听了并没有介意，而是大声说道："唉！我真是武大郎开店，找错了帮手啊！"那女孩听后脸红耳赤，不远的同事也笑成一团。

自嘲在表面看来虽然自己有点吃亏，但实际上却轻易地建立起了亲和的形象，周围的朋友会觉得你轻松、自在，是个"开得起玩笑"的人，因而乐于靠近你。

生活中，自嘲能缓冲矛盾，取得转化，保持自己平衡的心理状态，是一种有效的心理防卫措施。一个掌握"自嘲"方法的人，就等于掌握了制造愉快和摆脱困境的能力及反嘲别人的权利。因此，在你的生活中，面对别人的冷嘲热讽，不妨试试使用"自嘲"这个方法，也许会收到意想不到的效果。

心理解读

生活有时总不那么令人满意，如果我们一味地去追求完美，也许会患得患失，少了许多做人的乐趣。用自嘲来宽心对待，不仅会给自己带来心灵上的安慰，还会让别人获得更多的快乐。

难得糊涂赢得好人缘

人人都不喜欢斤斤计较的人，而是喜欢有些“糊涂”的人，所以做人做事不妨糊涂一些。要知道，秉持糊涂的心态做人，不仅会赢得别人的好感，还能得到跨进成功之门的钥匙，何乐而不为呢？

庞龙海在一家公司任职工程师，一天，老板带来一个新人，准备让庞龙海带他。老板对庞龙海说：“小庞啊，这是我好朋友的儿子，叫聂林，现在来我们公司实习，就让他在你手下帮忙吧！他没有什么经验，你可得好好教教他啊！”

庞龙海很乐意地接受了，但没过多久他才知道，这个聂林在大学完全是玩儿过来的，一些基本的设计知识都没有掌握，让他在自己手下帮忙简直是添乱。聂林在工作中一再犯错误，不但帮不上忙，还经常要庞龙海来收拾残局，他的工作负担一下子加重了许多。

庞龙海不明白为什么老板会让这么一个没有能力的人来公司。不过后来他明白了，聂林并非是老板好朋友的儿子，而是公司一个大客户的儿子。怪不得自己向老板汇报聂林的问题时老板总不做什么表示。开始庞龙海还很生气，但当他分析了利弊之后，决定还是不去过多地计较。既然老板都装糊涂，自己干吗还那么较真呢？于是他开始以平常心来对待聂林。

虽然聂林是一个非常不合拍的搭档，但他的为人还不错，而且也在很认真地学习，有些小事也能处理一下。庞龙海渐渐地不在老板面前说聂林的不是了，还常常帮聂林做些他完成起来有些吃力的工作。

一次，庞龙海准备研究一个新项目，在项目实施的关键时期，由于涉及技术方面的问题，他向老板提出应该考虑给他重新加派人手。而此时的聂林也感到自己能力有限、力不从心，于是主动向老板辞职。

聂林在走的时候，还特地感谢庞龙海，说他一直清楚自己的能力，但庞龙海从来没有因此而看不起他，反而热心地帮助他，所以他非常感谢庞龙海对自己的关照。而且聂林还对庞龙海说：“你放心，我爸不会因为我的辞职，就中止和你们公司的合作，如果以后有什么事需要帮忙，我可以让我爸爸帮助你。”庞龙海听了颇为感动。

待聂林走后，老板也夸奖了庞龙海，说："我知道让聂林在你手下做事给你增加了不少负担，但你处理得非常好，从不计较，聂林也跟我说了你对他十分照顾。好好干，有一天你会做得更好的。"

庞龙海表面的糊涂给足了老板和聂林面子，并以实际工作来证明了自己的能力。委曲求全的"糊涂"让庞龙海获得了更大的利益。

人在职场中，一方面我们要时刻保持清醒的头脑，一方面还要适时"糊涂"。正所谓，在一些场合你不一定要很聪明，但一定要清醒。糊涂做事，就是清醒的一种表现。那究竟哪些场合你需要聪明，哪些又该糊涂呢?

一、小事可以糊涂些，大事一定要严肃对待

对本职工作或上司交办的其他事不能糊涂，合同、薪水、待遇、升迁等也要心中明了。除此之外的事，可算是些小事，可以糊涂些。

二、工作中的问题不能含糊，但和同事的关系不必分得那么清

自己对待工作的态度一定要端正，做事不能马虎了事。在人际关系的处理上不能较真，就算是你不喜欢某人，也尽量不要表现出来，人际关系非常微妙，一不小心你就可能陷入斗争的漩涡。所以千万不可背后议论他人，难得糊涂嘛。

三、有把握的聪明些，拿不准的糊涂些

对于已经深思熟虑、想好的事，可以大胆提出自己的意见和建议。对突发的、自己拿捏不准的事情，要表现得糊涂些，不要轻易表态，等想好了后再提出自己的意见来。

心理解读

难得糊涂，人才会清醒。难得糊涂其实就是不糊涂，把握了这门低调处事的艺术，就能轻松自如地应付周围的环境。

不要在工作中树敌

在工作中树敌，无疑是自己给自己增设了一道障碍。同事之间难免

会因为个性、习惯、经验、利益等各方面的原因产生分歧或矛盾。矛盾不可避免，可我们的心态却可以改变。

你可以不喜欢某人为人处世的风格，可以不喜欢某人斤斤计较的小肚鸡肠，可以不喜欢某人骄傲自大的脾气，可以不喜欢某人谄媚的嘴脸，但不喜欢归不喜欢，你不一定非得在脸上和态度上表现出来。多一个敌人对自己是没有好处的，最后吃亏的也必然是自己。所以请记住这样一个规则：即便是做不了朋友，也绝对不要成为敌人。

朱露和陈婧是一起进入一家广告公司的，虽然她们都看不惯职场中某些人的做法，但两个人的处事方式却大相径庭。朱露脾气很好，为人也较为圆滑，哪怕是自己吃一点小亏，也不会和那些老员工斤斤计较。而陈婧却不一样，她是个直肠子，不喜欢谁就会表现得很明显，对别人爱答不理。在学校也许还会有人欣赏陈婧是个率直的人，但在职场，这样的脾气却让她四面树敌。每当陈婧在工作中碰到一些难题需要寻求老员工的帮助时，总是被别人委婉地拒绝，所以她的工作开展起来相当艰难。而时时都笑脸相迎的朱露却获得了大多数人的好感，在职场中如鱼得水。

在社会上打拼，本来就面临着各种无法预知的风险，如果你再人为“树敌”，那你的处境只会更加艰难。在家靠父母，出门靠朋友，多一个朋友就多一条出路，那要是多一个敌人呢？很遗憾，你有一条路已经被堵上了。朋友多了或许会让你忙于应付，但敌人多了，就是再坏不过的事了。

我们可以看到，许多人因为不满对方，所以使用激烈的词语以伤害、打击他人；由于某件事存在分歧，双方争得面红耳赤；由于一些小摩擦，彼此疏远，形同陌路。这些矛盾带来的后果不仅会给公司造成影响，对双方的心理和利益也都是不利的。

职场是合作的舞台。每个人在工作中都难免会有求于他人的时候，如果树敌太多，会让自己举步维艰。减少矛盾，与同事进行资源互补，才能使双方受益。所以我们不能意气用事，而必须要以成熟的心态和方式来解决同事之间的矛盾。朋友和敌人的界限也许就在一线之间，给自己一个机会，无疑也是给自己多留了一条出路。

但凡合作就难免会有矛盾产生。对待工作中发生的矛盾，应当站在工作的角度予以解决，而不能动辄上升到人身攻击，把原本限于工作层面的矛盾升格为私人斗争。摩擦或裂痕的产生是由于缺乏必要的感情基础，要使矛盾得以缓解，就应该注意互利。而请求对方帮助也是你化解矛盾的良方。

1736 年，富兰克林竞选州议会书记员的位置。虽然富兰克林心中知道自己会获得提名，但有一个很大的问题就是有个极有影响力的人反对他。这个人之前和富兰克林有些摩擦，所以一直不和。富兰克林懂得如果不争取到这个人，自己就会输掉。

后来富兰克林在自传中写道：我听说他的书房中有一本珍贵的书，于是给他写信，表示我想读这本书，希望他能帮个忙，把书借给我。那人对这一要求感到很高兴，于是把那本书借给我。后来，这个之前的敌人成了富兰克林坚定的支持者。

心理解读

工作中一旦树敌，不仅会在心理上形成隔阂，进而还会因为沟通障碍而影响工作。

所以，即便和别人有矛盾，也绝无必要演变成冲突，应该寻找一些方式来有效化解。至少要避免树敌而可能为自己带来的“打击报复”等情况的发生。

化解同事对你的敌意

同事们对你有敌意绝不是一件好事，轻则被孤立排挤，严重的还会受到攻击。那么如何化解这种敌意呢？首要之事就是要找到自己被敌视的原因，从源头入手，问题才能得到很好的解决。

被同事敌视的滋味不好受，被敌视的原因也是五花八门，但每个感到被敌视的人都可以想一想，为什么被敌视被排挤总是自己，而不是别人呢？除了遇到一些天生善妒的小人之外，大部分时候，自身的某些缺点才是导致被敌视孤立的主要因素。

在单位里，飞扬跋扈的人，搬弄是非的人，打小报告的人，爱出风头的人，往往都是被敌视的对象。假如你被敌视了，赶快检查一下自己，看自己是不是这类人。然后找出原因，采取有效的办法，使自己脱离被同事敌视的窘境。

杨乐思自从进了现在这家公司后，就一直被同部门的两个女同事敌视。每天上下班，杨乐思都会向她们微笑打招呼，但她们总是面无表情，装作没看见。每每这个时候，杨乐思的微笑就一落千丈下子粘在了脸上别提多尴尬了。平时，她们也不和杨乐思讲话，有时杨乐思凑过去想和她们一起聊天，结果她们像商量好的一样，马上闭上嘴巴，各做各的事情去了，丢下杨乐思傻傻地站在一边。

在这种环境下工作杨乐恩的郁闷可想而知。后来，她迂回曲折地从其他同事那里听到一点风声，杨乐恩虽然初来公司，但工资却比这两个女同事高出一大截，于是引来了她们的忌恨。

杨乐思对现在的工作非常满意，不仅轻松，工资待遇也很称心。她不想因为同事关系不和就牺牲了工作，可心头的烦恼却一天甚似一天。

杨乐思苦寻解决之道，终于发现，堡垒都是从内部攻破的，想不被人敌视，关键在于打破敌意方的统一战线。于是杨乐思找机会多接近两人中比较好说话的那个，经常赞美她的服饰、气色，聊聊家常；另一个就只打招呼，少说话。时间长了，她们的阵营居然真的被分化了。杨乐思成功地改变了自己被敌视的局面。

不过，使用这一计，必须有十足的耐心，而且，并不是所有的情况都适用这种解决方法。

如果被敌视，排除客观原因，自己身上一定也存在问题，解决困境就要从自身出发。积极地面对，细心的处理，重新打造良好同事关系，走出被敌视的局面。

郭颖慧是个精明能干的女子，年纪轻轻便受到老板的重用。每次开会，老板都会问问郭颖慧，对这个问题怎么看？郭颖慧的风头如此之劲，公司里资格比她老，职级比她高的员工多多少少有些看不下去。

郭颖慧观念前卫，虽然结婚几年了，但打定主意不要孩子。这本来只是件私事，但却有好事者到老板那里吹风，说郭颖慧官欲太强，为了往上爬，把生孩子的事情弃之不管。这个说法一时间传遍了整个公司，郭颖慧在一夜之间变成了“当官狂”。此后，郭颖慧发觉，同事看她的眼神都怪怪的，和她说话也尽量“短平快”，一道无形的屏障隔在了她和同事之间。郭颖慧很委屈，她知道自己并不是大家所想的那么功利，但是大家为什么看她都那么不屑？

郭颖慧在职场中锋芒毕露，且没有注意平衡与周围人的关系，导致这样的结果并不奇怪。虽然郭颖慧并非是目中无人之辈，但是她做事很高调，不懂得适时隐藏自己的锋芒。其实只要郭颖慧真诚地对待同事，日子久了，他们自然会明白。

像郭颖慧这样，成绩比较突出，还经常受到领导的夸奖，但是同事们却敌视她排挤她，甚至见面都不愿意打个招呼的人实在不在少数。面对困扰他们的“敌视心理”，有什么化解之策呢？

首先，成绩比较突出，得到领导的肯定是件好事情，以后更加努力；其次，检讨一下自己是不是对工作的热心超过了与同事交往的热心了，加强同事间的交往；再次，工作中不能伤害别人的自尊心；最后，不在领导前拨弄是非，和领导私人间的接触不能太过分，以免给同事们造成马屁精的印象。

心理解读

做工作也是一场不可以小瞧的“心理战”，在工作好的同时，人际关系也要好。一定要重视同事之间的友好往来，才能避免被敌视的情况出现。

从握杯了解同事心理

当你和同事在一起喝水聊天的时候，或者是一起聚会的时候，你往往不会注意他们握杯的方式，其实这样一个简单的动作在一定程度上能够反映出一个人的心理。

如果你发现同事在使用杯子的过程中，手只握住杯子的把手，说明他们很有主见，也很有智慧。在工作上往往会得到很多人的信任。一般来说这样的人在公司能起到一个“领头羊”的作用。他们在处理事务的时候往往表现得非常冷静和理智，不会有任何慌乱，即使发生再大的事情，这样的人也不会惊慌失措。他们通常是一个工作团队的核心人物。

这类同事的缺点在于精神上经常处于一个比较紧张的状态，内心常常无缘无故地感到焦躁不安，同时他们很容易扔出一个重磅“炸弹”，让周围的人感到“大吃一惊”。

如果你发现你的同事在使用杯子的过程中，把手指插在杯子的把手里，然后用手环握住整个杯子。这样的同事善于交际，他们的“人缘”非常好，他们在公司中起到一个凝聚大家的力量的作用，即使他们本人没有什么太大的能力，但是他们绝对是集体中不可或缺的因素。

同时，你还要认识到，以这种方式握杯子的同事在日常生活中显得比较保守，但是有时候也有一些令人意外的开放的表现。

如果你发现你的同事在使用杯子的过程中，用手握住杯子的把手，然后用小指头按住杯子的侧面。这样的同事往往心思比较缜密，一般会把自已的工作安排得井井有条。一般来说，他们的计划性相当强，如果没有什么特别大的情况，他们一般将自己的计划坚持到底。但是他们在人际关系上表现得非常敏感，常常会因为一件微不足道的小事，而把事情做得非常糟糕。一般来说他们的性格比较敏锐，在工作上常常表现得非常有激情。在短暂的时间里，如果你的同事有这样的表现，那么就说明他们今天的情绪似乎和往日不同，以这种姿势紧紧地握着杯子，说明他们的内心有一些不安和焦虑，这个时候他们很需要向别人倾诉。

如果你发现你的同事在使用杯子的过程中，握住杯子的把手，用小指头托住杯子炮底部。说明这类人的情感比较丰富，属于比较感性的一类人，他们的上进心非常强，在工作上往往是一个完美主义者，因为他们的心理无法因为平凡而获得满足。他们的优点在于善于应用自己的创意，给自己的工作“增光添彩”，他们一般具有比较卓越的艺术感觉。

心理解读

如果他们仅仅是某一天突然以这种姿势握住杯子，则说明他们心中有许多苦恼和担忧，所以分不出心来关心你的感受，这个时候就需要你的理解。

08　恰如其分——与上司相处的学问

想要自己的事业平步青云，想要在公司有所施展，就必须重视你的上司，学一点“管理上司”的技巧。只有摸清上司的脾气，洞悉上司的秉性，才能得到上司的青睐，让他助你在职业仕途上节节高升。

不要企图替上司作主

如果你的上司愿意听听你的意见，那么你可以大胆说出你的想法和看法。但是千万记住，即便你的意见是对的，也不能强迫他采纳，更不能自作主张，替他做主。

罗马执政官马西努斯围攻希腊城镇帕伽米斯的时候，由于城高墙厚，士兵们死伤惨重却仍然未能攻占这座城镇。最后，马西努斯发现城门是最薄弱的环节，于是打算集中兵力猛攻城门。但要攻打城门就必须用到撞墙槌，当时军中并没有这种器械。马西努斯想起几天前他曾在雅典船坞里看过两支沉甸甸的船桅，就马上下令把其中较长的一支立刻送来。

然而，传令兵去了多时，桅杆仍未送达。原来，是军械师与传令兵发生了争执：军械师认为短的那根桅杆才能真正发挥作用，不但攻城效果比长的那根要好，而且运送起来也方便，他甚至花了不少时间画了一幅又一幅图来证明自己的专业，而传令兵则坚持执行命令，既然上司要长的桅杆，他的任务就是让人把长桅杆送到上司面前。

面对军械师喋喋不休的说辞，传令兵不得不警告他，他们的领袖是不容争辩的。他们都了解领袖的脾气，军械师终于被说服了，他选择了服从命令。在士兵离开以后，军械师越想越觉得自己的想法是正确的，他觉得服从一道将导致失败的命令是毫无意义的，于是，他竟然违抗命令送去了较短的船桅。他甚至幻想着这根短桅杆在战场上发挥功效，使领袖不得不赏赐他许多战利品以赞扬他的高明。

马西努斯见送来的是那根短的桅杆很生气，马上召来传令兵，要他对情况做出合理的解释。传令兵忙向他汇报说军械师如何费时费力地与他争辩，后来还承诺要送来较长的桅杆。马西努斯对这名军械师的自以为是深感震怒，于是，他下令马上把这名军械师带到他面前来。

又过了几天，军械师才到达。他并没有察觉到领袖的震怒，反而为能够亲自向领袖阐述自己的正确理论而洋洋得意。他仍然以专家自居，滔滔不绝地说了许多专业术语，并表示在这些事务上专家的意见才是明智的。马西努斯见军械师仍然不改其说大话的老毛病，十分生气，立刻叫人剥光他的衣服，用棍子活活地将他打死。

这名军械师可能死后也不会搞懂自己错在什么地方，他设计了一辈子的桅杆和柱子，还被推崇为这方面最好的技师，凭他的经验，他知道自己是对的，因为较短的撞墙槌速度快、力道强，更适合攻城。他可能永远也没办法想通，他费尽口舌向统帅解释了大半天，为什么统帅仍然坚持他的无知呢。

现实生活中，像军械师这样自以为是的人随处可见，即便在上司面前也不懂得收敛。虽然我们不能否认他们的聪明才智，但是这却犯了领导的大忌，他们或许能接受你的意见，而绝对不容许你替他作决定，你的越俎代庖，会让他觉得你是自作聪明，对他不够尊重。所以，记住：献策，而非决策。

在现代职场，我们千万不能走进一个误区，即便是你深得上司的赏识和重用，也不能因此狂妄自大，认为自己可以擅自作一些决定。你要永远把上司放在第一位，任何一个关键性的决定都要经得上司的同意，哪怕你只是走一下“形式”，也很有必要。问题的关键不在你作的决定上，而在于你是不是尊重你的上司，有没有忽略他的存在。

周络苏年轻干练、活泼开朗，进入企业不到两年，就成为主力干将，是部门里最有希望晋升的员工。一天，公司经理把她叫了过去：“小周，你进入公司时间不算长，但看起来经验丰富，能力又强。公司开展了一个新项目，就交给你负责吧！”

受到公司的重用，周络苏欢欣鼓舞。恰好这天她要去上海某周边城市谈判，考虑到一行好几个人，坐公交车不方便，人也受累，会影响谈判效果，如果打车一辆坐不下，两辆费用又太高。她思来想去觉得还是包一辆车好，经济又实惠。

主意定了，周络苏却没有直接去办理。几年的职场生涯让她懂得，遇事向上级汇报是绝对有必要的。于是，她来到经理办公室。“老板，您看，我们今天要出去，这是我做的工作计划。”周络苏把几种方案的利弊分析了一番，接着说：“我决定包一辆车去！”汇报完毕，周络苏满心欢喜地等着赞赏。

但是却看到经理板着脸生硬地说：“是吗？可是我认为这个方案不太好，你们还是买票坐长途车去吧！”周络苏愣住了，她万万没想到，一个如此合情合理的建议竟然被驳回了。她大惑不解：没道理呀，傻瓜都能看出来我的方案是最佳的啊。

其实，问题就出在“我决定包一辆车去”这句自作主张的话上。周络苏凡事多向上级汇报的意识是很可贵的，但她错就错在措辞不当。在上级面前，说“我决定如何如何”是最犯忌讳的。如果周络苏能这样说：“经理，现在我们有三个选择，各有利弊。我个人认为包车比较可行，但我做不了主，您经验丰富，您帮我作个决定行吗？”上司若听到这样的话，绝对会做个顺水人情，答应你的请求，这样才会两全其美。

作为上司手下谦虚、聪明的下属，你要把你的决定以最佳的方式渗透给他，从主动的提议变成被动的接受；忌急躁粗暴，多倾听和征询上司的意见和建议，少做一些不容辩驳的决定和争论，即使你可能是对的。

心理解读

即使对待能力不强的上司，同样要保持尊重，不擅自行动和作决定。要知道他才是公司的最高决策者，你充其量只有提提建议的权利，你替他作决定，就等于无视他的存在。

下属应以服从为天职

"无条件服从"是沃尔玛集团要求每一位员工都必须奉行的行为准则。服从不是抹杀员工的个性，也不是"残酷的泰勒制"，而是一个企业确保公司决策顺利执行的关键。

所以，作为员工，对上司指派的任务都必须无条件地服从。没有服从就没有一切，所谓的创造性、主观能动性等都是在服从的基础上成立的。

曾经在某市电视台经济频道的谈话栏目中谈论了这么一个话题："当今的企业文化还要不要服从"。现场几乎所有观众都认为企业应该遵循人人平等的原则，而不是一味的服从，但当在场的一位企业家说出了自已企业的问题时，现场的观众却对自己之前的想法产生了质疑。

这位企业家说道："虽然我们公司在行业内排名前三，但我现在还是十分着急，因为外国企业的入驻会对我们形成极大的威胁，所以必须抓住机会，加快发展速度。"

"您现在已经有了明确的发展方向，相信计划也已成型，为什么还这么焦虑？"主持人问道。

"问题就出现在这里。虽然总部已经按照我的思路制定了策略、计划，但分公司认为总部的方案不好，而他们自已又拿不出好的方案。后来我们又根据分部的提议采取了像刚才那位观众说的民主做法，可还是不行。后来整个公司的效率非常低，早提出的计划一直拖着。"

听完企业家的阐述，记者若有所思地说道："也许是因为企业的文化缺少了灵魂才造成这样的现状，我想这个灵魂可能就是大家所说的服从吧。决策权本就在总公司，而且风险也是由总公司来承担，分公司不服从，就有点本末倒置了。"

这期节目引起了许多企业界人士的关注，大家也开始深刻意识到一个企业的服从意识是多么的重要。

服从是行动的第一步，工作中丢弃了服从，就会让下级搞不清楚自己的角色，不知道谁是上级。只有服从才能让整个团队发挥出超强的执行能力，使企业得到合理发展。没有服从，即便领导有再好的决策也无法执行下去，整个团队也就失去了任何核心价值。

西点军校塑造出了许多企业管理精英，像沃尔玛、可口可乐、通用电气的创始人或CEO，都是出自西点军校。不要怀疑一个陆军军官学校怎么会培养出那么多的企业家，这不是偶然，而是依靠着一个重要的法宝。

西点军校视服从为美德，认为它是“领导之母”。西点军校规定，军人必须以服从为天职，否则就无法在军队立足，更没有资格担任中高级领导职务。

毕业于西点军校的沃尔玛创始人沃尔顿说过：“我们要的不是和领导作对的员工，而是服从领导决策、第一时间完成任务的员工。没有服从就没有执行，团队运作的前提条件就是服从。”

服从是员工的天职，是员工职业精神的精髓。一个人只有在学习服从的过程中才会实现团队的利益和自我价值。如果员工做不到服从，那么在团队协作的时候就很难达成共同的目标；反之，有了服从，团队就会有凝聚力，每个人也都能发挥出超强的执行能力。

心理解读

服从是成为优秀员工的首要任务。只有定位好自己服从的角色，才能在现代的职场竞争中立于不败之地，也才能使你成为公司不可或缺的员工。

不要挑战上司的权威

上司的权威是不可侵犯的，它是一个“雷区”。冒犯了他的权威就是对他尊严的挑战，这是一个很危险的行为，无异于给自己埋下了定时炸弹。所以，永远不要挑战上司的权威。

以下几点一定要谨记：

一、切忌站在上司的位置指手划脚

且不说这指手划脚是不是对上司实际上有没有好处，但它的确侵犯到了上司的尊严，你的好意会被他误解为你无视他的权威，甚至瞧不起他。这在两个普通人之间尚不能忍受，更何况是领导？

在企业里，有些员工忽视了上司与员工之间的界限，站在上司的位置上指手划脚，虽然感觉不错，却引起了上司的不满，甚至会因此葬送了自己在公司的前途。

二、千万不要擅自替上司拿主意

有些时候，员工是无意识地站在上司的位置上，所做的也只不过是上司肯定同意的事情，所以当时并没有意识到有什么错，甚至以为：既然上司也会这么做，我替上司做了，又有什么不可？可是，他没有想到，上司在意的不是你做事的结果，而是你替代了他的位置。你把原本属于他的人情拿去卖了，他自然会不高兴。虽然你所做的决定只涉及一些小事，但擅自替上司做主，就成了大事。你无视上司的权威，剥夺了上司拍板的权力，这是上司最忌讳的，他以后很可能会找机会煞你的“威风”。

安茹是一家时装杂志社的编辑。一天，她接到一个电话，是刚出版那期杂志的封面模特要找主编，但当时主编正巧不在，安茹告知模特有什么事她可向主编转达。模特说，主编送给她的 5 本杂志都被别人拿走了，她想再找主编要 5 本。安茹立即说：“行啊，你过来拿吧。”这种事经常在编辑部里发生，虽然超出了规定，但是为了密切和模特的关系，主编一般都会满足模特的要求，所以安茹很爽快地让模特过来拿。模特拿走杂志后，安茹没有向主编汇报，她认为这件小事没必要让主编知道。后来主编还是知道了这件事。不久，主编以工作需要为由，让安茹去做发行，可她对发行一窍不通，也没有一点热情，只好主动辞职。

这就是冒犯了上司的权威所酿下的苦果，你可以说上司太小气，可事实就是如此。职场上，人情不占主要比例，重要的是游戏规则，你违反了规则，就会被它抛弃。

三、员工与老板之间的界限不可逾越

有的员工在老板创业初期就跟老板一起经历风雨，为公司的发展立下了汗马功劳，也同老板建立了深厚的友谊，在公司里就有一定的特殊地位；有的员工长期在老板身边工作，深得老板的信任。这样的员工容易产生错觉，以为深受重用就消除了与老板之间的界限，有时候便会不自觉地站在老板的位置，替老板做起主来。虽然你的出发点是好的，是为了维护公司的利益，但即使你做对了，老板心里也不会舒服，更难以接受这样的事情，因为作决定的应该是他，而你只是他的一个执行者而已，这在他看来是一个原则性的问题。

佟盛严在公司做秘书已经6年，兢兢业业，深得老板的赏识。这天，老板一走进办公室，就着急地对佟盛严说："上周我让你给宏大公司发传真，和他们中止合作并将人家奚落了一顿。现在看来，我做错了。你快告诉我电话，我要亲自向人家道歉。"

佟盛严得意地说："那个传真我没发。"老板一愣，佟盛严解释说："我认为那个传真欠妥当，所以我没发。"老板又问："上周我让你发给欧洲的那几封信，你发了没有？"佟盛严说："我都发了。我知道什么该发，什么不该发。"

老板一时无语，闷坐了一会儿，气冲冲地走出办公室。不一会儿，佟盛严就接到了人力资源部的电话，他被解雇了。佟盛严找到老板问："难道我做错了吗？"老板说："办公室里有一个老板就足够了！"佟盛严无奈，只好离开了公司。

在工作中，无论你与老板的关系多么亲密，你也不要逾越与老板之间的界限，该老板决策的事情，就一定要老板拍板，而你所做的只是给他提建议和执行命令。即使老板不在身边，事情又微不足道，你能够处理，而且知道老板也会像你一样处理，也不要轻举妄动。你所要做的就是及时向老板请示，得到老板的授权后再处理，这样，你在老板面前的形象才会变得更加正面。

当你发现老板让你执行的决策有不合理的地方时，也不要贸然指出来，更不要擅自改变老板的决定，你应该婉转地向老板说明情况，巧妙地向他做出提醒，并告诉他这样做的后果。如果可以，再加上点自己的合理化建议让老板定夺就更好了。如果老板意识到自己错了，就会授权按照你的方案办；如果老板不听，非要你执行，你只管执行就好。等老板发现自己错了，他也不会找你麻烦，反而会暗地里赏识你的态度，以后会授权你做一些重要的事情，而你的价值就会慢慢地体现出来。

心理解读

冒犯上司的权威是职场大忌，下属应该时刻牢记这一点。在我们执行任务、向上司提意见时不要自以为是，更不可独断专行，应该让上司拿意见，而自己只负责提醒和执行命令。

像老板那样思考

在工作中，当你对自己说“如果我是老板会怎样看这个问题”的时候，你会对自己的工作态度、工作方式，以及工作成果提出更高的要求。只要你站在老板的角度去积极行动，那么你很快就能得到老板的赏识。

人与人之间只有通过了解才能理解，只有通过欣赏才能体谅。工作中，当你觉得委屈和失望时，就对自己说：“假如我是老板……”换位思考后，我们就会感觉到自己是老板的战友、朋友，是企业的一分子，而不是老板手中一只可有可无的棋子，而且这也将为你在职场上赢得更有利的发展空间。

在一次销售会议上，IBM创始人老托马斯·沃森先介绍了公司的当前销售情况，分析了公司目前面临的种种困难，然后让大家思考发展对策。这个气氛沉闷的会议一直持续到黄昏，只有托马斯·沃森自己面对这种情况，老沃森沉默了10秒钟，突然在黑板上写了一个大大的“Think”（思考），然后对大家说：“我希望大家把自己当做公司的主人，想像自己如果是老板该怎么思考问题。别忘了，大家都是靠工作赚得薪水的，我们必须把公司的问题当成自己的问题来思考。”然后，他要求在场的员工开动脑筋，每人提出一个建议。

结果，这次会议取得了很大的成功。大家提了很多建议，并找到了解决问题的办法。从此，“像老板一样去思考”便成了IBM公司员

像老板一样去思考问题，就是站在老板的立场看问题。这样你才能以一个主人翁的姿态想老板之所想，急公司之所急，而这种员工正是老板最喜欢的。假如你真的能做到站在老板的立场思考问题，老板一定会对你青睐有加。不懂得换位思考的人很可能会因为背离老板的意图而不被老板赏识、看好。

毛卿是公司销售成绩最好的员工。一次，他向老板说自己如何卖力地工作，如何劝说一位服装制造商向公司订货。本以为老板会表扬自己，可没想到老板只是淡淡地笑了一下。

毛卿不理解，于是鼓起勇气问：“我们的业务是销售仿制品，不是吗？难道

您不喜欢我的客户?”“小毛，你是公司能力最强的员工，不应该把全部精力放在一个小小的制造商身上，而应该充分利用自己的才能，把精力投注在那些大客户身上。”老板严肃地说。

此后，毛卿学会了像老板一样思考，把自己放在老板的位置上，思考怎样才能把公司做大做强。当他手中有一些较小的客户时，就把他们交给一位经纪人，只收取少量的佣金，而把主要精力投放到寻找大客户的目标上，结果为公司创造了更高的利润。与此同时，他也更受老板的赏识了。

像老板一样思考，激励自己追逐老板的目标，并处处为老板着想，才能很好地解决在工作中遇到的问题。像老板一样思考究竟该从何下手呢?

你要问自己：如果我处在老板的位置，需要做什么?需要怎么做?目前老板所面临的问题是什么?事情会如何发展?可能会出现什么问题?该如何预防或解决?这件事如果换做自己，会怎么做?

最后，请比较你的想法和老板的做法。经常这样训练，你就会慢慢发现自己对公司的整个运行会有较深刻的理解，自己的想法也会更加接近领导。

心理解读

要想处理好与老板的关系，并得到老板的重用，惟有时刻站在老板的立场看问题，像老板一样思考。因为只有这样你才能与老板永远站在一起，你的想法才能与老板的想法不谋而合，你才能在公司里有光明的前景。

时刻维护上司的尊严

作为下属，能够随时给上司拾起面子，维护上司的尊严和权威，是最能赢得上司的信任和青睐的。员工要善于给上司搭台阶，及时保住上司的颜面，必要的时候自己把责任揽下来。

这样做会给上司留下极好的印象，也会给你的职业生涯带来转机。但是，救驾的方式要自然，不要表现得太明显，只有你和上司本人明白是最好的。

公司新招了一批职员，一次会议上，老板在点名的时候把“王梓晔”念成了“王梓桦”，全场一片寂静，没人应答。老板又念了一遍，然后一个员工慢慢站了起来，怯生生地说："老板，那个字念 yè，不念 huá。"

老板的脸色有些不自然。这时，一个反应灵敏的小伙子站了起来说道："报告经理，是我把字打错了。""太马虎了，下次注意。"老板挥了挥手，接着念了下去。一周之后，这位及时给领导"补台"的小伙子被提升为公关部经理。

给上司"补台"，其实是对上司的尊重，也是考验自己应变能力的一种方法。上司会因你的快速反应而受惠，在上司的尊严得到维护之后，你的好运也会紧随而至。奉劝那些想在上司手下过得舒心、尝到甜头的员工，首要之事就是在关键时刻为你的上司充当"护驾"的角色。

事实上，每个上司都喜欢有一个能为自己及时"救驾"的下属。如果你能够与上司搞好关系，就要学会在适当的时候为上司填补一些工作上的漏洞，维护上司的尊严，这对自己的前程当然大有好处。反之，则会阻碍自己的前程。

一家保健品厂研究所的办公室主任赵亮，就是因为不懂为上司"补台"而毁了前程的。

几年前，赵亮从名牌大学毕业分到这家保健品厂，由于办事利索，很快就从一名普通研究人员晋升为研究所办公室主任。但是他却在关键时刻办了一件傻事。

有一次，研究所经过认真研究、认证，出台了一套改革方案，由于在设计当中出了问题，致使整套方案全部泡汤。上司追究责任，赵亮说："这套工艺流程是在所长主持下完成的，其他人只是执行者。"

第二天，所长把赵亮叫到他的办公室，冷冷地说："郭主任，你真会说话，有了责任往上司身上推……"没过多久，赵亮被免去了办公室主任的头衔，调到其他办事处去了。

每个上司都喜欢给自己"护航"的人，如果你在关键时刻给上司落井下石，那么你以后的日子肯定不好过。在领导的眼里，如果自己的下属在公开场合使自己下不了台、丢了面子，那么这个下属肯定是对自己抱有成见。上司的面子受损，会使他感到自己的权威受到威胁和损害。上司要么给予以牙还牙的还击，通过行使权威来找回面子；要么便怀恨在心，以秋后算账的方式慢慢报复。

正如一位心理学家所说的那样："人们都喜欢喜欢他的人，人们都不喜欢不喜欢他的人。"在评功论赏时，上司往往喜欢冲在前面；而有了过失之后，许多上司都会想办法来逃避。这种情况下，如果下属能及时挺身而出为上司保驾，敢于代上司受过，相信上司会对你刮目相看。代上司受过除了那些原则性错误外，实际上无可厚非。

心理解读

维护上司的权威和尊严，把大事化小、小事化了，有利于正常工作的开展。同样，你也会因为替上司排忧解难而赢得了上司的信任和感激，你的职业生涯也会变得更加顺畅。

如何面对挑剔的上司

在职场上，我们总是会遇到那些办事苛刻、十分挑剔的上司，经常是我们付出了努力，却还遭来上司的一顿训斥，那真是让人难以忍受的事情。

比如，当你展示出自己的劳动成果，上司却不满地对你发火，认为这也是瑕疵那也是漏洞。如果你只是埋头苦干，你的上司哪里会知道你遇到了很多困难，又哪里会知道你想尽了办法去克服呢？面对挑剔的上司，你不应该做沉默的羔羊，而应该大胆说出其中的困难。

《杜拉拉升职记》中的主人公杜拉拉就遇到了这样的问题：开始的时候她就本着尽量不给上司找麻烦的原则，很多困难都自己想办法协调解决，但是这样做的结果并没有让她那挑剔的上司满意。杜拉拉的上司开始轻视她，因为上司根本就不了解工作的难度。于是，杜拉拉决定要改变工作策略，不再自己埋头苦干，而是开始有意识地让上司知道她的工作难度。

首先，遇到问题的时候，杜拉拉虽然还是自己想办法解决，但是她不会默不做声，而是会带着自己的解决方案去找上司沟通。在与上司沟通的过程中，她会和老板讨论任务中一个较大的困难，她要让老板了解困难的背景。等老板听得头痛的时候，她再说自己有两个方案，分析优劣给他听，他就很容易在两个中挑一个出来了。由此，上司不仅认识到了她工作中遇到的困难，而且还对她的能力也有了新的认识。

再次，杜拉拉会及时向上司汇报自己的工作进度，就算过程顺利，也会让他知道进程如何，从来不等上司来问结果。这样，上司就会觉得把工作交给桂拉拉非常放心，她的执行力绝对没有问题。

此外，杜拉拉在需要同别的部门的负责人一起工作的时候，会特别注意用清晰简洁的语言去和他们主动沟通，尽量考虑周到。写 E 一 mail 或者说话都非常小心，尽量避免出现有歧义的内容，基本上没有让总监们抱怨她的情况。这样一来，上司就觉得她很牢靠，不会给他找麻烦。

即便最后杜拉拉的任务完成得不够完美，但因为上司事先已经知道了任务的难度，了解了杜拉拉在工作中所付出的努力，所以也不会再挑剔不足和横加批评了。

对于挑剔的人，聪明的做法不是把事情做到尽善尽美，因为哪怕是你做得再出色，他们还是会找出不足，而应该让对方知道你所承受的压力和这件事情有多大的难度，这样他们就会谅解你的难处，便不会再百般刁难。

在职场上，人们总是习惯地认为只要自己努力，上司就能看到，就能让他们满意。但他们并没有那么多精力去关注每一个人的工作，他们只关心结果，所以一旦你的结果不如他意，你付出得再多，也免不了受气的结局。

心理解读

一定要告诉上司你遇到的困难和你解决困难所付出的辛苦，让他知道你有一个好脑袋和快刀斩乱麻的能力，不是只会吃干饭。如果不这样做，只会让你和上司的隔膜越来越深，最后还免不了责问。主动沟通，积极展示困难，才会让他们那些挑剔的习惯无法在你身上起作用。

保持与上司的距离

中国有句古话："伴君如伴虎。"在君主身边转来转去，稍有闪失就会招来杀身之祸，在上司身边工作也是如此。为了应付随时可能发生的"危险"，还是保持在安全距离以外为妙。

两只刺猬想要依偎取暖，但距离是关键。太近会互相伤害，太远又起不到取暖的作用。职场中上司和员工的关系其实也是如此：太近或太远其实都各有利弊，惟有保持适当的距离为宜。

但是，总有一些人以为，职场上与上司走得近，就成了上司的人了，这样会更容易获得晋升的机会。于是，他们便处心积虑地接近上司，结果物极必反，跟上司走得越近，经常会一不小心就把上司得罪，而且更容易被抓住把柄，影响自己的前途。

乔彬经过一轮又一轮的考试，终于如愿以偿地进了一家网络公司。他不仅谦虚好学，手脚勤快，而且非常有眼力，很快就赢得了上司的好感。上司时他格外照顾，经常对他的工作进行指导，公司有什么好事，上司也都常常想着他。

乔彬为了表示感激，经常主动跑腿帮上司办一些无关紧要的琐事。而且两人居住的地方恰巧离得不远，下班后上司就常让乔彬搭个便车。渐渐地，两人的关系就超出了普通的上司与下属的关系。

有一次公司加班，完工后上司让乔彬跟同事们先走，他自己还有一点儿工作要处理。乔彬在公司附近的快餐店吃过晚饭，忽然想起上司还在加班，还没有吃晚饭，就买了一份饭给上司送去。上司的房门虚掩着，他没敲门就直接闯了进去，结果看见上司的怀里坐着自己的女同事。两人先是一阵慌乱，然后又装出一副若无其事的样子。乔彬的脸倒是红了，他把饭一放，赶紧溜了出去。

后来乔彬发现这些问题对自己都无关紧要。重要的是他在面对上司和女同事时的尴尬。尽管他们都装出什么事都没发生的样子，可是乔彬发现，女同事刻意躲着他，上司对他客客气气的，下班后却不邀请他搭便车了。

乔彬思来想去，为了表明自己的态度，他给上司发了一封电子邮件说："我是一个开明的人，也是一个宽容的人，我不会做傻事的。"

但是，乔彬跟上司的关系还是没有什么改善。有一天，公司里忽然传出上司跟那个女同事关系暧昧的消息，乔彬开始感觉到上司对他的态度明显恶化了。其实，消息并不是乔彬传播出去的，但是上司一定认为是他所为。乔彬开始还想找上司解释，但是想到事情会越解释越糟糕，就只好任凭事态发展了。

不久，公司在一个偏远的地区成立办事处，乔彬被调到了那个谁也不愿去的地方。乔彬忍不住去问人力资源部门的上司，没想到他说："据你的上司说，你是一个开明和宽容的人，所以公司认为正需要你这样的年轻人去基层开展业务。"

乔彬无论如何也想不到自己向上司表明态度的措辞，竟成了“发配”他的理由。

其实，乔彬如果不是因为与上司走得太近。也就不会发现上司的隐私，当然也就不会有后来的事情了。

一个人的隐私是最不愿意被人看到的，上司的隐私更是如此。不管你是有意还是无意，一旦知道了他的隐私，你们的关系也将发生变化。无论你们怎么装作若无其事的样子，无论什么时候，上司就是上司。你们的身份和地位永远是不同的。作为下属。永远不要企图与之走得太近。把握好安全的距离，才能让你的工作轻松愉快。但实际上你们之间的关系已经发生了根本的变化。曾有的和谐会被打破，并在很大程度上朝着不利的方向发展。所以，我们应该尽量做到如下二条。

一、与上司单独相处的时间不要过长尤其是工作期间，不要长时间和上司待在一起，比如你去他的办公室汇报工作，或者请示问题，要速战速决。时间过长，就会让人觉得你们两人的关系很亲密，惹得别人在私下议论。如果你们下班走同一条线路，要减少一起上下班的次数。如果上司请你搭他的便车，你最好委婉地拒绝。

二、不要跟上司有亲昵的举动。同性之间，无论你的上司多么随和，即使他毫不介意，也不要跟他发生亲昵的举动，那是你们关系亲密无间的最有力的证据。异性之间，更不该对你的上司有亲昵的举动，那会给别人留下关系暧昧的印象。

心理解读

如果你不分场合，经常跟他开玩笑，就会让人觉得你们的关系过于亲密。因为在人们的意识里，只有关系非常不一般的人才会经常开玩笑。

巧妙地给上司献上你的建议

上司总是会鼓励员工献计献策，但很多员工却不得不面对，自己献上了建议反而被冷漠对待。大部分人会就此心灰意冷，却没有考虑一下：你提建议的方式是否有问题？

一般来说，上司喜欢自己的员工提建议，因为这至少能够表明员工非常关心企业的发展。不过，上司并不会全部采纳员工的建议，虽然上司这样做在很多时候是一个明智之举，但对于那些满腔热情提建议的员工来说，难免会有一种挫折感，甚至会认为上司有眼无珠，因而对上司怀恨在心，有的人可能还会指天发誓：我以后再也不给我的上司提建议了！

这个时候，你要清醒地认识到，你有提建议的权利，但是上司也有决定是否采纳你的建议的权利。如果你要求上司对你的每次建议都完全采纳，显然是一种不合情理的想法。

如果上司拒绝了你提出的建议，那么你完全应该在必要的时候继续向上司提出其他的建议。如果事实证明你的建议是正确的，上司的拒绝是不明智的，那么上司自会反省他自己。如果上司现在还是执迷不悟一意孤行，那么他的错误造成的损害本身已经是对他的惩罚了，所以，你大可不必要求上司向你表示忏悔。当上司听不进去你正确的建议的时候，让上司犯错误也是让他醒悟的好办法。如果事实证明错误的不是他而是你自己，那么你就要好好反省一下自己了。这个时候宁可让上司拒绝你的建议，也不要让上司采纳了你的坏主意。否则，上司就可能要怪罪你了。

员工想给上司提一些改进工作的建议，一般来说上司都是非常欢迎的。但这并不意味着你可以想到什么就立刻对你的上司说什么。比如，有的人半夜起来突然想到了什么，恨不得立刻从床上跳下来跑去告诉上司。把自己的建议看得非常重要——这种心情是可以理解的，但更应该考虑你的建议的可行性，而不是提交这个建议的速度。

请你首先把你要提的建议写下来，即使不是那么长也要这样做。这不仅会显得很郑重，而且在写的同时会促使你认真思考，使你的建议更趋于完善，避免让自己给老板留下一个信口开河头脑简单的印象。

对老板来说，你提出建议的热情固然可贵，但他还需要你的建议是有用的可行的，而不是让你用不可行的建议来浪费他的时间。

你的建议可能充分展现出你的能力和智慧。同样也可能将你的幼稚和愚蠢暴露无遗。所以，献建议前一定要深思熟虑，即使认为是万无一失的，也请至少等上几天以后再说。

写好了你的建议之后，你要尽可能地把建议藏好，多放自己身边几天，等过一段时间之后你再拿出来自己重新看一遍。如果在这个时候你还认为应该把建议交给上司，那你就给他看看吧；如果此时你发现你的建议没有什么重要意义，那么你就悄悄地把它烧掉吧。

如果想给上司提建议，你还要了解上司习惯以什么方式接受外面的信息。不同的上司接受信息的方式是不同的。有的上司喜欢看一些书面上的材料；有的上司则喜欢数据分析表格；有的上司喜欢面对一块书写板，让你不停地在上面书写然后解释给他听，因为他喜欢这种视觉效果……所以，你只有先了解领导喜欢用什么方式接受外面的信息，才能投其所好，将自己想要表达的观点更好地传达给上司。

千万要记住，你给上司提的是建议而不是意见。大多数人在与老板沟通之时，如果能够改变自己的语言方式，效果或许会更好。在“进谏”的时候，你不光要站在一个自认为对集体有利的角度，同时还要进行“换位思考”，站在上司的角度考虑一下问题。由于彼此信息上的不对称，往往你认为比较正确的建议，上司会认为目前时机尚不成熟，所以“不便采纳”。

此外，你在陈述时多用中性词语及祈使句，而不要让上司感觉你是在将自己的想法强加给他，换一句话说是给上司提“建议”而不是提“意见”。

心理解读

通过适当的方式把自己的建议传递给上司，如果这个意见确实对公司发展非常有益，相信你的上司不会不采纳的。因此，你在平时就需要多与上司沟通。上司也是一个普通的人，同样也需要与人进行交流。

勇敢地去敲老板的门

有没有觉得你的工作和收人不成正比？有没有觉得老板应该给你加薪了？当然，大家都喜欢加薪，但是老板是不会那么容易给你加薪的。你多干活儿少拿工资他当然愿意了，差价越多，他得到的就越多。

一般来说，除非你连续创下了很多的大业务，要不然老板是不会给你主动加薪的。人家创建公司的目的就是要赢取最大的利润，给你的工资也是成本之一。大家都知道利润是怎么算的，赚的钱减去成本，老板都想增加收入减少成本。当然，每一个精明的老板都知道怎么去减少自己的成本。

如果你觉得你的收人已经不能满足你，而且你付出了很多，为公司创下了很大的利润，这个功劳足够成为让老板给你加薪的资本了，而老板好像没有那个意向，那么你就要自己帮助自己了。勇敢地去和老板谈条件，谈你的期望值。

和老板谈加薪是需要勇气的，但是最重要的还是技巧，你如果和老板争执、吵架，那肯定是不行的，老板是要面子的。

这是一个电视上的节目，是关于加薪的，这些都是一些典型的不可取方法。

老板总是希望用最低的薪水请到最具有能力的职员，最痛恨的应该就是他的下属跟他谈加薪的问题。但是作为下属的我们，也要学会先发制人地提出希望提高薪水的要求。

如何才能使老板愿意给你加薪呢？以下有三种方法。

方法一：

职员："您看我们的国家已经步人了小康社会，神六已经上天了，国际石油也已经涨价了，只有我们的薪水还是停留在原来的水平。您看……"

老板："是啊，可是为什么别人的业绩都上去了，只有你停留在原来的位置呢？"

（如果在这一年里，你工作表现有所提高的话，老板是可以考虑给你加薪的。）

方法二：

职员："老板，我老婆下岗在家了，还有两位白发苍苍的父母要等我去赡养，儿子也快上学了，我现在负担很重啊！"

老板："我非常了解，你看啊，现在你的家人这么需要你的关怀和照顾，你还是回家照顾你的妻儿老小吧。"

职员："……"

（千万不要给老板以可乘之机。）

方法三：

职员："老板，您看，我在这个公司已经待了好几年了，一直有其他公司出高薪请我过去，我都没有去，那是因为我对公司有着深厚的感情。"

老板："我知道。其实呢，跟你说句实话，我的工资只比你多200块。如果你不去那些公司呢，那麻烦你介绍我去，这家公司给你。"

职员："……"

（不要给老板以压力，感觉你是在威胁他："再不给我加工资，我就走人。"如果你不是企业必不可少的人，老板会说："随你的便。"）

而聪明的人才不会这样做，他们总是在自己的价值足够加薪的时候采取行动，而且他们讲究方法。

下面是一位女士描写她老公加薪的过程：

她老公是建筑行业的，受聘于私营企业，从事工程管理工作，虽然常和老板一起打球、健身，几年来和老板的关系不错。随着全国职工工资的普遍看涨，她老公的工资也到了提标的时候了，正好这时正值年关，单位需总结和计划。不久之前，她老公写了一份书面材料，是关于2007年工作的设想和打算，以及公司存在的问题和需改进的地方，同时着重提到了员工的工资问题。引起了老板的重视，专门找她老公谈了一次，又提及工资问题，公司同意她老公的提议，同时适当考虑为她老公调资，并且提出了加薪的方案。一天中午，老板来电让她老公去，就薪金问题进行谈话，当时公司已经明确了提标幅度及数额，不足部分同意以奖金的形式来补足。不过因为是在饭桌上，况且工资部分没有达到他们的期望值，她老公婉转地要求回去考虑一下，下午给答复。中午他们夫妻俩商量后，在下午上班时间，她老公来到了老板的办公室，就自己的能力水平和独当一面的技术及在公司所处的位置等方面，以及和同行业的工资水平做了比较，认为自己的能力应该达到什么工资水平，并且就工资报酬和劳动法进行了述说，当然也提出了如果公司不认可这份工资，那么到月底将办理好所有的移交手续，言下之意就是人往高处走。通过半小时的严谨沟通，老板一口就答应了她老公的要求，从今年1月份起工资提标，达到了他们的预期目标。他们都松了一口气。

在敲响老板门之前，他们夫妻俩都紧张得不行，生怕说得不好失败了，毕竟老板都是吝啬的。

从这事看出：一是她老公的工作能力和工资是等值的；二是在私企不能像在

国企，待遇是要靠自己争取的；三是吃透用工政策，工资部分不能和奖金等同；四是要学会找准时机，提工资是个严肃的事，不能在饭桌和休闲场所谈，最好在工作时间在办公地点；五是要让自己有能力有实力拿自己想拿的薪水。

说到这里就要注意了，你要想取得好的结果你就要有足够的资本，你没有加薪的资本你也不好意思去要求老板给你加薪。现在的大学生刚毕业工资很低，很多人不满意，但是有老板就说了：刚进公司的大学生不能创造多大的价值，都是学习的料，当然没有多少工资了。同样的道理，你一直业务平平，老板凭什么给你多的工资。你的能力强，你的业务水平高的话，那你为公司创造的利润也很大了，你走了老板的损失将是很大的，即使你不走，老板也怕影响你的工作情绪，还不如给你加薪。而且每个老板也有人情味，在给他创造了利润的时候他也知道你会找他的。

所以在我们想着如何如何让老板加薪的时候还要想着怎么增加自己的能力，怎么提高自己的业务。要不然你假意要说走，老板也许真的顺水推舟让你走了。

心理解读

等你资本足够的时候，再选个合适的地点、合适的场合和老板谈判，讲究技巧。让老板愿意留住你，愿意给你加工资。

如何领会上司的意图

人在职场，了解老板的意图比了解你的工作更加重要。兵法中说：知己知彼，百战不殆。不知道作为下属的你，是否能很好地领会老板的真实意图？

你的上司能力怎样？他有什么样的优点和缺点？他喜欢什么样的下属？他的工作经历是怎样的？如果你是一个想在事业上有所发展的人，这些你就一定要知道。只有对上司有足够的了解，才能时刻对上司的意图了如指掌。

威尔逊公司的董事长是一个非常固执的人，任何新鲜的意见都被毫无例外地拒之门外。董事长有才能自负，所以对别人的意见往往瞧不起，要么不采纳，要么根本不予理睬。但是，有一个人是个例外，这个人就是他的助理霍尔勒。为什么董事长对霍尔勒会如此特殊呢?

霍尔勒自己说，有一次，他被单独召见，他明知董事长不容易接受别人的建议，但还是尽自己所能，清楚明了地陈述了一套买卖的方案。因为他苦心研究过，自认为相当切实可行，所以说得理直气壮。

然而同样的，董事长没有表示任何接纳的意见，只是说：“你的计划幼稚而可笑，我为我愿意听你说完这些废话而感到遗憾。”但是数天之后，在一次董事会议上，霍尔勒很吃惊地听到董事长正在把他数天前的建议作为自己的年度计划公开发表。这件事，使霍尔勒恍然大悟，懂得了向董事长提出计划方案的最好方法：避免他人在场，悄悄地把意见“移植”到董事长的心中，使董事长不知不觉地感兴趣，然后使这计划可以作为自己的想法而公之于众。最后，使董事长坚定不移地相信这个计划的可行性。

这之后，霍尔勒总是在董事长有需要的时候“悄悄地”说出自己做的策划，并且他的计划总能顺利地被董事长采纳。不久，霍尔勒就在董事长的推荐之下进入了董事会。当老董事长退休的时候，霍尔勒又在老董事长的支持下接管了威尔逊公司。霍尔勒能取得这样的成功，是因为他了解了上司的心思，时刻揣摩上司的真实意图，并能按照上司所想的去做。

你知道上司的意图是什么吗？当然，想了解上司的心思不是一件简单的事，这是一项长期而艰巨的工作。但只要你留心观察，为此做出长久的努力，相信成为上司肚子里的“蛔虫”也不是难事。

首先要了解上司的核心价值观。

这些核心价值观不容易妥协和改变，所以也往往是最容易引爆我们情绪的原因。例如有的上司在意守时，只要有人迟到，他就会开始跳脚抓狂；有的上司则注重诚实，所以一旦你言辞闪烁，他就立刻动怒开骂。

此外，有人重勤俭，有人看效率，只要多跟同事们打听，并培养敏锐的观察力，你就能找出上司的核心价值观，并调整自己的工作态度来配合上司，这样就不会产生连怎么死的都不知道的惨状。

其次，洞察上司的情绪反应。

仔细打量一下上司，看看什么事会让他高兴，什么事会惹他生气，什么事会让他焦虑，什么事又会对他产生压力。而当他出现这些异常的情绪反应时，他通常会用什么方式处理。

我们每个人都有着固定的情绪处理模式，每次发作时的过程也都差不多，所以一旦能够掌握上司的情绪反应，下次你就会知道该如何避开台风尾，并且能采取更好的沟通方式，以免不慎让对方的情绪雪上加霜。

例如你发现上司其实是个夜猫子，早上往往大脑不太灵光，这时你去向他报告工作，就容易惹来一顿臭骂，那你当然就得熬一下，等到吃过午饭他心情好了，再去向他报告工作。

最后，掌握上司的沟通模式。

沟通专家们发现，每个人最习惯的沟通方式各有不同，所以很多时候有沟没有通的原因之一，其实是没能掌握到与对方沟通的最佳途径。在这方面，差一点可能就差很多，许多冲突就是由此造成的。

还要学会应付各种性情的上司，确保自己尊严不受侵犯，同时能够赢得他对自己的好印象，这就需要学会一些技巧。你要观察你的上司，看他有什么样的心理。

对付整天怀疑自己的员工偷懒不干活的上司，最好的办法是经常向他汇报，多和他交流，明确告诉他你干了些什么，结果如何，以此使他放心；对自己的能力没有信心，老是担心下属会超过他的上司，这时你就要收敛起自己的锋芒，做到谦虚和谨慎，这样自然会博得上司的信任和赏识，以消除上司的戒心。比如在业务会上，对自己的远见卓识有意打点埋伏，留下空间给上司做总结。

心理解读

知道了上司的意图是什么，才能为上司分忧。为上司出谋划策。当上司对你言听计从、信任有加的时候，相信离你高升的日子就不远了。

让上司看到你的忠诚和价值

忠诚是人类最宝贵的美德之一，更是一个员工立足于职场的根本，上司最看重也正是这种品质。为了更好地抓住上司的心理动向，一定要让上司看到你的忠诚和价值。

企业需要忠诚的员工，任何时候，忠诚永远是企业生存和发展的精神支柱。一家著名公司的人力资源部经理说："当我看到求职人员的简历上写着，在短短的时间内有一连串的工作经历的时候，我的第一感觉就是他对企业没有足够的忠诚，频繁地换工作并不能代表一个人工作经验丰富，而是更说明了一个人的适应性很差或者工作能力低，如果他能快速适应一份工作，就不会轻易离开，因为寻找一份合适自己的工作也不是一件容易的事情。"

没有哪个公司的上司会用一个对自己公司不忠诚的人。因为上司们知道，员工的不忠诚会给企业带来什么。只要自下而上的做到了忠诚，就可以壮大一个企业，相反，就可能毁了一个企业。

皮尔瑞斯年轻能干，毕业短短两年就在一家企业当上业务部副经理，业绩也算是表现不俗了。然而半年之后，他却悄悄离开了公司，没有人知道他为什么离开。

原来，皮尔瑞斯在担任业务部副经理时，曾经收过一笔款子，业务部经理说可以不入账："时间长了你就会明白，大家都这么干，你还年轻，以后多学着点儿。"皮尔瑞斯虽然觉得这么做不妥，但是他也没拒绝，半推半就地拿下了5000美金。当然，业务部经理拿到的更多。没多久，业务部经理就辞职了。后来，总经理发现了这件事，皮尔瑞斯也不得不离开公司。

不管是什么样的工作，只要你从事了，就要忠诚于它。因为只有你忠于工作，工作才会忠于你。而且也只有这样，上司才会从心理上认同你的价值。

离开公司后的皮尔瑞斯找到了他原来关系不错的同事杰尔特诉苦："我非常喜欢这份工作，但是我为了获得，一点儿小利，失去了作为公司职员最重要的东西。虽然总经理没有追究我的责任，也没有公开我的事情，算是对我的宽容，但我真的很后悔。"

皮尔瑞斯失去的是对公司的忠诚。一个人无论什么原因，只要失去了忠诚。就失去了人们对你最根本的信任。不要为自己所获得的利益沾沾自喜，而要仔细想想，失去的远比获得的多，而且你所获得的东西可能最终还不属于你。

忠诚是员工在企业的生存之本。只有忠诚于自己的领导和企业的员工，才有权利享受企业给个人带来的一切。所以，无论你身在一个什么样的组织中，都要时刻以"忠诚"自省，并且努力让你的上司看到你忠诚的价值。

2000年，杨哲耘以优异的成绩从清华大学提前毕业，并被分配到一家很有名望集团公司。刚走出校门的大学生总是满怀壮志，杨哲耘也一样，他满怀希望地想在新单位开创一番事业。但出乎意料的是，他的工作竟然是在一个小房间里放映有关集团情况的录像片，而且一放就放了一年。

在这一年里，杨哲耘根本没有机会去施展自己的远大理想，更无法在简单的放映工作中施展自己的才华。从来习惯优秀的他，第一次体验到了理想与现实的巨大落差。

然而，杨哲耘还是有他的过人之处的，他很快就意识到寂寞也是磨炼意志的最好机会。于是，出乎大家意料，在这段时间里，杨哲耘不但安心完成了所有手头的工作，还克服了一般年轻人好高骛远不脚踏实地的缺陷，潜心研读了大量的管理书籍。

一年后，机会终于来了，当时集团下属的一家企业有个干部挂职锻炼的机会，集团选定杨哲耘担任那家企业的副总经理。

在这家企业里，杨哲耘推行了一系列改革措施，并不断总结管理经验，也正是从那时起，他开始形成自己独特的战术和管理风格。这为他后来创建并管理盛大公司奠定了坚实的基础。

对于那些对自己的工作存有“二心”的人而言，每天的工作也许是一种苦役一种负担一种逃避。他们在工作中不愿意多付出一点，更没有把工作看成是成功的机会。而且，也没有一个上司喜欢那种不忠于自己工作的员工。

心理解读

不管你的工作是否让你满意你都要忠于它，努力工作，每天多做一点事，把额外分配给自己的工作看做一种机遇，当顾客、同事或者公司交给我们某个难题的时候，也许正在为我们创造一个珍贵的机会。

做上司离不开的人

上司会重用什么样的人？当然是他离不开的助手；上司离不开什么样的助手？当然是在帮助他完成工作的同时也帮助他排解心理压力的

人。反观自己，帮上司排解压力你做到了吗？

如果你身为助理，每天和上司一起工作，有没有发现他被压力折磨得情绪不稳易怒易躁了呢？如果是这样，就是到了你为上司舒缓压力的时候了。

上班精神苦，下班塞车苦；买不起房子苦，卖不掉房子更苦；银行借不到钱苦，贷款付不出也苦。经济不景气，到处哀鸿遍野，无人不以“压力”为苦。殊不知这不仅是小职员的心声，也是上司的疾苦。而且上司所背负的，还有事关企业存亡社会责任，甚至国家经济起落的重任。

有一回，郭晓冬的上司才刚被客户挑剔了一阵，不明就里的他，一如往常愣头愣脑地拿看些无关紧要的卷宗到上司桌前，话还没说呢，只见他一把抓起就要往房门口丢，说时迟那时快，郭晓冬就像武侠小说中的大侠一般，一手抓住飞起的文件，一面全身而退，嘴里还念着：“对不起，我等会儿再进来。”随即关上房门，静待里头风平浪静！

上司也是人，他也需要适时地发泄，如果你正巧在他身旁，而且又是值得他信任的人，抓住机会，舒解他的压力，那说不定你会走运。

注意自己工作心情与态度更重要，要知道情绪是会互相影响的；若是每天以开朗的心情积极面对自己的工作，欣然接受挑战，这时就算上司板起脸来，说不定还会因为受你的影响，而心情舒坦起来呢！

如何发现上司存在压力并帮助他舒缓压力呢？

第一，当你的上司经常手忙脚乱，打电话打着打着，都可能大发脾气，还有就是谈判时不断地拍桌子，说明他面临着较大的压力。这时候，身为下属，你应该尝试着把他带到充满绿色和新鲜空气的环境中去晒晒太阳，这样有助于他排遣和放松。

第二，你的上司最近突然狂爱起美食和宴饮，大方到经常宴请员工，每顿饭都要喝得酩酊大醉，不用说，他很可能是处在遭遇压力的非常时期。这个时候，你除了少去烦他之外，最好不要再提加薪之类的事情。有时间最好邀请上司一起去做做运动，让极度消耗体能的运动帮助他排解压力。

第三，你的上司最近有点像怨妇一样，喋喋不休地向你倾诉自己的压力，或者偶尔一脸浩然，如赴刑场就义的英雄，这都说明他的压力很大。这时候，不管你是高级员工还是普通员工，都要建议他多和有亲密关系的朋友一起聚聚，异性朋友就更好了，这些都非常有助于他减压。

心理解读

除了要帮助上司减轻压力，更不能做给上司增加压力的事情。要在工作之余时刻关注上司的心理变化。细心揣摩上司的心意，做一个让上司离不开的人。

09 职场生存——洞察同事心理

人们常说商场如战场，职场比战场更复杂、残酷。正如，林子大了，什么鸟都有，在职场中会遇到各种各样的人或事。新入职场，避免不了与老同事产生矛盾；久入职场，不免激情消退，抱怨多如牛毛。一些问题是不是困扰着你，使你百思不得其解？

为什么有人喜欢当工作狂

过去，大多数人都认为“工作狂”是对工作负责任的一种表现，它的“忘我精神”能够为企业或单位带来巨大的经济效益，也为同事们树立了一个良好的榜样。

近20年来，随着社会的发展和就业压力的增大，“工作狂”的人数也在不断攀升。据相关专家统计，仅在1995—2005年这10年的时间里，美国和日本的“工作狂”分别增加了五成和七成，中国也增加了近四成。在许多国家的词典中，“工作狂”都被解释为一个褒义词，即使不是褒义词，但它最起码不是贬义词。

“工作狂”也是病

美国的一位心理学家指出，“工作狂”其实是一种病态的表现，它和家庭暴力、酗酒一样，是一种心理疾病。和对工作有热情者不同，“工作狂”其实并不十分喜欢自己的工作，也很难从工作中寻找到快乐，他们之所以会成为“工作狂”只是出于某种目的。另外，“工作狂”还总是不切实际地追求完美，一旦工作出现差错，他们就会感到万分羞愧，长久自责。如此长期下去，势必对自己身体产生不良的影响。一些专家曾专门对几个“工作狂”和几个对工作有热情的人做了一项对比试验，结果发现：虽然“工作狂”的工作量比起后者要多得多，但工作效率却明显落后。

努力工作的人懂得让自己劳逸结合，给自己适当的休息时间，但“工作狂”无论何时何地都会不自觉地强迫自己把工作放在第一位，这是两者最大的不同。如今，很多人都在长期忍受“工作狂”的困扰，尤其是各个公司或单位的中层管理人员。

那么，到底为什么会出现“工作狂”呢？专家们经过不断的研究，得出了以下结论：

第一，和童年时代所受到的教育有关。大多数父母望子成龙、望女成凤心切，于是对子女的要求也就过高，甚至高得离谱、高得可怕。据调查显示，在所有“工作狂”中，几乎有80%以上的人，都曾在孩提时代接受过来自家庭的严厉教育。如此便在孩子的心理上造成阴影，使他们出现心理障碍，直接为长大后成为“工作狂”奠定了基础。

第二，为了寻求某种心理解脱。生活中难免会有很多的烦恼和压力，每个人都不可避免，不同的人也有不同的排解方法。而“工作狂”往往分不清努力工作和沉溺于工作的区别，他们的解决办法就是让工作占满自己的时间，好使自己无暇顾及他事，用这种方式来逃避生活的烦恼。这时候，工作已经不再单纯是成功，而成为他们的保护伞和守护神。结果不仅不能彻底解决问题，还会使烦恼进一步扩大，所以这种方法实不可取。

第三，为了生计而工作。既然来到这个世上，那就必须有活下去的条件，倘若没有了工作，便也没有了生活的来源。于是，一些人便将生计作为工作的动力。当然，这种态度是完全可以理解的，但这种观念却大大偏离了生活轨道。这些人常把工作当成生命的全部，过分地强调工作的重要性，导致生活出现严重的不平衡，最终还是会影响工作，得不偿失。

第四，急于表现自己的能力和才华。这一点，尤其集中表现在刚刚走出校门的大学生身上。这部分人对社会还没有彻底的了解，总是过分地相信自身的价值，急于让领导看到自己的实力和热情，于是就拼了命地工作，以期得到赏识。还有一部分人迫于就业的压力，害怕失去来之不易的工作，便拼命给自己加压。

远离“工作狂”

“工作狂”的最大危害就是会造成人际关系的紧张，这里的人际关系是从宏观的角度来看的，不仅包括和朋友、同事之间的关系，还包括和家人、孩子之间的关系。如可能会让夫妻双方感情破裂，同孩子之间变得生疏，与同事之间产生摩擦，等等，从医学角度上来看，“工作狂”的工作状态也会对人们的心理和生理产生危害，因此一定要引起足够的重视。

针对这种情况，心理学家给出了几点建议：

第一，试着忽略一些事。“工作狂”总是对所有的事情都认真对待，常常将自己弄得身心疲惫，因此不妨试着忽略一些事情，让自己得到适当的放松。

第二，改变自己的观念。“工作狂”总是有着很强的事业心和责任感，对自身的定位也特别高，因此，要试着改变以往的观念，平衡一下事业与家庭的关系。

第三，要注意劳逸结合。有意识地培养一下爱好和兴趣，如看书、听音乐和散步等，这些都能够很好地缓解烦恼和压力。如果能够接受一些心理治疗，相信更能收到事半功倍的效果。

一般情况下，从事脑力工作的人，尤其是高科技脑力工作的人，更容易出现“工作狂”的表现，同时，失恋者和刚刚跳槽者也是“工作狂”的高发人群，需要引起特别注意。

心理解读

一个人是否有“工作狂”的倾向，最初自己往往感觉不到，周围的人也基本上不会指出。直到症状十分严重，才会接受治疗。因此，上班族一定要加强平时的自我调节，避免事态严重化。

喜欢打探他人隐私的人

进入职场，同事之间常来常往每日相见，但是总会遇到一些同事或上司对其他同事怀有好奇甚至不解，喜欢打听他人的隐私，只是他把自己藏在暗处，你却看不出他的真实用意。

打探他人的隐私其实并不一定是小人行为，实际上是一种生理和心理的满足。每个人都有自己的隐私和生活内容，每个人都想竭力保护自己的隐私，每个人都想知道别人的生活，并不是所有爱打探的人都是“长舌妇”，都是“阴谋家”。但有人打探他人隐私是含着许多不可告人的动机，需要特别引起警惕，这些人虽然在单位没什么人缘，但偶尔有心无心对领导说的议论你的话，可能对你会造成巨大的杀伤力。

八卦同事好奇心“害死人”

好奇也许是人的天性之一，儿童时期，小孩总是在不断地向环境挑战，总是有问不完的“为什么”，好奇心虽然容易激发人们认识客观世界的精神动力，但是过于好奇，会容易导致心理畸形，心理学上称之为“干涉癖”。

曾有一位同事，在商场发现了自己单位的张姐，正和一位陌生男子在一起聊得很开心，看起来关系很亲密，可她得知张姐是有老公的人，于是觉得自己有了“重大发现”，第二天上班后就四处张扬，说张姐另有情人。谁知得知此事的一个人与张姐关系甚好，就马上将事情告知了张姐。张姐一气之下就找她“理论”，那个男子并不是张姐的什么情人，而是张姐的表哥，她也因此失去了工作。

在生活中，有些人就比较喜欢打听别人的私事，以传播别人的隐私沾沾自喜，喜欢攀比，嫉妒心强。个别极端的还会做出翻看你的个人物品，偷看你的电脑资料的行为，偷听别人私下谈话，胡乱猜测人家不愿公开的事情。这样的人，也许是身体里某种激素导致不能自控。一般来说，这种人在单位里没什么人缘和地位，业务能力不强，但就因这种多嘴多舌的毛病，我们在与其相处时尽量不要与之多言，要提防他（她）把你的资料传遍全公司。

人为何会染上“干涉癖”这种毛病呢?

原来，这种人到单位以来，由于工作能力不强，也没有什么爱好与特长，思想和语言过于贫乏，得不到上司的认可，缺乏吸引力。因此，就想拿别人的隐私、短处来打击对方、抬高自己，从而得到别人的肯定、青睐和赞赏，以此来满足自己的“自尊”，慢慢地就养成了这种“嗜好”。然而，却不知这种行为恰恰会适得其反，会招致更多人的讨厌与唾弃。所以说，这种人应该清楚地认识到这种做法的危害性，要及时地强化自己、丰富生活，掌握更多的知识和技术。在内心要有一个大的理想、目标，让自尊有一个稳固点，这样才能把时间转移到理想抱负上，而不是干涉他人的私事，这也是治疗“干涉癖”的治本之道吧!

想问清家底，就不告诉你

良好的人际关系通常是通向成功的催化剂，对于那些爱打听他人隐私的、想多了解自己的人，不要逃之夭夭，免得破坏了与同事的良好关系，我们可以借机谈论一些不便通过正式表达的想法或观点，或是澄清一些过去的误会，但是还是少说“私事”为好，可以岔开话题找寻一些其他的正式话题。

面对这些八卦的同事，我们又以何种心理去应对呢?

第一，搞清是恶意打探还是善意关心：作为一个职业人，一个人的个人资料或隐私永远是个话柄，在某种环境中是无伤大雅的小事。如换一个环境则有可能非常敏感，成为伤害自己的一把“利剑”，所以在他人打听自己的一些隐私时，摸清到底是出于善意还是恶意，只要不是涉及公司利益的，被打听的人都有足够的迂回空间。

第二，采用迂回战术：当被他人问到一些敏感的问题时，自己一定要控制住内心的波动，表情要平静，采用“投石问路，随机应变”的招数，看对方究竟想做什么，要学会虚虚实实，保护自己。

第三，学会不卑不亢：当你被别人问到很唐突的问题时，他们有时是故意的，以此来打击你，这时我们一定要针尖儿对麦芒儿回击，但一定要遵守礼仪，结合他们的谈话“虚实结合”的理论。

国与国之间有划定的界线，人与人一样也存在着某种界线。不同的是，国界是有形的，而人际之界是无形的，而且也更容易被侵犯。只有一个“健康”的人际边界才能让人们之间感受到亲密，以及自己与他人的利益之间建立和谐、平衡的关系。

心理解读

有的人会误以为坦诚的原则适用于所有的人际关系，明知某人是那种爱打听别人隐私、热衷于传言他人隐私者，也不会灵活应对，问的一些问题却实话实说，结果可想而知，伤到的只是自己。

为什么找工作会高不成低不就

现今大多数人在择业过程中，也非常自信，认为找工作只是小“case”。那些基层的工作，自己去是大材小用。结果选来选去高不成低不就，觉得自己这么优秀的人才，竟然找不到一个可以发挥自己才能的天地。

找工作高不成低不就成“夹心饼”

身边经常会有一些朋友抱怨自己找工作真难，我怎么样才能找一份好工作。类似的想法，相信步入职场的人都会有所感悟。一些相关研究人员指出，这其实是对工作认知的一种误区。

例如，有一位求职者，在大学所学的专业是计算机，但他想成为一名官员，认为现在只有当官才更有出路。于是，他报名参加了公务员考试，但最终被刷了下来。他不得不再去寻求其他的职位，找了一份管理工作他感觉不合适，而想要的工作却与他无缘，高不成低不就，一天天下去，他再也没有激情去奔波，天天在浑浑噩噩中度过。

为什么会出现这种高不成低不就的现象？大多数用人单位都有类似感触：

第一，现今职场上的求职者过多。就将用人单位比做一台机器，将求职者比做一个零件。一台机器只需要100个零件，而现今却有数千个零件等你装。以至于出现骑驴找马、僧多粥少的僵局。这种供过于求的局面给人直观的感觉就是找工作很难，而且每个学历阶层的人都会有这样的想法，因为每个人都想尽可能找一份理想的工作。这样往往就造成了“高不成，低不就”的局面。

第二，求职者一般喜欢用“好不好”、“喜不喜欢”来评价自己的工作，说明求职者对找工作存在误区。求职者如果在找工作过程中，找不到心目中所谓的好工作，就会先择业，能够维持自己的生存，再想到跳槽，就这样三番四次地跳槽，不但会削弱个人的职业竞争力而且还会失去个人的职业发展方向。

第三，对就业的期望值认知不当。理想的工作与个人的实际能力偏差太大，远远高估了自己的实际水平，同时也与自己的社会价值观有很大的联系。为了自己的理想追求，而放弃自己的特长，这明显是受到一些不良影响而造成价值观的偏差。

合适的才是最好的

现今，求职的人都想找一份“好工作”，而什么样的工作才能称得上“好工作”呢？软件工程师、行政经理、教师还是官场人员？怎样才能评价一个职位的好与不好呢？薪水、工作性质、工作环境、有没有升迁机会、有没有更好的发展空间？其实每个人的思想、做法各不相同，对于别人来说是一份很好的工作，但未必适合自己。就如一个渴望平静生活的人，会认为自己找一份教师的工作便是“好工作”，而自己是个有志向、有抱负的人，在自己实践后会觉得有种失落感，没有挑战性，也没了动力，就只好重新选择。所以，一份“好”的工作并不在于他人的评价，而是看是否适合自己。

那么，又应该如何判断哪些工作更适合我们自己呢？

第一，看看所找的工作与自己的内在个性是否适合。通过对内在个性的分析，来得出自己擅长做什么样的工作，适合什么形式的工作，并以工作中待人处世的风格来决策自己能力的强弱。

第二，仔细衡量自己的能力是否胜任这份工作。一个人的能力是工作的基础，有什么样的能力决定了一个人处于什么样的层次。

第三，看看这份工作给自己提供多大的发展空间。选择企业与我们的发展空间是息息相关的。所以，在选择企业时，一定要明确企业发展是否与自己职业发展成一条线，不一定大公司、大企业就一定有很好的发展空间。

因此，想找到一份适合自己的工作，就必须综合分析自己的个人能力、内在个性，明确自己的优势何在，再结合自己的职场现状，给自己做一个准确的定位。在以后的发展道路中，可以根据实际情况进行调整。

职场中的每个人都需要给自己一个合理的定位，其根本目的就是能保证自己可持续地发展，但每个人的定位重点不同。其定位重点在于澄清自己有什么，有的过于看重自己的文凭或才华，有的过于低估自己身上的潜质，这样过高地或者过低地评估自己，就不能很好地平衡自己。

心理解读

我们既需要认真地分析自己，又需要多了解社会需求，以求定位准确。如今，在大多数情况下，正确的谋职思路就是做你应该做的，而不是根据自己的喜好选事。

为什么得不到晋升的机会

职业是人的使命所在，是一个人生存与发展的一种财富，但一个视职业为生命的人，天天起早贪黑、尽心尽责地完成工作，却不能获得上司的赏识和提拔。

有人认为送礼就能晋升，而且在一些单位这种方法也非常有效，那些工作不怎么样的人都跑到自己前边了，而自己却原守职位得不到领导的赏识，其原因确实是因为没有送礼吗?

得不到晋升从自身找原因

职场中，也许有很多人会面临这样的问题：在某个公司忠于职守工作了好几年，却依然是个普通员工，甚至连工资也没有加过。而自己就会认为在公司没有发展前途，想辞掉工作。

曾有这样一位女士，她在一家外贸企业做后勤工作，平平庸庸的，没有出彩的地方。因为这家企业是一个家族企业，大部分管理人员都是老板的亲戚。他们根本不懂什么叫管理，只是叫你做什么你就得做什么，根本没发言的权利。这位女士想只要自己尽职尽责，老板看到自己的表现就会有升迁的希望。其实不然，老板只听管理员的说法，根本不去了解实际情况，而且老板更看中那些业务精英，所以自己做得再好老板也不会知道。于是，她有了送礼的念头，想以此获得被提拔的机会。

种种类似的事件可能在每个人的身边都会发生，究竟何因阻碍着我们的机会?

第一，一个员工对于一个公司来讲，想获得普升机会，最主要的就是看你是否给公司带来更多的利益。至于说有没有能力，不是企业关心的，而工作时间、忠于职守也是没有决定意义的，其惟一最现实的意义就是，曾经拥有很长的时间和机会来展现你的个人能力以实现自己的价值，有很长的时间来认识、了解领导的机会。很显然，以上几点，前边提到的女士都没有做好，自然就得不到晋升的机会，所以依旧是普通的员工。

第二，公司重视哪一方面的工作和自己所在的职位没有太大的关系。老板为什么会重视某些方面的工作?因为这种工作能给公司带来价值，而自己的工作能给公司带来多少价值呢?就如以上所讲的那位女士，担任的职位是后勤，如果她在采购环节或者日常公司开支方面能够很好地控制成本，也就是为公司创造了价值。只有先做出价值，然后再去想让上司看到你的价值。

第三，公司不是只属于你，有些规则不是你价值大小就能左右的。想要在公司有足够的影响力，要让别人听你的，就要有足够大的价值，“没有实际行动，就没有发言权”说的就是这个道理。只要你能给公司带来足够多的价值，上司才会去迁就你，才会愿意为你而改变。

为何升迁的人不是你

身在职场，难免会碰到一些不公平、黑暗的一面，但并不是所有的都是如此。毕竟这个世界还是充满阳光的地方多，如果你的职业是平庸的，如果你处处以尽职尽责的态度去工作却没有得到自己想要的，那么在其他阳光明媚的地方你一定会有机会，但前提是你有足够的价值，并找出自身的不足之处，全力以赴地投入工作，想必你会获得晋升的机会、成功的真理。

你拼命工作，升迁的却是不努力工作的人?你若懂得察言观色，便能避免这种令人郁闷的事……

第一，不要总是以自己的方式和日程做事。如果总是做一些自认为重要的事情，就很难被公司视为有价值的“资产”。

第二，敏锐观察，掌握状况。想在人际纷杂的职场中向上爬，就一定要搜集各种情报，知己知彼，方能百战不殆。如果想通过请教的方式去求别人的帮助，不见得会有效，因此要仔细观察上司与竞争者的工作内容与进度，表现出浓厚兴趣协助他人才能得手。

第三，不要做点成绩总是希望给老板看。要知道你过分地在老板面前表现，就会让老板觉得你这人太轻浮、爱表现，不注重实质性的东西。

第四，不要总是发表负面的言论。如果你长时间没有得到老板的器重，也不要发牢骚，因为随时说上司或公司的坏话就像在你身边放了一颗定时炸弹，你的职业将随时会有毁灭的危险。

在工作领域里想崭露头角，别光埋头苦干，积极过头。你试图扩展工作时，如果表现得过于积极，过于努力，别人就会拒你于千里之外。

心理解读

莎士比亚曾说过：“没有野心，世界就不会好，更不会有进步。”所以我们必须要做到眼观六路，耳听八方，用“心”保卫自己的竞争优势和展露才能！

频频跳槽坏处多

现今，跳槽似乎成了一件非常时尚的事情。越来越多的人不再只求拥有稳定的饭碗，而是“哪里有食飞哪里”，而且还传有“生命不息，跳槽不止”之言，这被形象地称之为“鸟式就业”。

那么，这些准备跳槽或者频频跳槽者到底找到了自己心中理想的工作了吗？而企业又会对这些频跳者持怎样的一种态度呢？

“鸟式就业”是好还是坏

大学刚毕业的小张，曾经找了一份做广告的工作，但由于和老板不和，一怒之下就辞掉了工作。后来又到一家杂志社做采编，谁知1年后，又去了一家房地产公司做售楼小姐，但她自己都没想到的是，几经周折下来，最后又回到了广告业。而她那些同学和同事说她是“多动症”，她却不以为然，认为趁着年轻可以多跳几次，这种跳跃的感觉很好，而且还可以了解更多的东西。

社会上像小张这样“多动”的人比比皆是，那些有过工作的年轻人，几乎都有过跳槽的经历，还有相当一部分频频跳槽。据最新调查显示，目前人才市场中的跳槽者中，工作年限1年以下的求职者占总人数的17.7%；工作1~2年的人占34.1%。由此可见，这些在职人员惊现了“活力之群”的活跃本色，但那些跳槽者是不是最终都会得到满意的结果呢？据职业咨询专家讲述，那些在职的跳槽者有60%的人群在跳槽后都产生了挫败感，认为自己的跳槽是失败的。当今有许多人都盲目地跳槽，对公司认识不足，更对自身能力也认识不足，结果跳到一个新的公司才发现，原来一切也并非自己想像的那么好，只能继续跳。所以，导致自己跳来跳去仍找不到合适的工作。

在职员工频频“跳槽”，原因何在？据有关就业指导专家讲述：

第一，未能因才使用。在公司，一些能力强的人，时常把自己的兴趣放在第一位，如果找到的工作自己不感兴趣，他就会马上做出一个举动就是“跳槽”，找一个感兴趣的工作。

第二，对上司不满。作为一名管理阶层的领导，要管理那么多的员工，也许在某些事上会对一些员工做出不当的处理，这自然会影响一些员工的心情。而如果一些员工心态不好，就会对领导产生很大的意见，甚至使他们做出“跳槽”的决定。

第三，与同事关系紧张。职场中，同事之间难免会有些磕磕碰碰，可能你的努力、你的出类拔萃，会让他人产生嫉恨之心，两个人的关系就此愈演愈烈，以至于成了不共戴天的敌人。长久下来，就可能会有跳槽的举动。

第四，年轻充满理想。那些刚毕业的年轻人，通常最容易离职他就。他们有野心、有理想，对于那些太过轻闲、呆板的工作，他们不会就此“安身”，而是另谋高就求得发展。

第五，高薪的诱惑。丰厚薪水对于在职的人员来说，的确是一个不小的诱惑。而对于那些更看重薪水的人来说，自然会成为“钩上之鱼”，觅食丰厚的鱼饵，也为后半生做打算。

频繁跳槽是在损失自我的机会成本

每年的三四月份是人才跳槽的高峰期，跳槽群体构成了人才流动的主流，雇员之间私下议论着谁已经跳槽、谁将要跳槽以及是否需要跳槽的话题，但这些跳槽的人群有没有想过，当我们在对自己的前途和出路思考的同时，却往往忽视了远比眼前利益更为重要的一样东西，那就是“职场能量”的积累。

在职场中，不管是什么职业，都蕴涵着所特有的、无形的能量，这种能量就是所谓的“工作经验”，同时还包括所积累的气质、胸怀和精神。每当你在职场中扮演一种角色，这种无形的能量就会很快地使你融入到这个新的环境中去。也正是这种特有的“职场能量”促使你不由自主、潜移默化地改变了自己。而且如今大多数的招聘单位都想聘请有工作经验的、有能力的人。所以，针对无休止的跳槽而言，不要太过于注重眼前的利益；过于频繁的跳槽只会损失自己的机会成本，越来越同别人拉开职场中的差距。

重视职场能量的积累，提升职业技能才能有更好的发展方向！

明智的就业人员，会在进入职业生涯的一开始，就将“职场能量”作为生涯中的重中之重，不容许自己的职业前后脱节。他们总会尽一切办法积累自身的职场能量，以求避免在以后的发展道路上遇到困难措手不及。只要能更注重职场能量的积累，只要时机合适，你就会更加受到上司的赏识，得到更高的职位，同时，你还会有更多的机会和选择余地。当然，人的一生中不可能会总从事同一种职业、一直做同样的工作，只要你的职场能量积累到了最大化，你就有实力去做“相关”的其他事情。

心理解读

职场中跳槽或频繁的跳槽只会降低自身的机会成本，跳槽不是职业生涯的目标，而仅仅只是一种手段。它带给人的只有浮躁心理和不信守承诺的社会责任感，留下的只是遗失的机会、心底的遗憾。

为什么职场友情不会长久

每个人的经济行为的出发点都是自己的私利，而正是这种对私利的追逐，才跟别人一起挤到一个牛角尖里面去拼个你死我活。久而久之，所谓的友情也只是淡如水。

人们常常说友情是一坛长久酝酿的美酒，伤心之余，品尝一口才能体会到其中的美妙；也有人说友情是人与人之间沟通的桥梁，遇事之时，可以畅所欲言，但职场中的友情又能发挥什么样的能量呢？有一些人认为友情可以使同事在工作期间相处更融洽，从而使生活变得更充实。其实不然，职场中的友情远远没有这么简单。职场既是一个合作的舞台，又是一个可怕的角斗场。

职场友情是优势还是负担

曾有人说，职场就像是争坐公交车，处处要拼命抢夺，时刻都存在着危险。首先，先要挤得上车才可能找到位子坐，但上车后为数众多的乘客还要努力去争抢。每个人都是利益寻衅者，所谓的职场友谊也只不过是表面的亲和，当面对个人私利时，这种友谊只会给自己带来惨重的代价。如果有人强迫自己在生活来源和友谊之间选择，大多数人会不得不去选择工作来维持自己的生活。在工作中发展友谊，很多人又都不得不考虑自身的利益关系。

在外企工作了6年的小娜，自然深谙职场中的风云变幻。不过，那个由她亲手推荐升职，私交的好友简艾因为人长得漂亮，加上性格开朗，所以进公司没几个月，就人气飙升，并得到老板的赏识。于是，有关她的“绯闻”也传得沸沸扬扬，而小娜想到在这里工作那么长时间，也没有得到老板的信任，对此也不免产生些嫉妒、愤恨。久而久之，这两个所谓的私交好友就成了反目成仇的敌手，几年的友谊也随之烟消云散。

“友谊”与“背叛”的较量常常使你身心疲惫，苦不堪言。知道自己为什么会处于这种窘境吗？

也许每个人自小就参加各种各样的竞争考试，造就了你赢我输的竞争心态。进入职场后，办公室是一个复杂的地方，正所谓“人上一百，形形色色”，什么样的同事都可能存在，而且一定会有利益上的冲突。然而同事之间的关系也主要以利益为主，当两人发生冲突时，一定是妨碍了彼此的利益。鱼与熊掌不可兼得，如果关系到升迁的问题，不可能你们同时升到一个位置，总是有上有下，而且在薪金方面也会有差异，又有谁甘心在竞争中认输呢？

虽说“职场友情”不长久，合理地处理同事关系，与同事和睦相处，在上司眼中，你的分量将会又上一个台阶，因为和谐的人际关系不仅仅是一种生存的需要，也是工作和生活的需要，它会让你的工作变得更简单、更快捷。

将“职场友情”进行到底

职场友情是一种很玄妙的东西，它会随着人们的各种利害关系而变化，也许会因为某种外界原因，而随之变质，产生不愉快。出现这种现象是正常的，怎样才能使职场友情生存得更长久呢？虽然，是在同一个环境产生友谊，不管环境如何，应该真实地表现自己，但是当我们发现，这种远近亲疏的关系开始因为共同的利益扩大化，甚至出现了营私舞弊、相互倾轧的时候，我们就开始皱紧眉头了。

要成为好朋友，情投意合固然重要，但两个人之间如果存在着明显的利益冲突，是很难将友情维持下去的。因为人的本性是自私的，谁也逃脱不掉。有一则故事，就很形象地描述了这种职场人际关系的微妙。寒冷刺骨的冬天，有两只刺猬为了躲避寒气，就拥到一起取暖，但因为各自身上都长着锋利的刺针，如果靠得太近就会扎到对方，如果太远又冷得受不了。几经折腾，两个刺猬终于找到一个合适的距离来取暖。同样，在职场里，如果想要和同事、上司相处融洽，就需要这种“温暖而又免扎”的距离。

职场的友谊确实是比较脆弱的，如果对一些小事不能正确对待，就容易形成沟壑。如果你修炼到家，用一份理智和一份善意来经营，赢得好的人缘和友情并不是梦想。

第一，要具有正直、成熟和豁达的心态。以豁达体谅的心态看待自己的同事。

第二，不要随意地泄露个人隐私。我们知道有关同事的隐私，无非有两个渠道。一个是这个人亲自告诉我们的，另一个就是除他亲自告诉我们以外的一切途径。如果有同事将自己的隐私告知于你，那只能说明他很信任你，你们之间的和谐关系就是超出他人一截。如果哪一天，和谁闹了别扭，自己心里面气不过，什么朋友交情，江湖道义，统统闪到一边去，我给你来一个大穿帮、大揭密。那你自然少不了被人不止千遍地唾骂，并为你们之间的信任而备感后悔。

第三，低调处理内部纠纷。同事之间长时间一起工作，难免会产生一些矛盾。不过在处理这些矛盾时，要注意方法，退一步海阔天空。如果你事事由着性子，自己的理智总是被情绪所左右，那么，你得到的结果往往是搬起石头砸自己的脚，只会失去一大批同事的支持，而受你打击的同事，也许会成为你职业生涯中的“敌人”。如果你对同事多一些宽容和理解，那么，你与同事的关系也就不会那么难相处了。谦让和豁达的人总能赢得更多的朋友；相反，得理不饶人的人最终会走到孤立无援的地步。

第四，牢骚怨言不要常挂在嘴边。很多同事在工作之余，总是怒气冲天、牢骚满腹，总是喜欢给别人大倒苦水，这样只会让周围的同事苦不堪言；会让同事们感到既然你对目前工作如此不满，为何不跳槽，为何不去另寻高就呢？

第五，得意之时莫张扬。如果在公司获得小小的成功就飘飘然并四下招摇，或者故作神秘地对关系密切的同事细诉，一旦消息传开，必定会招来其他同事的嫉妒之心，从而引来不必要的麻烦。

第六，不要向同事借钱，如果借了，那么一定要准时还。借钱之事，在职场中也是常事，同事之间伸出援助之手也是应该的，但是有相当一部人借了钱，不按时还钱，甚至不了了之，难免会让更多的同事对其产生反感。所以不到不得已时不要向同事借钱，但借了钱，一定要记得按时还上。

第七，不私下向上司争宠。如果你喜好巴结上司，来获得上司的宠信，这只会让其他的同事看不惯你的行为，怀疑你人格有问题，影响同事之间的工作感情。甚至还会时不时地提防你，怕被你出卖。一旦他人发现被你出卖的话，那么你们之间的友情就宣告结束，就连普通关系的同事也不敢靠近你了。因此，不私下向上司争宠，也是确保同事之间友情长久的一种方式。

职场中的友情，并不像同学友情那样单纯。因此，对待职场中的友情我们一定要小心为慎，不要过分地表现自己。要是因自身的利益关系而影响到他人，并遭人猜忌时，应对朋友言明。如果有必要的话，自己应尽可能地从引发利益之争的位置上全身而退，让职场友谊能够长久。

心理解读

职场友情，是一个很容易被人忽略的因素，但在有些时候，它又有可能是职业人士的一个成功的支点。所以，怎样对待，关键在自己。

和上司走近就会受到非议

提职、加薪，尽管这些都是靠你实实在在的努力和有目共睹的业绩换来的，但是，和上司走得太近，难免会招来别人的非议，会被别人说成“一切皆靠拍马屁得来”。

身在职场中，每个人都希望能够留给上司很好的印象，能够受到上司的重用，于是就主动和上司攀谈，交流工作。虽然这是让上司全面了解自己的一种方式，是员工升职计划成功的关键，但是，却总是会受到他人的议论、传言。

和上司“套近乎”一定犯众怒

工作对每一个人来说，就是生存之本，是改善生活质量的基础。所以在面对提职加薪、保住饭碗等这类职场生存事务时，都离不开上司对自己的评价和态度。因此，几乎每个人都希望能给上司留下好的印象，但每个人自我表现的方式不同，有的一味地在上司面前“拍马屁”来获取上司的“厚爱”，而有的人则是忠心耿耿，尽心尽责来得到上司的“赏识”。无论采取哪种方式，只要你是上司面前的“红人”，只要上司重用你，都难免会招来他人的非议。

杨梅是一位刚毕业的大学生，找到了一份营销方面的工作。她是个很能干的女孩，由于自己的努力在短短 1 年时间成了全公司的销售状元，此后深受上司陈经理的赏识。杨梅性格外向，活泼大方，而且还和陈经理很谈得来。于是，陈经理自然在业务上尽量帮助杨梅，使杨梅的业务能力大大提高。不久，她就被升职为销售主管，由于管理工作占用了她不少的时间，所以她的业绩下降了。有一次，她和陈经理一起去吃饭，偶然间听到一起工作的同事谈道：“只会和陈经理拉关系，如今当上了销售主管，却不见长进，这都怪陈经理用人不善呀!”听到这些话，她真不知道如何是好。

也许你态度认真的目的只为把工作做好，然而，看在别人眼里，却是个爱急于表现的人。即使你一再辩解，也只是越描越黑！那么为什么会出现这种局面呢?

身为职场中人，能尽量和上司处好关系是应该的，但是处理不当自然成为同事议论的焦点。与上司的亲密关系不一定会成为自己的保护伞，相反，有时会给自己带来负面影响。因为在办公室里的地位和利益竞争表现得过于突出，你一旦忠心耿耿，拼命去工作，会让更多的同事以为你爱表现自己，想爬得更高，难免招来同事的反感，影响你的形象。同时，与上司的关系过分亲密，容易使他感到互相平等，这是冒险的举动。因为不同寻常的关系，会使上司过分地要求你，也会导致同事的嫉妒，可能还有人暗中与你作对，你无疑是在到处给自己树敌。

别和上司走得太近

在职场中，难免会招来非议，或者遭遇嫉妒，但如果想成为一名优秀的员工，就应该懂得自己与上司之间的差别。尽管可能有时你很受上司的赏识，尽管你和上司关系很好，是个“红人”，就和他称兄道弟，那就大错特错了。别忘了上司跟你不是一个级别的同事，你们的关系是领导与被领导。所以，作为下属要学会和上司保持一定距离，你可以与上司关系和谐，但不必太过亲近。

上司是一个企业或公司的主导，为了便于管理，他必须树立自己的威信，一般不愿和下属的关系过于亲密，而且更忌讳下属在其他员工面前宣扬自己与上司的关系。一旦大家都觉得你是上司的大红人时，你面临失业的危险就越近。

职场上很多时候，上下级关系、同事关系、与外界的关系，在细节处理上都很微妙。恰当处理与上司的关系，能博得上司的好感、赏识和帮助，更能得到同事的互帮互助，有利于自己做好工作，取得进步。

第一，尽量要减少单独和上司在一起的时间，以免遭到他人误会。

第二，要尽量地减少与上司开玩笑的机会。频繁的玩笑只会让他人感觉你们的关系不一般。

第三，尽量避谈上司的私生活。如果知道过多且谈论过多，只会给你带来不必要的麻烦。

第四，不要在办公室里长时间地和上司议事，即便是工作，也会让他人感觉你是上司的心腹。最好的议事方式就是用报告或 E－mail 的形式来总结报告、提出建议。

第五，千万不要和异性上司有超乎正常上下级关系的行为和言谈。

第六，获得相当的成就，不要张狂自负。如果与同事意见有分歧，不要争吵，学会用无可辩驳的事实及从容镇定的声音表明自己的观点，以换取真诚。

每个人都是同处一个大家庭，为了生活而工作谋生，和上司关系处理不当，或关系过于密切，同事之间也难免会产生一些磕磕碰碰、误会、牢骚。此时，学会容忍，不与人计较十分重要。以平常心态对待别人，以平常心态对待自己。

心理解读

谁是谁非不是三言两语就可以说清楚的，所以要有耐心，不要逞一时口舌之快，伤了彼此之间的关系。同在一个屋檐下工作，一旦撕破脸皮，以后要想再进行沟通、议事，就要颇费周折。

不能问别人一个月挣多少钱

在当今的社会，每个人的能力不同，拿的薪水当然也就不一样。而工资的多少，关系到一个人的能力和尊严。因此，很多人都非常忌讳别人问自己挣多少钱，他们认为这是对人极大的不尊重。

问别人工资是在侵犯别人的隐私

由于各地方的消费不同，所属行业标准也不一样，所以每个人都有着不同的差距。这也导致人们对其他人的薪水多少非常的“关心”，“你这个月发了多少钱?”“你这个月奖励很多呀！是多少呀?”这关系到一个的人尊严，多的就可以顺便炫耀，但少的就感觉到极为丢脸。俗话说，人穷志短，马瘦毛长。有的人挣钱多，可以出手豪爽，意气风发，为自己的高工资而扬扬得意。而那些月薪微薄的人，只能耷拉下脑袋，独自去难受，勉强过活。

衣着光鲜，开着私家车的李冬，整日装腔作势，爱摆阔气。有一天，同学聚会，他看到多年没见的小哲，还是像以前那样平平淡淡，于是毫不遮掩地问小哲：“现在一年能挣多少钱?”一下子问得小哲一脸尴尬，无从开口，看到那么多人盯着他，他只轻轻地说了句：“凑凑合合吧！”

为什么人们总是在谈论到自己的工资问题时就会很反感呢?

“你一个月能挣多少钱?”人们不是怕遇到贼而不敢谈论，而是一个人的月薪，往往是别人衡量自己的一杆秤。如果说得多吧，撒谎感觉不太好，如果说得少吧，又害怕别人笑话，抬不起头来，所以听到这些关于谈及工资多少的问题人们总是避之不谈。

永远不要问别人的工资

一个人能赚多少钱？这本来就是一个讳莫如深的问题；钱是怎么赚来的？更是一个人的“机密”。试想，在职场、行业中，每个人都会因个人能力的差异、职位的高低，所发工资水平也有所差距。如果每个人的工资多少都公开的话，会有多少人埋怨自己的上司一碗水难端平呢？这样员工的心理很容易失衡。所以，除非你有意破坏人家安定团结的大好局面，否则，尽量收一收自己的好奇心，避而不谈这些事情。

俗话说：人比人活不成，骡子比马驮不成。毫无遮拦地问人家挣多少钱，这是在自找没趣，也是在让人难堪。人活在这个世上还是少一个敌人比较好，所以最好不要随随便便地问别人：你一个月能挣多少钱？

心理解读

如果自己被别人问到此类问题时，为了给别人留一点想像的空间，也不至于被别人看扁，你就可以一本正经地告诉他人：“这是个人隐私！”

优秀的员工没人缘

走入职场，一个人的才华能成就自身的事业、创造辉煌，可以在职场中表现得锋芒毕露，可是如果不能完全控制它，它时时都可能成为你职业生涯的拖累，对自己只有百害而无一利。工作中有很多优秀的人才，都懂得隐藏自己的才干和见识，在该“露”的时候才出手。无目的地“崭露头角”是非常危险的，只能让更多的同事嫉妒你，使你陷入被动的局面。

在工作中最优秀的人往往会被孤立

现代社会，好酒也怕巷子深。你锋芒毕露，工作表现太突出，会过早地卷入升迁之争，这样难免会遭人嫉妒，无端地树立更多的敌人，可能在一种不公平的暗箱操作和利益交换中，成为无辜的牺牲品。更别想会有更多的同事去拥护你，因为职场中只有利益关系，所谓的友谊只是建立在利益的基础上。即便友好，只要你成为办公室里的主角，朋友也就成为了敌人。

某公司的销售精英小李，虽然只是一所普通大学的毕业生，但他仅仅在两年的时间里，所完成的销售任务就成为全公司最高的，使同行中很多人对他敬佩有加。一些未和他们公司打交道的商家都争着要和小李洽谈业务。然而，小李也有自己的烦恼，由于自己在公司业绩太突出，许多同事都向他投以嫉恨的目光，甚至还多次故意刁难他，使他难以顺利地开展工作。同时，财务经理看到小李进公司的时间还没自己长，拿的工资却比自己高几倍，心中自是愤愤不平，习惯性地找出各种借口来降低他的薪水，并且还向老总提出让小李负责一些不沾边的业务，让小李的才能不能充分发挥。最后，小李只有以辞职而告终。

现代职场就是这样，利益寻衅、复杂多变，处处都暗藏着“杀机”。进入职场我们就应该意识到，办公室是交织着各种矛盾和利益的场所，你身边的每一个人都有可能成为名利战场上的斗士。所以，优秀的你也必然被视为名利战场的敌人。

往往凭借自己的强势凸显于整个群体，但却破坏了整体的和谐，造成“鹤立鸡群”的尴尬局面。

俗话说：枪打出头鸟。如果一个人太过于突出、优秀，只会让多数人显得过于平庸，过于无能。再加上每个人都希望自己成为公司的顶梁柱，如果你太优秀，只能扼杀了这些人的目标，缩小了自己的能力。这很容易遭人暗算，即便你不想得罪人，也会有人出于嫉妒而暗放冷箭的。

低调做事才能受人拥护

职场中，有些人可能会不明白这一点，他在适应不了工作环境、不能受到上司重用的时候，总是不从自身找原因，而是一味地抱怨上司太没有眼力，指责别人抢了自己的风头，动辄就把工作失误归咎于那些“有才”的同事。长久以来，这种人不免会对这些“有才”之人伸出狠毒之手。因此，优秀的员工，凡事都要考虑得当，不能操之过急，应该以团队为中心，一步一个脚印，累积雄厚的实力。

才华横溢的人，巧用方法才能获取他人的诚心！

身在职场，初来乍到，融入这个人员混杂的“圈子”里，一定要在平时做好保持沉默、全心全意种好自己的“责任田”的心理准备，用谦虚诚恳的态度向同事学习业务知识，不要过于表露自己。对公司存在的各种错综复杂的问题，形成自己的判断能力和解决问题的能力。有耐心，学会等待，这是人生的一种境界，一种技巧，这一点，对于在职人员来说，非常重要。

做什么事情都不要锋芒毕露，也不要在工作中过于一马当先，以免大功独享，遭人嫉妒。要善于发现和利用团队的力量，适当表现一下，偶尔露一下锋芒，可以给上司、同事留下一个良好的印象，但是一定要适可而止，千万别越位，让上司、同事消除戒心。职场中，人际关系错综复杂，要时刻懂得保护自己，收敛锐气，等待时机，稳中求胜。

心理解读

如果在平时再不谨言慎行，那些“口舌小人”只会将你搅得粉身碎骨。因此，你在办公室里，如果太过于表露自己的“才华”，往往只会成为别人的“头号敌人”。

不能在办公室里谈恋爱

办公室里谈恋爱是当今很热门的一个话题。有人说在办公室里谈恋爱是催化剂，可以促进事业的发展；有人说在办公室里谈恋爱，对工作是一种严重的影响，甚至可以毁掉自己的前途。

在办公室里谈恋爱是不明智的！员工在公司的发展将直接影响公司的运转，如果因为恋爱而影响到公司的发展对公司来说则是一大损失，所以今天的很多企业都规定不准在办公室里谈恋爱。

办公室“爱情”好辛苦

栋是在办公室中爱上露的，栋高大英俊，露年轻貌美。也许是在一起时间长了就会产生感情，他们有共同的工作、共同的志向，就这样他们彼此痴迷地爱着。办公室里没人的时候，他们相互倾诉着对彼此的爱恋；有人的时候，就只能四目相视，用眼睛来交流爱意。时间就这样一天天地流逝，就像在地图上，他们时刻在一起，但却不能依傍在彼此身边。也许这样很好，因为至少可以彼此看见对方。当他们爱火燃烧的时候，也只能默默地埋在心里，只能含情脉脉地看着对方，这样的恋情让他们爱得好辛苦。

突然有一天，栋出差走了，留在办公室中的露就发现她是那样不习惯没有栋在的日子，她根本没有心思投入工作。没有栋在的办公室，时间每一分每一秒都使她那么难熬。后来，他们之间出现了问题，露再也无法忍受这样的恋情了。于是，她开始逃避他的眼神，人也变得越来越沉闷。

故事中的办公室恋情，不仅影响了自己的前途，更加影响了公司的效益。现实生活中，同样也有办公室恋情，恋人在一起难免会发生争吵，必定会影响工作，况且上面的故事也足见他们的辛苦。企业虽然没有明确规定说办公室内不准谈恋爱，但办公室恋情并不提倡，这也已经成为企业的文化之一。

那么，办公室中不能谈恋爱，具体有哪些原因呢？

第一，办公室恋情会因为私人间的恋情影响到公事，难免会把恋爱上的一些喜怒哀乐带到办公室。如果其中一人因某种原因离开公司，另一个人因为习惯了与恋人在同一个办公室，很有可能也会离开，这对公司的人才流失影响非常大。

第二，恋人在一起工作，必定不能全心投入到工作中，这样对工作的效率影响很大。恋人之间也难免会出现矛盾，一起工作也不利于矛盾的解决。如果两人分手后，则更会影响工作，不在同一个办公室谈恋爱还可以避免分手后的尴尬。

第三，办公室中谈恋爱还会影响到个人在公司的发展，使之不能把心思放在工作上，这样个人在公司中也很难发展下去。

办公室中不谈恋爱

“公私分明”自古以来就是被世人相传的佳话，今天我们也应该做到公私分明，工作和爱情是两码事，所以最好不要在办公室中谈恋爱。虽然企业并没有明确规定办公室中不准谈恋爱，但天底下没有一个人能保证恋人之间不发生矛盾，在同一办公室中一旦发生了矛盾则必定会影响到工作，这样就很难做到公私分明了。

那么，办公室中的恋情常会出现什么问题呢？

第一，业务上的公私不分：男女双方在同一个公司上班，如果陷入热恋中，很有可能在谈恋爱时谈到工作，这样很容易把彼此部门里的机密泄露给对方，也很可能导致两个部门间的不和。

第二，场合上的公私不分：恋人很有可能在办公室中打情骂俏，甚至有些过于亲热或暧昧的动作，这样让别的同事看到了很不好，特别是上司见了更不会高兴。

第三，职务上的公私不分：恋人间的职务一般不会相同，有时候在工作上或许你会让恋人帮自己传达命令或其他指示，这样让别人听了感觉不被尊重，时间长了，必定会造成不利的影响。

心理解读

两个人在一起工作由于各方面的原因很有可能促使两个人发生恋情，但办公室恋情无论是对个人还是对公司都会产生很大的负面影响，所以应尽量避免办公室恋情。

为什么有人偷懒却升迁

“吃力不讨好”经常有人这样抱怨，尤其是在职场中，每天无论怎样忙碌，领导们也视而不见，反而偷懒的人却被领导重视又升职又加薪。

时代在变化，职场中有些东西当然也在随之改变。以前，只要努力干活就可以了，现代的工作不仅要做事，更要做成事，这其中的差异直接影响着领导对你的肯定与否。想要被领导重视，想要升职加薪光像“老黄牛”那样低头做事是不够的。今天虽然也需要“老黄牛”精神，但同时需要在“老黄牛”身上插上效率与效益的翅膀。

偷懒了却能升迁

王力与李刚同时进入一家公司，学历一般，又同时被安排到业务部门工作，但差别却慢慢显现出来。他们进公司1个多月了，王力很少出去见客户，只是接接电话，在公司和其他老员工有说有笑，简直忘了自己工作的目的。

反观李刚则就不同了，他每天来公司报个到就出去，一天到晚不停地见客户，只是下班的时候才回公司。这样的日子一直持续了3个月，一天，业务部经理主持大家开全体会议，其中一项宣布使李刚极不平衡，那就是王力升为业务部经理助理。这对李刚来说，无疑是个很大的打击，同时进的分公司，他工作又特别努力，而升职的却是王力！带着这种不平衡的心理，李刚找经理问了个清楚。经理听后，笑了，对他说："我们重视的是工作的结果，没有结果就是'穷忙'、'瞎忙'！"

现实生活中，这样的故事数不胜数。工作中你努力了，但领导就是对你的努力视而不见，升职加薪的好事永远与你无缘。对于这种情况，专家提出了以下几种原因：

第一，你没有让你的同事与领导认识到你完成工作的不容易。完成一件事情，有的人会费很大的力气，而有的人可以很轻松地完成。当然这与能力有很大的关系，有的人费了很大的力气完成了某一件事，而只有自己知道，别人以为你是很轻松做到的，这当然会使你吃力不讨好，在工作中这点尤其重要。

第二，你习惯于埋头做事，做完之后也不声不响。少说多做当然好，也是我们所提倡的工作态度，但从另一个角度来讲如果你只知道一个人做事，做完之后还不声不响，别人很难注意到你。职场中每个人都有自己的工作任务，你做多做少别人不可能随时注意，所以有时候需要你说出来。

第三，没找到问题的主次。我们常说不做无用功，在工作中如果你做了无用功，不但费时费力，还得不到你想要的结果，这些都是典型的吃力不讨好。

工作中尤其重要的是你的工作结果，有的人每天忙得团团转还是没有实际的效益，对公司没有利益可讲，当然升迁加薪的好事轮不上你；而那些轻轻松松就可以将事情完成的人，对公司来说效益有了，当然会做出一定的表示，升迁加薪就是职场中最直接有效的表现。

吃力的人同样有升迁机会

现实生活中，的确有"偷懒"却升迁的人，但我们应该明白，在职场中对公司来说"不重过程重结果，不重苦劳重功劳"。重要的是结果，一个公司需要发展，效益好坏直接影响公司的发展，员工只有做出"结果"才会对公司有益。

没有免费的午餐，没有付出就很难有收获，所以努力仍然是重要的，而那些所谓的“偷懒”者们讲究的只是方式方法，为了得到更大的效益，那些吃力的人就要避免无用的付出。

职场中怎样才能避免做无用功，有升迁的机会呢？以下是供你参考的几点意见：

第一，分析事情的主次：只做对公司有益的事情，即使事情没有做成，也应适时地让你的同事与老板了解你的付出与努力。

第二，注重交流沟通：至少与同事之间应保持好的人际关系，同时还可以学习同事间好的工作方式方法。

第三，对老板的不合理批评，应解释：对于不公平、不合理的批评就不应接受，大胆地说明理由，这样才有可能让领导更进一步了解你。

现实中的机会却是有限的，需要你去把握、去争取，否则就会出现吃力不讨好的后果。针对这种情况我们就应找到问题的方式方法，才能达到最终的目的，吃力的人便有升迁的机会。

心理解读

现实职场中，如果你只有个体户精神，一味地像老黄牛一样埋头苦干；如果你是有能力的，相信总有一天会被领导赏识。

工作中人际关系比能力更重要

曾经担任美国总统的罗斯福讲：“成功的第一要素是懂得如何搞好人际关系。”

事实的确如此。在工作中，良好的人际关系是你事业成功的基础。人是群居动物，人的成功只能来自于他所处的人群及所在的社会，只有在这个社会中游刃有余、八面玲珑，才可为事业的成功开拓宽广的道路，而如果没有非凡的交际能力，免不了处处碰壁。

人际关系是一个人事业成功之钥匙

人际关系是一种无形财富，许多人事业的成功得益于良好的人际关系。良好的人际关系离不开高效的人际交往。特别是对于年轻人，刚走上工作岗位，虽然主要的任务是学习、积累工作经验，在学习的过程中等待机遇，但是如果遇到机遇的时候，具有保住这个机遇的能力——人际关系，就会比别人多一些胜算。

良好的人际关系为自己创造一个好的工作环境！

每个人都想在工作中、事业上取得成功，然而只有很强的工作能力是远远不够的，就像人必须靠两条腿走路一样，既要努力做好自己分内的工作，又要处理好人际关系。有一个广告说得好："没声，再好的戏也出不来。"你能力再强，关系搞得不怎么样，就等于是没有能力。要知道，能搞好关系本身就是一种能力而且是比工作能力更出色的能力！

人际关系越好，活动能力就越强。良好的人际关系，还有助于打开人的思路，帮助寻找问题解决的最佳途径。

人际关系好、机遇就多。俗话说，在家靠父母，出门靠朋友。广泛的人脉无论是在工作和生活上都能给你有益的帮助。在人生的关键转折点，大多都是良好的人际关系为那些成功人士铺就了一条通往成功之路。

可以说，赢取人心、搞好人际关系对自己在事业上的发展有极大帮助，想在工作上表现良好也通常需要同事的合作与配合；业务的成功，往往是和睦的工作环境、同事间亲和融洽、上下一心直接促成的。所以，一个人在工作中建立良好的人际关系，对于自己是百利而无一害的。

关系比能力更重要

日常生活中，经常见到这样的现象：有的人个人能力十分出色，但是却得不到领导重用，反倒是那些个人能力一般、会拍马屁的人得到了领导的宠幸。很显然，在现在这个关系社会里面，人际关系比能力要重要一些。你可以在一些方面没有能力去解决、去做好，但是只要有关系、有圈子，你就可以借助他人去做好。一项抽查也显示："在现代职场中，一个人的事业成败，个人能力与人际关系中，个人能力占15%～20%，而人际关系所占比例为80%～85%。"所以，如果你没有得到你应该得到的重视，也就不要在心里有怀才不遇的想法；如果你感到别人不应该那样受到重用，也就不要感到气愤或不满了。你的工作能力强而没有显现出来，原因不外乎两个：一是你关系确实没有搞好；二是你不愿意搞好——或许你是以陶渊明为榜样的。

既然人际关系如此重要，那怎样才能搞好工作中的人际关系呢？最关键的是能否跟同事打成一片，和睦共处，尽得人心。

如何处理好工作中的人际关系？

第一，着眼于有益的事情，清楚我们的工作目标。要避免问那些"为什么"的问题，让焦点集中在工作中，学会心胸开阔，为人处世要面面俱到。

第二，让别人尊重你，首先是要尊重别人。尊重也不是表现在言听计从，工作中自己做到完善、改进和进取，如有意见或是疑问，可以在尊重的氛围当中提出，做到有理有节。记住：真正要开展好工作，不是让领导来适应你，而是我们去适应领导的做事方法、方案。

第三，多与同事沟通，相互理解。在发生误解和争执时，站在对方的角度来思考问题，换个角度考虑，为对方多想想，不能情绪化和激动化。

第四，对竞争对手，保持竞争的态度。既然能够成为对手，肯定有优势和值得借鉴的地方。而且要记住，没有永远的第一，所以，当你成功时，要保持一个大度开明的宽容风范、一个豁达的好心情，迎接新的挑战。

其实，光有人际关系，而个人没有能力也是不行的。个人能力和人际关系是相辅相成，缺一不可的。个人能力是创业的地基，而人际关系就好比是一扇门，打开了就会茅塞顿开、平步青云。人际关系又是事业成功的无形资产，怎么挖掘就看自己了；良好的人际关系也好比是一个领路人，方向标指给你了，怎么前进就要靠自己的才能和智慧去创新。

心理解读

从古到今，广言之“得民心者得天下”，可见，其良好的人际关系的重要性。处在这个竞争激烈的科技时代，人们力求的是能力之争、速度之争，没有坚实的基础，也是很难登上顶峰的。

10 心理掌握——统驭下属的心理学

作为上司，要想有一番作为，少不了众多下属的鼎力想助，正所谓“一个篱笆三个桩，一个好汉三个帮”。上司要了解员工心里在想些什么。要与一级搞好关系，惟有如此才能赢得他们的拥戴，调动起他们的积极性，从而促使他们尽心尽力地工作，使得自己的事业壮大发展。

为下属作楷模

“权威效应”是指一个人要是地位高、有威信、受人敬重，那他所说的话及所做的事就容易引起别人的重视，并让他们相信其正确性。

人们总认为权威人物往往是正确的楷模，模仿他们自己就不会出错，也会像权威人物一样得到各方面的赞许和奖励，同时自己的安全感也会增加。所以人们总是会按照权威人物的要求去做，或是模仿权威人物的行为。

美国心理学家们曾经做过一个实验：在给某大学心理学系的学生们讲课时，向学生介绍一位从外校请来的德语教师，说这位德语教师是从德国来的著名化学家。试验中这位“化学家”煞有其事地拿出了一个装有蒸馏水的瓶子，说这是他新发现的一种化学物质，有些气味，请在座的学生闻到气味时就举手，结果多数学生都举起了手。对于本来没有气味的蒸馏水，由于这位“权威”的心理学家的语言暗示而让多数学生都认为它有气味。

人们的“安全心理”和“认可心理”是“权威效应”产生的原因。这种效应运用于上司领导下属中，也能起到非常好的效果。员工更可能以领导的行为为榜样，而不是以其话语为榜样。在现实生活中，利用“权威效应”还能够达到引导或改变对方的态度和行为的目的。就比如做广告时请名人赞誉某种产品、在辩论说理时引用权威人物的话作为论据，等等。

榜样的力量是无穷的，尤其作为上司，要明白你的员工将永远把你看做他们学习的榜样。如果你能样样胜他们一筹，他们就会由衷地佩服你，并向你看齐。

魏明阔在一家杂志社的摄影部当负责人。以前他带领的这个团队做事总是拖拖拉拉，而且经常是到了要拍摄的时候才发现东西还没准备好。然而魏明阔通过榜样的力量，让他的团队在极短的时间内发生了大的改变。

一次，杂志社要采访一位企业老总，魏明阔就带着三个员工去摄影。他们提前一个小时就来到了约定的地点，事先研究摄影的场所，布置好了背景，架设好了道具，一切准备就绪，就等被访者的到来。

企业老总来后，在不到一个钟头的时间里，魏明阔已照好了一百多张照片，可在杂志上只需要刊登一两张。在平均不到三十秒钟一张的照相速度里，魏明阔不断地更换各种颜色的背景，同时还要调整角度、笑容、谈话姿势等。一旁的员工们看着魏明阔那种敏捷熟练的动作和他那万分敬业的精神，特别佩服。

后来员工们还听说魏明阔曾经从事过在战地摄影的工作。为了抢拍一个镜头，他常常不得不置身于非常危险的境地。有一次当他正在拍照时，一颗炮弹落在他身旁爆炸，在千钧一发之际，他抱着相机滚进了壕沟里。

魏明阔这样的敬业精神让和他一起工作的下属深受感染，他们从魏明阔身上懂得了一个真正的摄影记者应该是怎样的。在不知不觉中，大家改掉了以前拖拖拉拉的坏毛病，更加从心底热爱这份工作。魏明阔没有通过言语，而是通过行动。让手下的人员变得更加敬业了。

上司用自己的行动去感染、引导下属的工作态度及行为，往往比命令的效果更好。所以一个优秀上司的作用，远远比用条文去规范员工行为的作用要大得多。所以，做一个优秀的上司，为员工树立一个好的典型和榜样，是企业走向成功极为关键的一步。

一个成功的商店经理对此总结道：“我必须在做任何事情上都要为我的员工树立高标准的学习榜样，我对克服一个困难的工作，或者完成一个特定的销售目标的信心就在于，我作为这商店的经理，我能为我的员工树立起效法的榜样。这就是我百战百胜的秘诀。我所说所做的一切，都必须显示出我对一个难度很大的目标一定大获全胜的信念。如果我显露出丝毫的犹豫，那肯定会引起大多数雇员的犹豫乃至失败的担心，这样一来，成功的希望就很渺茫了。树立一个高标准的信心，是我作为一个经理的工作的一个重要组成部分。我也敢保证，这肯定也会是你的工作的一个重要组成部分，不管你的工作是什么。”

心理解读

管理者要处处为员工树立一个高标准，如果你总是能以身作则地尽自己的义务，为别人树立高标准的学习榜样，他们就会热切而认真地学习你作为领导的良好表现。

与下属建立合作与信任关系

合作和信任是组建一个成功团队的关键，但是如何才能在团队中建立起和谐牢固的合作和信任关系呢？美国著名的管理学家雷鲍夫给了团队管理者们希望的曙光，他的核心理念就是认识自己和尊重他人。

雷鲍夫建议我们要牢记并经常使用这些语言：我承认我犯过错误、你干了一件好事、你的看法如何、咱们一起干、不妨试试、谢谢您、我们、您。记住这些，并运用于你的团队，它会让你事半功倍。

一、我承认我犯过错误

上司在严格要求他人的同时，还必须正视自己的缺点和过错，只有主动承认错误，不断反省自己，才能让员工佩服和效仿，增加团队的凝聚力。

伯涅特是通用公司一名优秀的工程师。一次，他在领取薪酬时发现少了30美元。于是他找到了他的上司，但这位上司不负责薪金的发放，所以他无能为力。于是伯涅特大胆地写信给斯通，他是当时通用公司的CEO。在信中伯涅特反映了令人头痛的薪水问题和优秀人才的待遇问题。

斯通看完信后，立即让负责人员把亏欠的薪水补发给伯涅特。接着，斯通做出了一系列的举措：他先是代表公司向伯涅特道歉；接着为了让优秀人才不再有怨言，主动调整了他们的薪酬待遇；最后还让《华尔街日报》把这一事件全程报道出来。

这些举措不仅让斯通赢得了员工对他的信任和支持，还让美国企业界的人士们大家赞赏他这种勇于承认错误的精神。

二、你干了一件好事

在反省自己的同时一定要注意他人的反应，学会关心、鼓励他人，是学习合作的第二条原则。赞扬是团队的粘合剂。

三、你的看法如何

上司事必躬亲只会让自己耗费大量精力，还达不到好的效果。把部分职权下放，既能分担自己的工作，也能增加自己和员工之间的合作和信任。所以，多问问员工的看法，让他们的能力发挥出更大的作用，不要老是担心员工做不好，授权的要诀就在于信任，疑人不用，用人不疑。

三星集团总裁李健熙上任后做了大刀阔斧的整改，他分散了自己的权力，分设电子、机械、化学及金融保险四个集团，充分授权集团经营委员会负责最高层的决策。

因为这些被他认命的人员都在李健熙手下干过多年，因此，他们对李健熙的想法知之甚详，所以他们的决定往往和李健熙相差无几。而李健熙也充分相信他们，使得整个团队异常团结。

四、我们一起干

这句话能很好地调动所有员工的积极性，让大家觉得上司并不是高高在上，而是和自己并肩作战的。倘若你能让所有的员工都有与你一起干的决心，那么你必然是一个优秀的企业领导人。

五、不妨试试

多让员工尝试，鼓励他们大胆创新，不一定非要有结果，但坚持这样的企业精神，就一定会有收获。

六、谢谢您

每个人都会说这三个字，但只有真心实意地说出来才会让人感受到尊重。真正说到人心里的谢谢是不需要用嘴来表达的，而是用行动。

在日本日立公司，会议桌是圆的，无论你在哪里坐都不会觉得低人一等，从而营造出一种平等的氛围。

在松下公司，松下幸之助看到正在辛勤工作的员工，便会为他倒上一杯茶，并说上一句“谢谢您的辛苦，请喝一杯茶。”

七、我们

“我们”的感觉是把员工当成自己人，而非排除他们。作为一个团体，“我们”具有强大的号召力。时刻牢记你是在与人合作，不管什么事情都不要独断专行——“我们”就是要有整体的观念。

八、您

时刻牢记尊重你的合作伙伴（员工也是合作伙伴）——您而不是“你”，这就是尊重。

其实这八条原则没有任何深奥的内涵，执行起来也很简单。

心理解读

雷鲍夫就是言简意赅地揭示了建立合作与信任的规律。在我们着手建立合作与信任的时候，应该将“雷鲍夫法则”自觉而灵活地运用到我们的交流与沟通之中。

你不在的时候，下属在干什么

美国管理学家 R. 洛伯研究发现，对于一个企业领导者来说，最要紧的不是你在场时的情况，而是你不在场时会怎样。如果只想让下属听你的，那么当你不在身边时他们就不知道应该听谁的了。这种现象被称为“洛伯定理”。

当你在的时候，你布置给员工任务，所以他们知道该做什么，但你不在现场时，员工就有了担心，他们不知道该怎么做，因为没有决定权，所以他们不知道该不该这样做。出现这种情况的原因就是你没有给予员工明确的职责和权利。洛伯定理告诉我们，要想让员工在你不在场的时候知道该怎样做，必须建立切实可行的制度和规程，并把责任落实在每个员工的身上。

在20世纪80年代中期，我国的一个汽车集团引进了奥地利斯泰尔的重型卡车技术，十年后开始大批投入市场。

一次，斯泰尔公司一个年轻的工作人员到中国服务，路过招待所的门口时，他看见一辆满是灰尘的斯泰尔汽车停在那儿。他询问是怎么回事，翻译告诉他说这是其他厂制造的汽车，.本来是让我们修理的，但现在生产任务紧，就耽搁了下来。

这个奥地利工作人员知道是怎么回事后，一头钻进车底修了起来。翻译劝他吃完饭再修，他毫不理睬，直至修好为止。吃饭时，翻译有些不解地望着他，于是年轻人开口了："只要是斯泰尔车，不管是谁制造的，不管在哪里，我都有责任把它修理好，因为这是我们斯泰尔的形象。"

要想充分发挥员工的主观能动性，就要在平时多给其灌输企业的理念，完善责任的落实。让他们觉得这是分内的事，而不是只有上司在现场时才应该表现的事。要做到你在的时候员工做得很好，你不在的时候员工也完全能够把事情处理得干净漂亮。也就是说让员工成为有工作责任的主人，而不是听别人命令的机器人。

有些上司事无巨细，事必躬亲，这样做的结果是抑制了部下的能力和自由发挥的空间。当你不在场的时候员工就不会把事情完成得那么出色，正是因为下属只听你的所造成的。此时作为上司的你需要将部分职权委托给下属，授权的目的是使你的能力得到延伸。上司不要做别人能做的事，而只做必须由自己来做的事。

孙权就是会授权的人。

赤壁之战中，孙权面对曹操的百万大军下江南，用其智慧毅然联刘抗曹，大败曹军。在战役中，孙权赏识、重用鲁肃，令鲁肃致力巩固吴蜀联盟，使曹操不敢南视。

后来，孙权还使得吕蒙由一介武夫成长为一员富有谋略的大将，孙权勉励吕蒙笃志读书，又大加提拔，委以重用，最终吕蒙不负所望，袭取荆州，擒杀关羽。

当刘备来为关羽报仇时，孙权又提拔未有盛名的陆逊，设坛拜将，赐上方宝剑。孙权给予陆逊的高度信任，使其军事指挥才能得到了最充分的发挥，一把火将蜀军几乎烧了个精光。

正是由于孙权善于授权，就算大敌当前，他不必亲自出征，也能安坐建业听候捷报。

任何一个上司，其时间、精力、知识和能力都是有限的，一个人不可能事必躬亲地承担实现组织目标的全部任务。成功30%靠自己，70%靠别人。你必须告诉下属，当你不在场的时候，他们如何处理随机事件，尤其是关乎企业命运的突发事件。

当员工对所要干的事情存在某种顾虑，领导不在场就不敢放手去干，这就是不善授权的结果。解决这一问题的办法就是：公司让每个员工和上司明确权责关系，明确每一类工作的责权部门与责权人。同时上司也要采取各种方式增强员工的自信心，提高员工的基本素质与工作能力。公司相关部门在进行岗位设计、人员定位时，一定要努力做到“把合适的员工放在适合他的岗位上”，同时要积极引导、帮助员工提高自身素质及工作能力。

试想，如果上司不在场与上司在场的情况一个样，那么这个组织还有什么不能战胜呢？

心理解读

许多做上司的可能从未意识到，他们事业的成败兴衰竟然系于员工之手。美国管理学家德鲁克认为，要让全体员工都站在上司的立场考虑问题，关键是要使他们感到自己是企业的主人。

11　小心提防——搞定小人的方法

每个人的周围难免会存在那些令人恨得咬牙切齿的小人，因为他们的陷害，对我们诸事不利。对于小人单纯的防范就显得被动了，只有及时制订对策，才能避免上当。

认清职场中的各种小人

为了能准确及时地认清小人的丑恶嘴脸，我们能做的只有擦亮自己的眼睛，从他们对人对事的细节上，发现小人的心理特征，最终找到应对之法。

小人最常见的一种嘴脸就是见不得任何美好的事物。小人也能发现一些美好，甚至有时发现得比别人还要敏锐，但不可能对美好的东西投以由衷的虔诚。他们总是眯缝着眼睛打量周围一些美好的事物，只要一有可能就忍不住要去扰乱这个美好的事物，因为在他们的心中，只有自己是最美好的。

小人的另一种嘴脸是见不得权势。无论在什么情况下，一些小人的注意力总会拐弯抹角地绕向权势的天平之上，在旁人看来根本绕不通的地方，而他们却能飞檐走壁绕进去。他们表面上是历尽艰险为当权者着想，而实际上只想借着当权者手上的权力为自己牟利。一般来说他们对权势本身并不迷醉，他们只是迷醉权力背后自己有可能得到的利益感兴趣。因此，乍一看之下他们是在投靠谁，背叛谁，效忠谁，出卖谁，其实他们心中压根儿就没有一个人的概念，只有他们一些实际的私利，小人之所以小，就小在人品和人格之上，小在一个对人的概念上。

小人也不惧怕任何的麻烦。怕麻烦的人是做不了小人的，因为小人就是在麻烦中找事的人。小人知道越麻烦越容易把事情搞混，只有自己不怕麻烦，才能乱中求胜。

办事效率非常高也是小人嘴脸之一。一般来说小人急于向别人示功又不讲任何的规范，因为有明明暗暗的障眼法掩盖着，他们办起事来几乎遇不到任何的阻力，能像游蛇般灵活地把事情迅速搞定。同时他们善于领会当权者难以启齿的隐忧和私欲，把一切的困难化解在顷刻之间。

小人更不会放过任何的被伤害者。小人在本质上是比较胆小怕事的，因为他们的行动方式使他们不必害怕任何操作上的失败，但却不能不害怕别人的报复。设想中的报复者当然是被他们暗中伤害过的人，于是他们的使命注定是要连续不断地伤害被伤害者。你如果被小人伤害了一次，那么你就等着吧，第二、第三次更大的伤害在后面等着你，因为不这样做小人的心中就会缺少安全感。小人不会有任何的怜悯，不会忏悔，只会心中感到害怕，但是越害怕越凶狠的加害别人，所以小人只能一条道走到底。

博取周围人的同情是小人最擅长扮演的嘴脸。一些明火执仗的强盗，杀人不眨眼的刽子手是恶人而不是小人，因为小人并没有这股胆气，他们需要掩饰和躲藏。他们往往反复向别人解释，自己是天底下受损失最大的人，自己是一个弱者，弱得不能再弱了，按他们的说法似乎生来就是被别人欺侮的料。在他们企图囫囵吞食别人的产权，名誉乃至身家性命的时候，甚至他们会让自己低沉的喉音，含着泪的双眼，颤抖的脸颊，欲说还休的语调一起上阵，在逻辑上说不通时便哽哽咽咽地糊弄过去，这样你还能不同情他吗?

小人必须用一些谣言制造周围的气氛。小人常常要借权力者之手或起哄者之口来卫护自己，所以必须绘声绘色地谎报一些“敌情”。只有这样他们才能在烟雾的笼罩下害人，少了这道烟雾，他们也就原形毕露了。

小人喜欢搬弄是非挑拨离间的厌恶嘴脸相信大家一定不会陌生。他们无一不是喜欢窥探他人隐私的专家。他们为了达到自己的目的，几乎都会采取一种挑拨的策略，因为小人的最木愿望是：全天下的人都相互指责，互相怀疑，惟他能掌控全局，在人海中左右逢源，游刃有余。所以，搬弄是非，挑拨离间是小人最常用的战术之一。再有，出卖、背叛也是小人的惯技之一，当你与貌似忠良的小人促膝长谈时候，你的肺腑之言，在小人的眼里就是一个把柄，而你的隐私就是小人出卖你的资本。所以，在一些小人面前，最好是三缄其口，否则，你自己就要承受有一天你的肺腑之言及自己的隐私被加工后曝光于天下的恶果了！

一个人能够保证自己不做小人，但是能够保证别人不做小人吗？那还犹豫什么，尽快认清小人的丑恶嘴脸，然后绝不心慈手地软制服他们，让这些小人从此不再有加害别人的机会。

当然，小人最终是不能控制局势的。小人虽然精明而缺少一定的远见，因此他们在制造一个个具体的恶果之时，并没有想到这些恶果最终组接起来将会酿发出一个什么样的结局。当他们不断调唆一些权势和舆情的初期，似乎一切顺着他们的计划在发展，而当权势和舆情终于勃然而起挥洒暴力的时候，连他们也不能不瞠目结舌了。这个时候就造成了骑虎难下之势。

心理解读

小人往往是人们自己培养出来的，坦荡荡的君子往往被常戚戚的小人所伤害，关于这样的例子还不够多吗？所以不要再在小人面前一味忍让，赶快从心理上打败他们吧！

看看你要提防谁

总是要在被别人暗算以后，才知道自己又成了替罪羊；却还是不长记性，一次又一次，实在是不堪重负了。到底是谁在对自己放暗箭？哪一类人才是你最需要提防的小人呢？

如果你是一个看电影很容易被感动的流眼泪的人，那么你最需要提防的人就是善于博取你同情的人。因为你是个很强势的人，无论在心理上还是行为上，都很容易让人产生压力和戒备。即使你尽量让自己看起来和蔼一些，但本身的那种咄咄逼人和精明还是会让你察觉。而你却很容易对弱势的人产生一种同情，放松戒心。

如果你是一个心情烦躁时喜欢一个人待在房间里冷静的人，那么你最需要提防的人就在你的家人、亲戚中间。因为你实际是个很容易缺乏安全感的人，你并不容易信任他人，总是会在跟朋友甚至恋人的相处中保持适当的距离，不会完全依赖。但是，家人、亲戚就是你的死穴。你是一个对家庭有依恋的人，你觉得家人是自己最能够放心信任的人，觉得只有家才是自己真正的避风港。这就使得你在外人面前显得不容易看透，但是在家人眼里则是比较单纯的。所以最可能算计你的人就隐藏在他们之中。这样的你，应该把你的信任只针对自己最信任的父母等亲近的家庭成员，对于其他亲戚则还是会保持距离。因此能了解你的弱点的人只能是你的父母等亲密家人，而这些人对你则完全不会构成危险，只会包容你的弱点。

如果你是一个常常因为头脑发热而做事不顾后果的人，那么你最需要提防的人就是那种最明显的小人。因为你为人单纯，因此也不会有什么人非要处心积虑地害你，你只需要小心那些把狐狸尾巴露在屁股后面的真小人，伪君子往往伤害不了你什么，真正的小人却会明打明地挑衅你，因为你是个说话直接，爱憎分明的人，所以你很容易防备他们。

如果你是一个很容易在购物过程中控制不住而乱花钱的人，那么你最需要提防的人就是你的恋人。并不是说你的恋人一定是一个十足的小人，但你确实是最容易被恋人伤害的那种人。因为你实际是一个爱上某人就不能自控无法自拔的人。在恋爱的过程中，也许你觉得自己应该更理智更自我的，但是却会忍不住把什么都告诉恋人。面对恋人，你会完全丧失掉平常的理智和冷漠，达到无法自我控制的状态。

每个人都会有弱点，当你的弱点被别人知道的时候。他就很有可能利用这一点来伤害你，也就成为最能威胁你的“小人”。为此我们都要学会隐藏自己，辨识别人。认清谁才是真正值得自己信任的人，以免被小人伤害。

如果你是一个见人只说三分话，即使别人做了得罪你的事情也不会马上表现出来的人，那么你最需要提防的人就是那些很会为人处世的人。因为你本人就是一个很会为人处世的人，一般来说，只要不是太出格的事，只要不是很过分的人，你都能够忍。生气了你也不会真正的愤怒。

心理解读

有些小人就利用你的忍耐和大度，得寸进尺，而你却总是忍，最多就是蜻蜓点水地提一提，可是故意冒犯你的人可不吃这套的，于是，最后你难免继续受到更大的伤害。

小心马屁精的奉承之词

当我们被别人追捧赞扬的时候，要考虑到他说的是否属实，还有他的动机是什么。毕竟别有用心的马屁精还是不少的，所以我们一定要在赞扬声中，时刻保持清醒的头脑。

有人赞美有人奉承；当然是一件让人开心的事情。但喜悦之余一定要保持冷静，想一想他的话有没有虚假的成分，或是拍马屁的因素。避免让“马屁精”的奉承冲昏头脑而上了小人的当。

受人赞美时不要昏了头，应在赞美声里看清楚对方的心思，提防别人的别有用心，如果周围没有这类人就罢了，如果有就可以做到防患于未然，免得吃亏上当。过多的甜言蜜语就像放高利贷，听得愈多，持续得愈久，越要付出愈昂贵的代价。

一只狐狸正在找食物，找了很久也没找到，这时它在河边碰上了一只仙鹤。狐狸脑子一转，计上心来，换了一副笑脸对仙鹤说：“早安，聪明的仙鹤，近来你的身体好吗?”

“很好，谢谢你！狐狸先生，你有什么事吗?”仙鹤很高兴地说。

狐狸看着她说：“我一直有一个问题想不通，我想请你来帮我解答一下。如果风从北边吹来，你的头朝什么方向转?”“当然是朝南面转啦。”“如果风从西面吹来呢?”“朝东。”“怪不得连人类都夸你聪明呢，要我说你一定是世界上最聪明的动物!”

仙鹤已经有些洋洋得意了。狐狸又悄悄地向前靠近了一点问：“如果风从四面八方刮来，那该怎么办呢?”

仙鹤已经完全被狐狸的奉承话吹晕了，它得意地说：“那我就把头伸进翅膀里去——像这样。”愚蠢的仙鹤边说边把头藏进翅膀下面以示范给狐狸看，可是没等它再把头露出来，狐狸猛地往前一扑，狠狠地咬住了仙鹤的脖子。

虽然这只是一则童话，但确，是上小人当的最典型例子。生活中，我们也会常常听到赞美声，每当这时，你是沾沾自喜还是冷静判断呢？要知道，凡是“马屁精”，他的嘴脸很快就会显现出来，所以只要你多留个心眼，必定很快就能让小人原形毕露。

其实对待这种小人是要运用战术的，所谓请君人瓮，自掌其嘴，就是教训他们最好的办法。

杨晓洁是单位里出名的“马屁精”，除了拍领导，还拍有背景的同事的马屁。为此，一直以来特别讨厌爱拍马屁的人的办公室主任——乔娜都有意疏远她。但杨晓洁却一直在找机会拍乔娜的马屁。

有一次，乔娜只是漫不经心地对一个爱传小道消息的同事说，自己是周杰伦的歌迷，又说她的男朋友长得高大英俊，另外觉得自己唱歌也很好听，音质极像王菲。没想到，这些话很快传到杨晓洁耳中。

第二天，她就给乔娜送来一张周杰伦的CD，乔娜连连摆手。并且故意说：“不听不听。我最讨床周杰伦了。我喜欢王力宏你不知道吗?”杨晓洁一愣，赶快转舵道：“其实我也不喜欢他。对了，听说你男朋友是个高大帅气的白马王子，什么时候带来让我见见?”乔娜听了有些不悦：“我不喜欢谈私事。”

就这样，乔娜让“马屁精”碰了钉子，从此再也不干自找没趣的来拍乔娜的马屁了。

在马屁精的奉承面前，只要你保持头脑清醒。别人的赞美能让你再接再厉，给你信心和勇气。反之，一旦你的心被那些赞美声融化。你的眼睛也会被其蒙蔽。小人的卑鄙伎俩也就得逞了。

心理解读

其实马屁精也算不上是十足的小人，但也绝对不可不提防。因为拍马屁往往是建立在贬低一个人而取悦另一人的基础上，那自然也就对一些人造成了伤害，与之做朋友，自己也会被人厌恶，那就百口莫辩了。

如何对付小人的各种“小报告”

打“小报告”的人在古时被称之为进谗小人，可见这种说别人坏话的人从来就是被列在卑鄙龌龊的行列里的。他们内心阴暗，背后使坏，即使是现在也是最让我们头疼的小人之一。

“小报告”是指一种不正当的向上级的举报行为或是内容不真实不正当，或是动机不正当，或是手段不正当，或是几者兼而有之。在单位之中，“小报告”都是要打给自己领导听的，如果领导是一个实事求是的人，那么这种“小报告”也起不到多大的作用。但是如果领导是一个黑白不辨，易听信他人的人，那么“小报告”就会对被诬陷者构成很大的威胁。

一个人在一个单位中工作，难免会有得罪他人之处，如果被你得罪的人正是“小人”之辈，那么你就不得不防他在领导面前进你的“谗言”。这个时候你就要学会保护自己了。

第一招，先发制人一般而言，那些喜欢散布流言蜚语告“黑状”的人，经常为了使自己编造的“小报告”能够发挥陷害人的功效，总是要时时刻刻研究人们的心理。他们这些人在一些陷害人的实践当中，也会逐渐“摸索”到这样一个规律，即：从总体上来说，人们往往对一个人的第一印象来得深刻，这个印象一经形成，那么常常会积淀为一种思维上的定势。比如，某人对张三并没有什么特别的印象，既没有什么好感，也没有什么恶感。如果在这个时候，有人对他说张三其人是如何地品行不轨，道德败坏等之类的话，那么，他即使是对于该人的话并不是言听计从。可是，他在内心深处却着实地对张三的人品如何打了个大大的问号，在心理上也对其呈现出恶感的苗头。及至张三自己或者另外的人再为之进行辩白，说那些攻击张三品行的话语纯系无中生有，颠倒黑白，这个时候，已经大大落后了。

这是因为，这些观点同前面形成的第一印象发生了很强烈的冲突，所以，这样的话很难入脑。除非这个后来的印象特别地强烈，或是不断地进行多次的重复，这样才有可能改变或是冲淡先前的第一印象。这就好比是一张白纸，往往第一笔画上去总是清清楚楚，若要在画过的纸上另画一笔，那么，所耗的力气则不知要大多少倍，而且原先留在纸上已形成的影像也很难完全彻底地消除干净。

俗话说身正不怕影子斜。如果你为人办事都能够做到实事求是，口说老实话，身行老实事，襟怀坦荡，正直无私。做一个让人值得信赖值得重用的人。那么，谗佞之徒也难以抓住。“小报告”诬陷害人的把柄，一切祸患也就不会发生了。

那些善于制造“小报告”的人正是抓住人们的思维和心理上的这一重要的特点，想方设法地做到捷足先登之势，采取先发制人的手段。而被暗箭伤害的人往往是由于疏于防范，棋输与后手，所以，大多被害者常常处于辩诬的不利地位，甚至有些人连辩诬的机会都不可得，白白地被小人坑了一下。

先发制人的厉害，在于那些告黑状的人抢了先手。但是，如果是有可能被诬陷的人事先采取一定的措施，积极进行自我保护，或者是一闻风吹草动，就马上积极行动起来，自己抢夺了小人的先手，那么局势岂不完全改观了吗？所以，对于防范反击“小报告”的每个人来说，都要做到克敌制胜。在这个方面就不能总是“棋行后手”，应该积极地行动起来，在那些打“小报告”的恶人告“黑状”之前，抢夺事情的先机，从而击败流言蜚语对自己的造谣和诬蔑，让自己不被这些流言所害。

第二招，针锋相对一般采取“针锋相对”的对策是为了防范和反击“小报告”最为关键之处，并且针对滋事生非的奸人的逆行，采取一种公开论战的方法，对其所散播的流言蜚语进行大胆的揭露和坚决的批驳，贬斥其所做的这种卑鄙的行为。这就要求被害人：

首先，要主动地出击，把所发生的事情的原委详细客观地公布给大家，使周围的人对此都有一定知晓；

其次，与打“小报告”的奸人进行公然的论战，把一些客观事实与那些偷偷摸摸上报的“黑材料”以及背后的各种不实之词等都摆到桌面上来，让众人来对其做出判断；

再次，帮助和引导人们把正确的客观事实与“黑材料”相互对比，用心推敲，进行参照。

这样一来，那些小人所提供的“材料”、“报告”、“证明”和“肺腑之言”等的真假虚实也就水落石出了。

心理解读

小人要想方设法抓住被侵害者身上的一点把柄，然后无限地把它夸大，随后使劲地攻击，这不仅是那些喜好挑拨离间，搬弄是非之辈的做法，一切坑人害命的奸邪小人都如此。

别被小人算计

说小人阴险，是因为他们会利用善良人的同情心，以至于身边有小人我们却常常不能发现。他们会随时变换手段来掩人耳目，其中一种就是替你承担责任的小人。

一些别有用心的小人，为了达到他不可告人的目的，他们主动会把责任揽到自己身上，为给他们的下一步行动赢得主动权，而你会因为善良和同情心被他们迷惑，进而被他们算计。

陈芷歆所在的设计部门已经有三个月没有拿出比以前更加出色的产品设计方案了，公司打算好好整顿产品部门的流言蜚语已经在公司蔓延开来。产品部门的经理老张听到口风之后，如坐针毡。

他找来了公司的陈芷歆跟她说："陈芷歆，你也听到了现在公司里面的一些流言蜚语了，你刚刚来我们部门，所以有关这些调整都跟你没有关系，这个事情我要负一定责任的。我不希望因为这个事情让大家伙儿受委屈。所以，我已经向上面递交报告，说是我的问题了。你们也不用担心了。"陈芷歆听到这些话，感动地说："经理，就算是要负责任，也不用这么做啊？"老张说："这没有什么，我是老员工了，不怕上面什么惩罚的，大不了就不干了，还能怎么样呢？一会儿公司开会的时候，问到你的看法的时候，你就说你就是一直在工作，什么都不知道。证明这件事情跟你没有关系就行了。"陈芷歆说："那经理就让你受苦了，其实我们下面的多多少少都要承担一些责任的。"

公司开会的时候，陈芷歆就按照老张教给他的说法，跟公司说自己什么都不知道，就是一直在工作。但是一个星期之后，接到调职的只有陈芷歆，而老张竟然还在自己的位子上没有任何损伤。

陈芷歆百思不得其解，其实原因就在老张身上。

老张一方面用了"以退为进"策略，主动找到陈芷歆，跟陈芷歆阐述了自己已经向公司提出来，自己应该负这个事情的全部责任，由于陈芷歆是新人，这个事情跟陈芷歆没有关系。这个时候感动莫名的陈芷歆一定认为老张是个很会为属下着想的人，然后老张教陈芷歆到时候开会就说自己什么都不知道就行了。这个时候的陈芷歆当然对经理言听计从。另一方面，老张同时应用了“先发制人”，在他跟陈芷歆所提到的写给上面的报告里面写到了，这个事情的责任应该在陈芷歆身上，由于陈芷歆给了部门错误的信息，才导致三个月内大家走的都是弯路，所以没有什么成绩。但是，到了追查责任的时候，陈芷歆却说自己一直在工作，什么也不知道，在公司看来显然是她在推诿责任，自然把罪过都算在了陈芷歆的头上。

不要因为有人主动承担责任就不加防备，那绝不是出于义气和善良。他只是为了下一步可以采取有利于自己的行动而做的打算。如果你轻信了他。牺牲你自身的利益根可能就是你疏于防范的代价。

防人之心不可无，尤其在这个如战场的职场里。一般情况下，我们会认为勇于承担责任的人是可以信赖的，因为他将本不该他全部承担的甚至不该他承担的责任揽到了自己身上，把机会给了我们。但是不能否认，有些人就是利用了人们的这种心理，采用先发制人的招数，将我们迷惑住，然后再肆意进行他不可告人的行动。结果，往往我们被他们所算计，而那些曾经主动承担责任的人却达到了自己的目的。

心理解读

当有人跟你说愿意把责任都一个人顶的时候，自己要冷静地分析一下，会不会是人家先发制人，以退为进的招数，尤其这个人是你的同事的时候，更要格外小心。

看破职场中的抢功小人

即使是在团队合作精神盛行的今天，依然难免有个别藏私小人为求功劳而抢夺别人的辛苦果实。如果遭到小人的抢功，绝对不能手软，一定要“打”得他原形毕露。

公司犹如一个小社会，形形色色什么人都会有，抢功小人更是少不了。不管谁遇到这种小人都难逃厄运。比如，你辛辛苦苦地干完活，老板看不到已是令人郁闷之极的事，最可恶的恐怕就是被抢功者横插一杠，吃苦我来，功劳他享，转眼间小人便得了势，逐渐成了上司身边的红人，而埋头苦干者却只能在他的光环下继续黯淡地生活，心中越想越憋气，可又能奈他如何？

提防“抢功小人”首先要提高警觉。不要在人前人后多嘴，让小人有可乘之机；打得过就要一棍子打死，让他从此不能做坏人。打不过，就闪，而且要快点闪，尽快脱离小人的势力范围。别担心自己跑了，小人怎么办呢？山外有山，楼外有楼，自有高手去收拾他。

直接向老板哭诉可能并不能改变既定的局面，反而还会落得搬弄是非的嫌疑；百般忍让只会更加助长小人的气焰；以牙还牙地互相报复换来的将是无休止的办公室风云。手足无措之际，建议不妨先忍耐一时，等待事过之后再陈述立场，或者将此经历默藏心中，日后多留一手，也好及早提防。

面对小人抢功设计。百般刁难，想全身而退不是件容易的事情，想正当防卫，又无奈明枪易躲暗箭难防。没有三头六臂通天法眼是挡不了全部冷箭的：惟以毒攻毒主动出击，才是揭穿小人鬼把戏的上上之策。

贺嘉奕刚进这家房地产公司时，为了得到公司的认可，几乎成了工作狂，并想出很多新颖实惠的点子。他的第一次策划便得到经理“有创意很新颖”的表扬，经理的嘉奖让贺嘉奕更加自信大胆地工作。

一次，贺嘉奕很满意地完成了一个策划交给经理。谁知第二天经理找到他说：“小赵，我本来很看重你的才华和敬业精神，没有新点子也没什么，但你不该抄袭其他同事的创意。”经理看他一脸惊讶，递给他一份策划书。天呢，竟然和自己那份惊人地相似，而策划人竟是古晓。面对经理的不满和好朋友的“心血”，贺嘉奕哑口无言，因为他没有任何证据证明自己的清白。

这之后，贺嘉奕对于自己的工作内容时时加以记录，包括自己当初提出的想法与做法，是怎样演变到今天这个令人欣喜的局面，都作为书面证据而保存起来。再有这种情况，就可以在必要时，提出证据供主管参考。因为对于不动声色窃你成果的小人，最好的惩治办法就是让其恶行曝光。

不要单纯地认为“没有小人作恶，哪里能衬托出好人的和善光明”，也不要抱着“发光的金子总有被人发现的一天”的态度，而要积极面对，主动出击，从分析他们开始，找出应对之策。首先你要知道的就是抢功小人的心理是什么。

一、自私心理处处以自我为中心，只讲索取，不讲奉献。争名夺利甚至损人利己。这种心理对于交际危害极大。它时时处处会伤害到别人，这种人永远也不会找到真正的朋友。

二、猜疑心理有猜忌心理的人，往往爱用不信任的眼光去审视对方和看待外界事物，每每看到别人议论什么，就认为人家是在讲自己的坏话。猜忌成癖的人，往往捕风捉影，节外生枝，说三道四，挑起事端，其结果只能是自寻烦恼，害人害己。

三、忌妒心理抢功小人嫉妒心理较强，看到别人的成功，不是为他们高兴，而是嫉妒。相反，当看到别人受挫时，往往幸灾乐祸。这种人不仅会给自己背上沉重的心理包袱，也会受到身边人的反感。这也会使别人不愿与之交往。

了解了小人心理之后，我们又该如何应对呢?

首先，你应该深思，到底是什么原因让小人有机可乘?是否自己平时太过相信别人，对人没有防心?谨记不要让同样的事再一次发生在自己身上，正所谓“吃一堑长一智”嘛!

其次，认真比较一下双方的实力，如果你有自信且认为自己能力在对方之上，那你可以通过邮件或者值得信任的第三方向上司澄清事实。但在事情没有得到老板肯定之前不要太过于“招摇”。如果上司不相信你的话，你当然会选择离开。好人不能耍手腕，但也绝对不能不使手段。老板英明，自然云开日出；老板阴暗，也甭留恋这么个肮脏环境，走人！相信下一个工作环境永远是最好的。

心理解读

小人的这些心理多半是损人利己的。身在职场，不仅要多加留意有这样心理的人，还要揭穿他们的虚假面具，采用“受伤阵线联盟”战术，同仇敌忾，众志成城，只有大家上下一条心，才能立于不败之地。

冷静面对小人及其谣言

有人的地方就有谣言的存在，有些是小人的恶意中伤，有些是无聊之人的空穴来风，总之会让你麻烦不断。此时，回避和辩解都不一定能解决问题，只有冷静应对才是战胜小人之法。

都说办公室是谣言的集散地，总有一些人以制造传播谣言为乐。对于这种人，最好的办法就是敬而远之，否则，你无意间的一句“肺腑之言”就可能成为他下一个谣言的素材了。

但是，如果有一天；关于你的谣言果真满天飞了，你也绝不能陷人急于澄清事实的泥沼中，惟冷静分析，找出幕后黑手，做出相应的反击才是明智之举。

王维平和关景乐差不多是同时进这个单位的，但他们并不怎么熟络，大‘概是两人性格相差太大了。王维平特别开朗，每个同事和王维平关系都很好，而关景乐比较内向，每天都看他皱着眉头，总是在算计事情的样子。

三年后，因为王维平的工作表现和平时的为人处世，领导准备提升王维平。正好他们办公室主任准备退下来，领导找王维平谈话，让王维平接这个位子。但王维平的单位有这样的规定，就是要在单位里公布一段时间，征求大家的意见，这一次，也少不了要走走“形式”。

但过了一个星期，上级领导来找王维平谈话了，很严肃的样子。他说单位收到了匿名信，说主维平生活作风有问题，还煞有介事地写到“某年某月某日有某个女人进了王维平的家”。看了这样的罪状，王维平差点吐血，这一老掉牙的招现在居然还在使用，信的署名是“一个打抱不平的同事”。

领导让王维平想一想谁会写这样的信，王维平却一点头绪也没有，毕竟自己从来没有得罪过什么人啊。但谣言已经产生，王维平升职的事情还是被搁置了。

这件事情过去半年后，准备离职的员工向王维平说出了事情的真相：“信是关景乐写的，我看见了。”王维平才终于明白，原来关景乐一直嫉妒自己，传出这种谣言就是为了中伤自己，真是太卑鄙了。

被人嫉妒我们无法控制，祸起谣言我们也无法阻止，但对于小人的心理，只要我们冷静面对，还是可以找到应对之策的。

首先，不为所怒，努力工作。有人笑你、骂你、讥你、嘲你，你只需由他、忍他、恕他、不惹他。咬紧牙关，不为所动，埋头苦干，卧薪尝胆，心无旁骛，那么他对你的“攻击”就会不攻自破。

与其陷于对小人和谣言的不满中，还不如把精力集中于做好自己本职工作，工作做得出色了，做得优秀了，小人的诋毁行为就会不攻而自行消失了。行动是最佳解释方法和最有力反击武器，一切造谣中伤止于行为足下。这是处理小人行为根本的方法，哀怨愤懑只是折磨自己，对方得逞，当然要做到如此以静制动境界需要一段时期磨炼。

其次，不要恃才傲物。书生傲气，固然个性鲜明，为人做李有特色，但于办公室做事，是为大忌。恃才自傲这令我们想起王勃、李白，但在你工作生活中存在这样的人，你未必会用欣赏眼光对待他们。所以自己一定不要成为恃才傲物之人。

这种缺点最易被办公室小人加以利用和发挥，从而孤立你，挑拨你与同事关系。你的自傲性格产生第一个直接效果是同事疏远你，让你因而缺少沟通渠道，这样你和同事间存在的隔膜地带，就给奸诈的小人兴风作浪制造误会事端提供可乘之机。若你要问同事为何疏远你，那是人性自尊的脆弱和狭隘所致的。

最后，注意和领导保特沟通渠道。人常说，做得越多的人也是错得越多的人。在单位里，往往是这样的情况，你工作蛮出色，颇获办公室负责人的赏识器重，领导就会让更多工作由你做，马行千里，必有一失，百密也有一疏。

工作中错漏难免，嫉妒你的人虽不会拼命和你比赛工作，但他熟谙避实就虚之法，他瞅准时机，借你工作中错漏之处借题发挥，或在领导面前诽谤你恃宠自满而铸错，或同事面前说你听不进他人意见招致失误。

若办公室领导是一个洞察秋毫者，那是你的幸运，你的吃力卖命和所得的荣誉还能扯平。若你领导是量度不足者，就会对你心存偏见，此刻的你若感到委屈不服，赌气不理，不主动向领导解释认错，正中他人之怀，他就会利用这裂隙

心理解读

要想不被小人的谣言中伤，必须冷静地做到：识别小人，摸清他的喜好和忌讳；言行周密，有备无患，小心提防；关键时刻要多一个心眼，不要上了小人的当，毁掉你在领导心目中的形象。

应付小人的基本方法

如果你已经知道你的范围有小人存在，如果你实在想不出什么高招

来对付他们，那么不妨先以“躲避”为主，这也是应付难缠小人的基本方法。

方法一：对小人不得罪一般来说，小人要比一般的人更加敏感，他们的心理也较会自卑，因此你不要在言语上刺激他们，同时也不可在利益上得罪他，尤其不要为了正义感而去揭发他，否则只会害了你自己！自古以来，就是君子常常斗不过小人，因此如果有小人为恶，那么就让有力量的人去处理他们吧。

方法二：要和小人保持一定的距离，别和小人们过度地亲近，但同时也不要太疏远，好像是不把他放在眼里似的，否则他会这样想：你有什么了不起的？那么接下来你就要倒霉了。和他们要保持平淡的表面关系，因为小人口蜜腹剑，翻脸无情，让你感到措手不及，吃不完兜着走。

方法三：不要和小人有利益上的瓜葛，小人一般都善于交际搞一些小圈圈，看起来非常热闹有很多好处，但是你千万不要靠他们获得这些利益，因为，他们必定要求加倍回报，你肯定是因小失大，得不偿失的。

方法四：吃些小亏也无妨因为你不但很难讨回真正的公道，反而和小人结下更大的仇恨；他们褊狭阴狠，常常跟你没完没了，你更累；古人说：忍一时风平浪静，退一步海阔天空。你要当作一门修行功课，使你成长，赢得更多的尊敬。何况，公道自在人心，谁敢和小人做朋友呢？一个心地清净的人，一定会生出大智慧，但是绝对不会作恶。

方法五：说话谨慎和小人说话要谨慎，彼此之间客套寒暄即可：如果你要批评或谈别人的一些隐私，那么绝对会变成他们兴风作浪的把柄，或是作为日后报复你的筹码；如果他们批评或谈别人隐私，你要立刻中止你们之间的谈话，一句都不要听，因为无论如何，他们绝对会嫁祸给你，尤其是在他们拨电话寒暄聊天的时候，常常顺便帮你录音！你不要怀疑他们这样做快乐吗？干吗要那么累呢？这就是一个小人的心态！

心理解读

只要你按照以上的基本方法去做。虽不能说与小人们就能相处得相安无事，但至少也可以把小人对你的伤害降至最低。虽然被动，但却可以为将来的反击积蓄力量。

12　攻心学上——赢得客户心理的艺术

客户不仅是上帝，还是衣食父母，是关乎自己事业和人生的重要人物。赢得客户，你就有了发展的资本。如何与客户交流，怎样掌控客户心理，如何“说”动客户，无疑是长久地与客户维系良好关系的重中之重。

充分把握客户的心理

客户的心理总是很难把握的，如果不能充分了解客户的心理，不能真正洞悉客户的深层需求，那么就会出现一种错误的判断，从而给自己带来经济上的巨大损失。

客户的心理是销售业绩的关键。因为很多时候，他们的消费心理是一种非理性的状态。当你和一个客户进行交谈的时候，如果你知道客户心中想要什么，喜欢以什么样的方式进行交谈，那么对你来说应该是有利的保障。但是，要了解客户真正的心理需要并不是一件很容易的事情。

在20世纪50年代早期的美国，汽车多以“肥胖型”为主，由于美国城市车辆和交通流量的增加，所以交通成了一个很大的问题，这个时候部分消费者呼吁制造小型的汽车。基于这项调查意见，克莱斯勒公司相关的设计人员错误地以为消费者需要的是一种高雅瘦长的汽车，以致犯了营销史上最为严重的错误。当瘦长型的汽生产出来以后，克莱斯勒公司在汽车市场上的占有率不但没有增加，其销售量反而从1951年的26%降到了1954年的13%。

这样沉重的打击使公司不得不悬崖勒马，寻找这件事情的症结。原来消费者还是比较喜欢“短身宽形”的车型。因此，克莱斯勒公司随后对车型做了一定的改进，终于在汽车业激烈的竞争中站稳了脚跟，成为美国第三大汽车公司。

一般来说，客户对商品的喜好，本来就是一个不固定的概念，也难怪人们的答案常常与事实有那么大的出入。客户的种种非理性行为弄得商人们几乎无所适从，似乎无计可施。但是克莱斯勒公司的经验告诉我们，只要能够开动脑筋，那么满足客户真正的心理需求就不是难事。

消费者的消费行为虽然是非理性的，但同时也是可以理解的。其关键在于你能否真正抓住他们的心理。

一般来说，客户有以下几种心理

一、客户都有一个安全心理，也就是客户在心中都会有一个由怀疑到信任的过程。当一个客户要提出这样那样的疑问时，你一定要很耐心解答，而不是要因此而生气，可能这个问题在你看来是比较幼稚的，但是客户却往往不这样认为。如果你不帮他解决这个问题，他可能就不会和你合作，也就是说如果你的答案不能让对方感到满意，那么这个合作可能就此告终，但你或许还不知道失败的原因何在。

二、客户都有希望更加便宜的心理。任何一个人买东西，都会希望自己买到的会是最便宜的，虽然在实际生活上绝非如此，但是客户却有这种心理。而很多人在实际与客户打交道时往往会忽视这个问题，或是自己的策略不当，比如你已经在价格上给客户做了很大的让步，可是客户却不以为然，这很可能就是你的策略不对，虽然你已经降了价，让了一部分的利润，可是因为方法不对，客户并不买账。这就要求我们不仅要懂得让步，更要学会如何让步，否则就像做了好事的人却被别人认为是贼一样，这就是所谓的“出力不讨好”。

三、客户一般都有希望被重视被尊重的心理。客户希望他在你的公司里能够受到重视。就像一个人在社会中，工作中，家庭中需要一定的地位一样。一个客户如果感觉不到自己对于这家公司是无足轻重的，那么他又怎么会有对这家公司有感情，又怎么会和这家公司合作呢？所以，在和客户打交道的时候一定要尊重对方。

所谓知已知彼，百战不殆。只有当你准确地洞悉了客户的心理，才能做到心里有数，每次“出招”都能成功地“击中要害”，以此来保证自己生意的顺利进行。

四、客户往往在成交的那一刻都有一种犹豫的心理。在生意即将成交的那一刻，客户都有一个更加慎重的思考，“难道就这样成交了?”“有没有考虑不周全的地方?”这是人的一种自我安全的警示，是一种非常正常的心理，这时你一定要正确引导并说服客户，不要对客户横加指责，否则他会感觉到一交款你态度就马上变了，容易对你产生一种不信任感。

心理解读

当你了解了顾客的这些心理之后，那么在和客户打交道的过程中，就要以此为依据，因势利导，把握合作或者生意的主动权，那么往往这个时候就可能成功了。

通过细节判断客户类型

与客户打交道最难的应该就是了解他的脾气秉性了，但其实这些心理因素都隐藏在他生活的每一个细节中，只要你仔细观察，了解任何人都不再是难事。

观察一个人的生活细节，首先应该看他的衣着，一个人的穿衣打扮在某些方面能够体现一个人爱好的大致方向。比如穿着比较整齐的人，这个人往往性格非常谨慎，一般来说办事也是井井有条的，在这种人面前一定不要随意。如果在穿着打扮上比较随便的话，一般来说都是比较随意的人，和这样的人谈话应该轻松自然一些，使气氛稍微缓和一些，但是你也不能麻痹大意，因为这样的人往往心机很重。

然后你可以观察一下他的“装备”，如果每一样都是经过千挑万选出来的，那么在这样的人面前，你的言语一定要谨慎，因为一个小小的失误就可能导致这单生意的失败，因为这样的人往往是追求完美的“狂热份子”。如果他的“装备”很随便但是很实用，这样的人往往看重的是质量和价格。在这样的人面前你没有必要讲究太多，只要你的产品质量和价格都是他们希望的，这种人不会很在乎别的东西。如果他的“装备”很旧了还在用，那么这样的人是最难对付的，即使你的产品比别人的好，那么他也心存疑虑。在这样的人的面前，他们的每一个问题你都要认真回答，以此打消他们的顾虑。如果当你发现一个人的装备是跟着“大潮”走的，那么你就要检查一下自己产品在市场上的占有率了，因为这样的人只相信口碑，对于你说的总是持半信半疑的态度。

如果你在和客户交谈之前，能够得知对方的性格，那就应该按照他的性格开始设计交谈的方式和内容；如果还没有得知对方的性格，那么一定要通过谈话来了解对方的性格。说话语速非常快的人一般都是办事效率比较高的人，他们往往会不看重一些小的东西，这样的客户一般不会在意很多，只要你的质量和价格是他们预想的，那么他们就会很快地接受。如果说话的语速比较慢，那么这个人办事非常谨慎，一般对你的话半信半疑，他们往往要得到很多的认证之后才会相信你的话，如果是这样，那么你一定要谨慎地和他对话，防止一个小的失误而失去这个客户。

最后就是要通过他的一举一动来分析他的心理活动。一般在这个时候，你一定要注意对方的细小动作，可能是一个眼神或者是一个眨眼的动作，只要你把握不住，那么你就会失去了解他的机会，那么在接下来的交谈中，你会变得很被动。所以，在交谈的时候一定要注意观察对方的一举一动，避免丢失有用的信息。

心理解读

一个小小的细节习惯往往能够折射出一个人的心理和性格，这个信息对你来说都是非常有用的，所以一定要多了解这方面的知识，在客户面前为自己创造一个主动权。

给客户留下一个深刻的印象

与客户的第一次见面，就要给客户留下一个深刻而清晰的印象，就是所谓的让客户对你一见钟情。这是沟通和合作的一个良好开始，大家一定要重视起来。

在与客户见面之后，比谈生意更为重要的就是让客户对你“一见钟情”。给客户留下一个好印象，最好是深刻而清晰的印象，这是和客户成功沟通的一个前提。

孙跃是一个在业界很有名气的教授。有一次，孙跃同时接到两家机构甲和乙的演讲邀请函，他无法决定接受哪家邀请。可在听了两家机构的负责人的要求之后，孙跃决定选择了乙家。让我们来看一下甲、乙的负责人在邀请中是怎么说的。

甲：请先生不吝赐教，给本公司中小企业管理者传授说话的技巧。由于我不太清楚您所讲演的内容为何，就请您自行斟酌吧……拜托了！

乙：恳请先生赐教，传授一些增强中层管理者说话技巧的诀窍。对象是50岁左右的管理者，人数大概65人左右。恳请先生演讲的主要目的，是希望让所有与会研习者明白，不用语言清楚地表达出自己想法的人，是无法成为优秀的管理人才。希望演说时间能控制在两个钟头左右，内容锁定在：一、学习说话技巧的必要性；二、掌握说话技巧的好处；三、说话技巧的学习方法这三方面。拜托了！

很明显，甲的语言平淡无力，缺乏热情，一副官僚的态度，让人感受不到丝毫的热情，给孙跃先生留下了不好的印象。而乙机构的邀请者语言明快干练，信心十足，完全将他的热情毫无保留地传达给了别人。

由此看来，给对方留下一个清晰的印象，是非常重要的。如果第一印象模糊，就为你以后说服别人造成了障碍，有可能就失去了进一步接触的机会。所以，为了说服他人，自己必须先整理出一个明确的印象。透过自己对该印象的描述，才能让对方产生置身其中的感受。如果自己都没有一个明确的目的，对事情本身没有一个鲜明的印象，怎么可能描绘出生动的画面来打动对方，激起对方行动的欲望呢？

之所以强调要给客户留下一个深刻而清晰的印象，是因为第一印象不仅是人际交往的基石，更是生意伙伴之间展开合作的良好开始。但是，怎样才能在初次见面时就给客户留下一个深刻而清晰的印象呢？

首先，你要穿着整洁合体的服装。这不仅是代表自己的形象，而且表现出了一个人的素质，更重要的是对别人的尊重。当然，衣着得体、仪表自然并不是非要用名牌服饰包装自己，更不是过分地修饰，只要适合商务会面的就可以了。

其次就是说话有礼貌言谈文明。初次见面说话时语言表达要简明扼要，不乱用词语；客户讲话时，不随便打断；不追问自己不必知道或客户不想回答的问题，否则会给对方留下“没水准”的印象。

再次，态度不卑不亢。不卑，就是不卑躬屈膝，不做出讨好巴结别人的姿态。不亢，就是不骄傲自大。前者有损自己人格，后者则容易引起别人反感。所以即使是非常想促成与客户合作，也不能表现得过于谄媚，这样只会让客户远离你。

最后也是最重要的，守信守时。做生意要讲信用，与第一次合作的客户初次见面，要做到守信，凡是答应人家的事，一定要办到。还要量力而行，如果为了讨好别人，明明办不到的事情也包揽下来，只会弄巧成拙。除了讲信用更要守时间，无论赴约、还是开会，都不要迟到。要不然，也会给人留下做事不可靠的印象。

心理解读

让客户对你“一见钟情”是非常重要的，一旦印象不佳，客户就会因先入为主的作用给你定性。要想在以后改变客户的这种看法，那就得花上更多的精力。这可是一件吃力不讨好的事情。

巧妙地识别虚伪的生意伙伴

做生意成败的关键就是，是否有一个诚信的生意伙伴，因为一旦遇到“奸商”，就可能造成难以估量的损失。所以合作之前，一定要谨慎识别出那些虚伪的生意伙伴。

虚伪的人很多，但却不容易被发现，但是，如果你是在生意场上打拼的人，就一定要学会辨识虚伪生意伙伴的真实面孔，否则你不仅会受到感情上的伤害，你还要承担经济上的损失。只有及时识破他人的虚伪，才能少走“弯路”。

一般人认为，表现得紧张不安是欺骗行为和说谎的信号。或许真实的情况确实是这样的，但是在现实生活中确实有些人在很自然的情况下也会表现出坐立不安，更有甚者，即使自己说的是心里话，他还是怕别人怀疑他而显得坐立不安。所以在判断自己的生意伙伴是否说谎的时候，一定不要将表面的现象当真，因为惯于说谎的人肯定在表面上不会流露出来，就像虚伪的生意伙伴绝不只是一次向你说谎。

人们往往会认为，有时一个游离或者缥缈不定的眼神，就是一种不诚实的标志，事实上我们无法做到这么全面，所以只靠这样的主观推断来判断是一种偏激的方法。为了做到更准确地识别谁是虚伪的人，我们首先就要关注他的笑容。

识别说谎的人重要的手段就是通过微笑来识别。你要用心去体会，因为说谎人的微笑很少能够表现真实的情感，他们这样的做作更多的是为了掩饰内心的虚伪。相关的研究显示：微笑并伴随着比较高的说话音调是揭穿一个人是否谎言的最有力的证据。

一个人的假笑源于真实情感的缺乏。由于虚伪者缺乏真正的感情，所以在微笑时神情显得有些茫然，他的嘴角一般来说呈上扬的状态，同时装出一副愉快的假象，好像是在告诉你：这绝非是我内心的真实感受。虽然假笑的识别比较困难，但以下几种面部表情会无意识地将一个人的假笑暴露无余。

如果一个人在笑时只运用了大颧骨部位的肌肉，也就是只是嘴角动了动，眼睛周围的轮匝肌种面颊拉长，这就是假笑的重要表现。因此一个人在假笑时面颊的肌肉比较松弛，这时候的眼睛不会眯起。

一个人在假笑时能够保持特别长的时间。拥有真实感情的微笑持续的时间一般在2～3秒到41秒钟之间，其时间长短主要是取决于一个人感情的强烈程度。而虚伪者的假笑则不同，它就像“聚会后仍然不肯离去的客人一样让人感到别扭”。

当虚伪者看到他人有感情的真笑自然褪去时，假笑也会随之而去。对于绝大部分的面部表情来说，如果突然的开始和结束就表明人们在有意识地运用这种表情。而只有惊奇的表情是例外，因为它一闪即过，从开始到停止总的时间不会超过一秒钟的时间，如果面部表情持续时间更长，那么他的惊奇表情就是装出来的。现在很多人能模仿惊奇的表情动作：眼眉上挑，嘴巴刻意地张大。但是很少人能够模仿惊奇的突然开始和结束那一瞬间。

一些非常细微的表情展现常常是人们识别谎言的关键，以表情的细微变化作为识别谎言的证据是非常不容易的。然而一个更为复杂也更为普遍的现象是：虚伪者会说大话唬人。当一个人感到他那刻意伪装出来的表情失败之后，在通常情况下，他还会用短暂的微笑迅速将其掩盖。而有一些人则通过说大话吓对方，而其真正的意图是隐藏其内心的真实情感。

心理解读

想要识别生意上的虚伪者的方法有很多，只要你足够的细心和耐心，洞悉生意伙伴的本性就只是个时间问题。但当你因此避免了损失之后，你会发现自己所多付出的这些心思都是值得的。

要给予不同方式的对待

客户的个性总是千差万别的，这就要求我们在和客户打交道之时，必须采取有针对性的策略，以不同方式对待不同性格的客户，避免千篇一律的交流方式所带来的障碍。

每个人在个性上都有所不同，他们有各自不同的情感，思想，表达方式和接受方式，如果不分对象地用一成不变的策略对待客户，那么很难让他们接受你和你的意见。

对待比较沉默的客户的时候，要意识到：这些人话一般比较少，总是问一句说一句，甚至反应会很迟钝。对这种人应当有一说一，直截了当地说明。因为他们这种不太随和的人说话也是有一句是一句，所以他们反而更容易成为那种非常忠实的客户。

对待比较尖刻的客户的时候，要意识到：这些人的态度和语言会令人感到难以忍受，他们好像只会说带有敌意的话，似乎他们生活的惟一乐趣就是挖苦他人和否定他人。这种人虽然令人很伤脑筋，但是你不应忘记他们也有和别人一样的想要某种东西的愿望。这种人往往是由于难以在别人面前证明自己，所以他们希望得到肯定的愿望比一般人更加强烈，对这种人还是可以对症下药的，关键是看你能否在这种人面前不卑不亢，在保证自己尊严的基础上给他们适当的肯定。

与比较犹豫的客户交往的时候，要充分考虑到：这种人遇事没有主见，所以在态度上往往消极被动，难以做出自己的决定。面对这种人你就要掌握一定的主动权，和他们进行交谈时一定要充满自信，不断向他们提出一些积极性的建议，在交谈的过程中多运用肯定性的用语。这样直到促使他做出自己的决定为止，或是你在不知不觉中替他做出决定。

与知识渊博的客户交往的时候，要充分考虑到：一个知识渊博的客户是最容易面对的，也是最易使你受益的一类人。面对这种人应该多注意聆听对方说话的内容，这样可以吸收各种有用的信息。当你在聆听的时候，还应表示自然而真诚的赞许。这种人往往比较宽宏、明智，要说服他们只要抓住要点，不需要太多的言辞，他就会愿意和你合作。

面对性子比较慢的客户的时候，一定要告诉自己：面对这种人是急不得的，如果他们没有充分了解每一件事的细节，那么你就不能指望他们作出决定。你此时应该努力配合他们的步调，脚踏实地地去证明给他们看，然后加以引导。慢慢地，合作就会水到渠成。

面对性子比较急的客户的时候，要告诉自己：与这样的人打交道，自己首先要精神饱满，清楚准确又有效地回答对方的一些问题，对于这样的人你千万不要拖泥带水，这会容易使他们失去耐心。所以对这种类型的人，说话的时候应注意简洁，抓住话题的要点，应该避免无中心的乱扯。

而对于疑心比较重的客户，就一定要多加小心了：这种人经常对事物采用一种猜疑的态度，容易对他人的说法产生逆反心理。说服这种人的关键在于让他们了解你的诚意或者让他们感到你对他们所提的疑问的重视，这样做才能拢住他们的那颗怀疑的心，让他们跟着你的思路慢慢地走。

心理解读

针对不同的客户要采用不同的应对方法。不仅仅是为了做成生意，同时这也能体现出对客户的尊重和理解。相信当客户了解了你的苦心之后，一定会很乐于促成与你的这次合作的。

诱导客户暴露自己的本意

客户多半是老谋深算的，他们在与你打交道的时候，总是能很巧妙地隐藏自己的真实意图，让你看不出他们是在说真话还是在撒谎，导致很多人吃了客户的亏。

有人曾经说过："现代商务活动好像两个对手坐在一起揣摩对方的心理，谁把对方揣摩透了，那么他就获得了这场交易的主动权。"没错，与客户的较量本身就是一场心理战，如果你无法了解对方的本意，那你必定会败阵下来。所以，掌握一些诱导客户暴露自己的本意的办法，是了解客户心理的最为重要的环节。

关于客户的本意，我们最应该摸清的就是，谈判的时候客户往往持什么样的态度？是正在真诚地与你协商，还是正在撒谎？

首先，应该引起注意的是交谈的环境和时间，如果这个时间是正常的，那么就要看对方的其他方面的表现了。如果客户的时间与正常的业务时间有所偏差，那么这就是一个很重要的判断标准。例如：一个想要买房子的客户在天气非常炎热的中午踏进了你的办公室，那么这类客户肯定是有诚心想要买房子的，试想一下，一个不准备买房子的人，怎么可能在热气腾腾的大中午跑进你的办公室呢？这是一个非常重要判断的信息，你一定要特别留心。

其次，在交谈的过程中要凭你的直觉来感知一下他的诚心。一个好的销售人员应该能从见面的那一刻起就大概确定客户是不是有诚心，这种判断来自客户的外在表现和你进一步的观察判断。

先从客户的衣着说起，"一个客户的衣着代表着他的态度"这句话是一点都不假的，想像一下，一个人看到自己需要的产品的时候是一种什么样的感觉。产品是自己想要的，他现在惟一关心的就是它的价格。由此可以想到：一个事先不知所措的客户怀揣这一个茫然的心，当然在穿着方面也就是随心所欲了。当然也有例外，那就是破衣难遮他的"英雄气概"，当然现在社会不会存在这样的情况了。

然后从客户的交谈内容说起。谈生意并非普通的聊天，尤其现在社会，两人见面甚至会直奔主题就算是有的想要缓和一下现场的气氛，那么他也会"三句话不离老本行"。俗话说："日有所思，夜有所梦。"那么心中想的事情在白天也会通过谈话的内容表现出来。这就是生意人，生意在心中占的比重永远都不会小。当然这就要看你的理解能力了，一般来说协商的客户非常关心产品方面的问题。反之，客户就需要花费一些脑子来防止你发现他在说谎，因为现在是关系社会，虽然这次它不想和你协商，但是或许下一次他要用到你的产品，所以他会选择给留下一个良好的"印象"。

在谈话的过程中，你会逐渐体会到客户的态度，或许是傲慢，或许是毕恭毕敬。当然这样不会告诉你有用的东西，因为这是他们的素质问题，对这单生意来说，没有丝毫的影响。但是当你在介绍产品的时候，你一定要观察到客户的态度，因为这时客户的态度才是决定生意成败的关键，不管多傲慢的人，如果对你的产品感兴趣，那么在你谈到这个东西时，他也会“两眼放光。”

反之，一个毕恭毕敬的人，如果对你的产品不感兴趣，那么他们也会表现得“如坐针毡”。因为即使时间对他们来说并不宝贵，但是你枯燥的说辞会让他们昏昏欲睡。如果在介绍产品的时候，你没有发现什么有价值的“线索”，那么在你要报出产品的价格时，一定要注意客户的举动，往往产品都是一样的，引起他感兴趣的就是价格了。如果你的客户在这个时候仍然表现无动于衷，那么你可以考虑放弃了。

心理解读

你的客户是有诚心与你做生意还是仅仅在撒谎，需要你从多方面进行观察判断才能得到结论。不要怕麻烦，知己知彼，百战不殆，说的就是这个道理，所以诱导客户暴露他们的本意，是你在谈生意前必须做的功课。

对客户说一声“谢谢”

不要以为生意人之间的关系就是平等的买卖交易。其实，学会向客户说谢谢是很必要的。真诚而恰如其分地对客户表达我们的谢意，是最能赢得客户的心理的一种简单有效的手段。

向客户说一声“谢谢”，能让他们的内心得到极大满足，更为他们以后对你的回报提供积极的动力，从而使你们的合作更加愉快和顺利。

在商业圈里，真诚而恰如其分的感谢并不是很多。相反，我们却经常对别人的差错表现出极大的兴趣和敏感性。造成这种现象的一个关键性原因是，很多人的大脑被某种错误的意识占据了。他们把别人的这些辛劳和努力视为理所当然，认为没有必要做出什么感谢或肯定，而一旦发现他人的某个差错或问题时，人们的脑筋才活跃起来。所以，对你的客户来说，坦率和真诚的致谢是难得的经历，他们一定会欣喜不已地接受你的感谢，并把你给他们的这份感动保留在心中。

有一个很重要的细节必须在你向客户道谢的时候注意：你说出对方的成绩和辛勤付出，或是你欣赏他的地方。这样你让他体会到了愉悦和成就感。同时，你告诉了他：你很清楚他为此投入了很多时间和力气。而且，你的感谢语也使对方有机会描述其中的一些细节。因此，致谢是一个积极有意义的举动。从你那里得到过一次感谢的人，会希望将来再次感受到你的谢意和肯定，因为他们看到了自己的努力能够被你认可和赞赏。你的衷心感谢也会换来日后他们对你的回报。

在大多数时候，致谢其实是一种礼仪性的东西。虽然如此，一次恰当有力的当面致谢可以为你们下次合作打下良好的基础。如果你需要再次联络，或偶遇对方时，前一次的致谢可以提供给你一个关键性的纽带。对方也较容易一直记得你曾对他的好意，记得前次与你所谈的事情。所以，致谢能巩固你的成功，完善你的人际关系。

相反，若是你对致谢很吝啬，那你就严重挫伤对方今后与你合作的积极性，因为对方应得的肯定、重视和赞同，你都拒绝给予。其实只要你把目光放远些，就不会这样吝啬于眼前的给予了。

请尽量向客户感谢他们为你所做的一切。每次接触和见面时，你都可以致谢，重要的是抓住每个机会。致谢宁可多一次，也不要缺一回：没有人会因为被别人感谢多了而生气。好好利用一些可能的机会，你就能让客户感到意外和惊喜。

实际生活中，并不一定非得用上“谢谢”一词。如果你使用的表达是“非常高兴，您费心保留了我们的约定，这可救了我的整个计划安排”，这样的间接表述效果也不错，它和开门见山式的“非常感谢您保留了约定”不相上下。

另外，道谢应该及时。凡事立即道谢最为容易，但问题往往出在拖延上，通常这种拖延总是缓慢而不知不觉地发生。我们要警惕这种危险的想法：感谢晚些时候再向他表达也不迟。可到了晚些时候说不定就被哪件事给耽搁了。等到猛然发觉自己错失了最好的致谢时机时，便开始心生愧疚和不安：“其实我早该打个电话或写信道声谢的，但愿他没生我的气。”然后赶快绞尽脑汁补救：“下周一，我送他一瓶上好的香槟，再附张感谢卡。”这样的点子越是新奇，我们就越能肯定它实现不了。谁都知道，这样发展下去，“致谢”就变成“道歉”了。你得努力为自己“突如其来”的送礼和道谢做解释，一下子把缘由扯到六个月前的事。让对方感到突然，更说不定对方已经忘了这件事。当然，致谢也要向别人表示谢意，它的意义不仅仅是一声简单的谢谢，它更是个人交流和合作中的核心元素之一。不致谢或很少表示谢意的人，往往很难赢得客户的尊重、好感和支持，更难得到他们相应的回报。找个适当的时间。如果应邀赴了晚宴或观看了一场话剧后归来已是深夜，却非要赶在当天致谢，那只会起到副作用。

心理解读

在适当的时间内，致谢越迅速，你带给对方的喜悦就越多。你的客户会感觉到，你不但看重和感激他帮的忙，而且很乐于亲自表示这份心意，这无疑会给你们以后的合作打下了基础。